Pribegina
P. I. Tschaikowski

Reihe
Meister der russischen
und sowjetischen Musik

Galina Alexejewna
Pribegina

Pjotr Iljitsch

Tschaikowski

Verlag Neue Musik
Berlin

Aus dem Russischen übersetzt
und herausgegeben von Dieter Lehmann

Pribegina, Galina Alekseevna:
Petr Il'ič Čajkovskij / aus d. Russ. übers. u. hrsg.
von Dieter Lehmann. – 1. Aufl. – Berlin : Verl. Neue
Musik, 1988. – 272 S. : zahlr. Ill.
EST: Petr Il'ič Čajkovskij [dt.]
NE: Verf.: EST; Hrsg.

ISBN 3–7333–0023–8

1. Auflage
© Verlag Musyka, Moskau 1984
© Verlag Neue Musik Berlin, 1988
für die deutsche Übersetzung
Lizenz-Nr. 111/A 4/87
LSV 8384
Reihengestaltung: Hans-Joachim Schauß
Printed in the German Democratic Republic
Satz und Druck: Graphischer Betrieb Jütte, Leipzig
Buchbinderische Weiterverarbeitung:
Buchbinderei Südwest, Leipzig
Bestell-Nr. 780 104 0 (NM 587)
01250

INHALTSVERZEICHNIS

VORWORT

*Dem Andenken an
meine Eltern*

Wir stehen im letzten Viertel des 20. Jahrhunderts. Hinter uns haben sich tiefe soziale Veränderungen vollzogen, die fast alle Völker der Erde erfaßten: zwei Weltkriege, Dutzende aktuell-politischer Konflikte, die mit dem ständigen Voranschreiten der Völker zur Verwirklichung des jahrhundertealten Traumes von Freiheit, Gleichheit und Brüderlichkeit in Zusammenhang standen, sowie die Herausbildung der Sowjetunion und der Staaten der sozialistischen Völkergemeinschaft. Es kam zu einer beispiellosen wissenschaftlich-technischen Revolution, die es der Menschheit ermöglichte, die Anziehungskraft der Erde zu überwinden und die Eroberung des Weltalls in Angriff zu nehmen, Flüge zu den Planeten des Sonnensystems zu unternehmen, das Atom zu spalten, in das Geheimnis der molekularen Struktur der Materie einzudringen, »vernunftbegabte« Maschinen zu erfinden, die fähig sind »zu denken« und sogar schöpferische Aufgaben bewältigen können. Vieles von dem, was früher einmal ein Produkt der Phantasie war, ist heute Wirklichkeit geworden.

Es kam zu einer stürmischen Entwicklung der Informations- und Kommunikationsmittel: Rundfunk und Fernsehen setzten jetzt praktisch den Begriff Entfernung außer Kraft, der vordem Länder und Völker voneinander getrennt hatte. Alle Bereiche und Genres der Kunst und Literatur wurden durch Werke ergänzt, die nach dem »neuesten Stand von Wissenschaft und Technik« geschaffen wurden – unter Verwendung neuester und höchst komplizierter Mittel menschlichen Erfindergeistes ... Doch da trat etwas scheinbar Paradoxes zutage: je mehr Spielarten dieses Neuen in Erscheinung treten, desto häufiger ziehen Werke der klassischen Kunst die Aufmerksamkeit auf sich – Werke jener ewigen Kunst, die nicht alt wird, sondern im Gegenteil immer neue Tiefen und Schönheiten erkennen läßt. Zunehmende Ergriffenheit und Genuß bereiten die großen Bühnenwerke Shakespeares und Molières, die Gemälde Raffaels und Rembrandts, die Skulpturen Leonardo da Vincis und Michelangelos, die Prosawerke von Dickens und Tolstoi, die Dichtungen Goethes und Puschkins, die polyphone Kunst Bachs und Händels, das sinfonische Schaffen Mozarts und Beethovens sowie die Opernkunst Wagners und Verdis. Unter denjenigen Komponisten, deren Werke nach statistischem Zeugnis in der ganzen Welt am häufigsten erklingen, steht Pjotr Iljitsch Tschaikowski mit an erster Stelle.

Die großartige Gestalt dieses Sinfonikers, Patrioten und Bürgers, der der russischen Tonkunst zu Weltgeltung verholfen hat, ragt aus dem Kreis der großen Künstler des 19. Jahrhunderts empor. Darüber hinaus wurde Tschaikowskis Musik auf Grund ihrer ausgesprochen humanistischen Aussagekraft und Gestaltung künstlerischer

Ideale, der beeindruckenden Verständlichkeit und Faßlichkeit der Schilderung menschlicher Empfindungen und Gedanken sowie ihrer echten Volkstümlichkeit zu einem integrierenden Bestandteil des Lebens der sowjetischen Menschen.

Über Tschaikowski sind in seiner Heimat und im Ausland in verschiedenen Sprachen Hunderte von Büchern geschrieben worden. In ihnen wird über das Leben und Schaffen des Komponisten berichtet, werden die Merkmale seiner Tonsprache und seines musikalischen Stils untersucht. Mit Hinweis auf das Neuartige im Schaffen des genialen Meisters heben Musikforscher wie Komponisten hervor, daß dieser große Sinfoniker ein echter Nachfolger Beethovens war, der in seinen Werken seine eigene Epoche und den Menschen seiner Zeit künstlerisch widergespiegelt hat. Durch Erschließung der vielfältigen Verbindungen der Musik Tschaikowskis mit der Folklore hat man auf die außerordentliche Verschiedenartigkeit der vom Komponisten genutzten Intonationsquellen hingewiesen, die russische, ukrainische, polnische, italienische und französische Volksmusik einschließen. Indes blieb Tschaikowski immer ein ausgesprochen nationaler Komponist, ganz gleich mit welcher volksmusikalischen Sphäre er in seinen Werken auch in Berührung kam.

In seinem Musikschaffen hat Tschaikowski Volksweisen nicht lediglich verwendèt, sondern zu einer Tonsprache gefunden, die mit dem volksmusikalischen Element, mit dem Musikleben seiner Epoche organisch verbunden ist. Nationale Engstirnigkeit war ihm allerdings fremd. Er vertrat die Meinung, daß der Wert jedweder nationaler Kultur in dem Maße zunimmt, wie diese Kultur allen Völkern zugänglich ist. In der Tat hat seine Musik den Charakter wahrhaft internationaler Kunst gewonnen, die weltweit Anerkennung fand.

»ES GIBT
KEINEN ANDEREN WEG
ALS DIE MUSIK«

In Moskau. »Rubinstein hat mir gesagt, daß er Ihre Kantate nur unter der Bedingung aufführen wird, daß eine Menge Änderungen vorgenommen werden. Aber da müssen Sie die ganze Partitur umschreiben. Ist das der Mühe wert? Ich leugne die Vorzüge Ihrer Kantate damit nicht – *diese Kantate ist das größte musikalische Ereignis nach ›Judith‹*[1]; in bezug auf Erfindungskraft und technische Gestaltung steht sie ungleich höher als ›Rogneda‹[2] . . . Bilden Sie sich nicht ein, daß ich hier wie zu einem Freund spreche: als Kritiker sage ich Ihnen ganz offen, daß Sie *das größte musikalische Talent des gegenwärtigen Rußland sind.* Kraftvoller und origineller als Balakirew, gehobener und schöpferischer als Serow und weitaus gebildeter als Rimski-Korsakow. *Ich sehe in Ihnen die größte oder – besser gesagt – die einzige Hoffnung unserer musikalischen Zukunft.* Sie wissen recht gut, daß ich nicht schmeichle . . . *Ihre eigentlichen Werke werden vielleicht erst in fünf Jahren entstehen; aber diese reifen und klassischen Kompositionen werden alles übertreffen, was wir nach Glinka gehabt haben«*, las Tschaikowski. Dies war ein Brief aus Petersburg, von wo er erst eine Woche zuvor, am 6. Januar 1866, in Moskau angekommen war. Hier, in der fremden Stadt, begann für ihn ein neuer Lebensabschnitt, und so war eine Unterstützung unentbehrlich. Als um so wertvoller erwies sich das freundschaftliche Verhalten des Musikkritikers Hermann Laroche und dessen Urteil über Tschaikowskis Kantate auf Friedrich Schillers Ode *An die Freude*.

Nikolai Rubinstein[3], dem Tschaikowski die Einladung nach Moskau verdankte, hatte den Schüler seines Bruders Anton Rubinstein, der als Direktor des Petersburger Konservatoriums wirkte und als Pianist, Dirigent und Komponist internationalen Ruf besaß, ausgesprochen herzlich empfangen und gastfreundlich in seiner Wohnung untergebracht. Tschaikowski nahm seine Tätigkeit als Dozent in den Musikklassen der Russischen Musikgesellschaft[4] auf und lehrte ab Herbst 1866 als Professor an dem neuen, zweiten Konservatorium in Rußland. Seine Moskauer Kollegen Nikolai Kaschkin (ein alter Freund von Laroche) und Karl Albrecht, die er als tüchtige Musiker schätzte, brachten ihm so viel aufrichtige Sympathie entgegen, daß sich zwischen ihnen sogleich und für immer freundschaftliche Beziehungen herausbildeten.

Trotzdem spürte Tschaikowski ein Gefühl der Unruhe. Würde er imstande sein, bei siebenundzwanzig Unterrichtsstunden pro Woche sich ganz dem musikalischen Schaffen zu widmen, zu dem es ihn so leidenschaftlich drängte und um dessen Realisierung willen er den Entschluß gefaßt hatte, die Tätigkeit im Justizministerium aufzugeben, die ihm eine gesicherte Gegenwart und Zukunft versprach? Und nun hatte auch Laroche, sein strengster Kritiker, dessen Scharfsinn und musikalische Begabung er so hoch schätzte, die Überzeugung gewonnen, daß Tschaikowski die richtige Wahl getroffen hatte.

Besonders dankbar wußte Tschaikowski jetzt die Unterstützung zu schätzen, die ihm sein Vater entgegenbrachte. Er fühlte den Kummer des Vaters, weil er dessen Erwartungen auf eine Laufbahn als Jurist nicht erfüllt hatte, sondern freiwillig Entbehrungen auf sich nahm, während er in Petersburg in den Musikklassen[5] und am Konservatorium studierte. Der Vater hatte seinem Sohn freilich niemals Vorwürfe gemacht. Im Gegenteil, mit herzlicher Sympathie erkundigte er sich nach den Absichten und Plänen des Sohnes und billigte sie durchweg. »In vieler Hinsicht bin ich ihm verpflichtet«, gab sich Tschaikowski seinen Gedanken hin. »Wie würde es um mich stehen, wenn mir das Schicksal einen tyrannischen Dickschädel als Vater zugedacht hätte . . .«

Und auch Sascha, die gerade erst in den Kreis der Erwachsenen getretene Schwester Alexandra (die kurz zuvor Lew Dawydow, den Sohn des Dekabristen[6], geheiratet hatte und mit diesem in die Ukraine, auf das Gut Kamenka, übergesiedelt war), hatte stets die Musikbegeisterung des Bruders geteilt und ihm durch ihren Glauben an seine musikalische Berufung Kraft gegeben . . .

Nun also forderte das musikalische Lehramt seinen Tribut. Die Prüfungen der Kandidaten, die sich um Aufnahme in die Musikklassen beworben hatten, waren vorüber, obwohl die Fülle an »Krinolinen und kunstvollen Frisuren« hübscher Mädchen den jungen Mann nicht wenig verlegen gemacht hatte. Aber mit der Zeit schwand seine Schüchternheit, und im Unterricht kam es zu dem notwendigen Kontakt mit seinen Schülern. Ihnen gefiel der neue Lehrer, »ein junger Mann mit anmutigen, fast schönen Gesichtszügen, mit tiefem, ausdrucksvollem Blick der schönen, dunklen Augen, mit üppigem, lässig gekämmtem Haar und wunderschönem dunkelblondem Bärtchen«. – »Er betrat die Klasse mit raschem Schritt, mit den Händen auf dem Rücken, den Kopf leicht geneigt und mit konzentriertem und, wie uns schien, scharfem Blick der grauen Augen nach vorn schauend. Tschaikowski setzte sich ans Klavier und nahm den Bleistift, den er so zwischen die Finger steckte, daß der zweite und vierte Finger auf dem Bleistift und der dritte darunter lag und mitunter auch umgekehrt, und ohne den Stift aus den Fingern zu nehmen, spielte er unsere Aufgaben durch. Eine Sekunde pausierend, strich er mit rascher und energischer Bewegung parallele Quinten und Oktaven an und setzte dann das Spiel fort. Man spürte, daß ihn unsere Fehler ärgerten. Beim Erklären von Regeln der Harmonielehre schritt Tschaikowski die Klasse auf und ab, wobei er in charakteristischer Weise die Hände auf den Rücken legte und sich leicht nach vorn geneigt bewegte.« – »Im Umgang mit den Schülern war Tschaikowski ungemein sanft, zartfühlend und geduldig... Tschaikowskis Darlegungen, seine Bemerkungen, Erläuterungen und Korrekturen waren ausgesprochen klar, bündig und verständlich . . . die verschiedenen Regeln illustrierte er gern durch Bezugnahme auf Glinka und Mozart . . . als Lehrer war er sympathisch, tüchtig und gewissenhaft.« So blieb er im Gedächtnis seiner Schüler Rostislaw Genika und Alexander Litwinow, die bei ihm als Pianist bzw. Geiger Harmonielehre sowie Instrumentations- und Kompositionslehre studierten.

Fast zwölf Jahre unterrichtete Tschaikowski am Konservatorium. Obwohl ihn die Lehrtätigkeit in den letzten Jahren ungemein belastete, da sie ihm »das Wertvollste im Leben«, nämlich Zeit für das künstlerische Schaffen, für das Komponieren von Musik, wegnahm, fanden Belange des Konservatoriums stets sein Interesse, nahm er daran ständig lebhaften Anteil und widmete sich mit Hingabe der Lösung von Fragen, die mit der Entwicklung des musikalischen Bildungswesens in Rußland zusammenhingen. Schon in den ersten Jahren seines pädagogischen Wirkens arbeitete Tschaikowski mit dem ihm eigenen Eifer in verschiedenen Ausschüssen mit, verfaßte Anweisungen, stellte Lehrpläne für das Fach Harmonielehre zusammen, schrieb methodische Anleitungen und machte den Studenten des Konservatoriums und anderen russischen Musikern Bücher ausländischer Autoren zugänglich. Er übersetzte aus dem Französischen den »Leitfaden zur Instrumentation«[7] des belgischen Musikforschers und Komponisten François-Auguste Gevaert und schrieb im Vorwort zu der 1866 veröffentlichten russischen Ausgabe: »Die vorliegende Übersetzung erfolgte zum Nutzen jenes Teils der russischen Jugend, der sich an unseren zwei, vorläufig einzigen Konservatorien dem allseitigen Studium der Kunst gewidmet hat. Die Schüler dieser wohltätigen Einrichtungen, die unsere heimische Kunst früher oder später von dem Übel des Dilettantismus, welches das junge Gewächs der russischen Musik verschlingt, befreien sollen, werden in Gevaerts Buch einen vernünftigen und sachkundigen Blick auf die Potenzen des Orchesters im allgemeinen und die Individualität jedes Instruments im besonderen finden.«

In den Jahren 1869 und 1870 erschienen auch andere Übersetzungen, die Tschaikowski aus dem Deutschen angefertigt hatte, und zwar die »Lebensregeln und Ratschläge an junge Musiker«[8] von Robert Schumann und Johann Christian Lobes »Katechismus der Musik«. Tschaikowski verfaßte das erste Lehrbuch der Harmonielehre in Rußland (der genaue Titel lautet: »Leitfaden zum praktischen Studium der Harmonielehre«), das 1872 erschien und später ins Deutsche und Englische übersetzt wurde (die betreffenden Ausgaben erschienen 1899 und 1900).

Zahlreiche, in der Folgezeit bekannt gewordene russische Musiker – Komponisten wie Interpreten – waren am

Moskauer Konservatorium Tschaikowskis Schüler, und viele verdankten ihre berufliche Entwicklung jener Unterstützung, die er ihnen zeit seines Lebens durch Rat und Tat erwiesen hat.

Schon in den ersten Monaten seines Aufenthalts in Moskau war Tschaikowski bemüht, das Leben der Stadt in seiner ganzen Vielfalt näher kennenzulernen. Er besuchte Theateraufführungen und Veranstaltungen im sogenannten Künstlerzirkel, wo Alexander Ostrowski, Alexej Pissemski und andere russische Schriftsteller aus ihren Werken vorlasen und wo namhafte Schauspieler des Kleinen Theaters und Musiker künstlerisch hervortraten. Mit Vergnügen ging er zu Kostümfesten und in die Parkanlagen: zu Volksfesten, Schaubudenveranstaltungen, in den Zirkus sowie in den Zoologischen Garten. Die schon in seiner Kindheit erworbene Fähigkeit, seine Zeit streng einteilen zu können, kam ihm auch hier zugute: Es gelang ihm, all das zu tun, was er sich vorgenommen hatte. Er war regelmäßiger Besucher im Englischen Klub und im Handelsklub, wo man Zeitschriften lesen oder interessante Bücher ausleihen konnte. Bei der Lektüre von Charles Dickens' Roman *Die Pickwickier* schmunzelte er vor Vergnügen. »Ich rate Euch, diese Sache zu lesen«, schrieb er an seine jüngeren Brüder, die Zwillinge Anatoli und Modest, deren Erziehung ihm nach dem Tode der Mutter (1854) sehr am Herzen lag, »wenn man sich schon mit der Lektüre von Belletristik zufrieden gibt, dann gilt es zumindest solche Schriftsteller wie Dickens zu wählen. Er hat viel mit Gogol gemeinsam, dieselbe unmittelbare und unverfälschte Komik, dieselbe Fertigkeit, mit zwei ganz kleinen Zügen einen ganzen Charakter zu schildern, wenngleich ihm Gogols Tiefe fehlt.«

Am häufigsten ging Tschaikowski allerdings in Konzerte. In einem dieser Konzerte, das am 4. März 1866 stattfand, dirigierte Nikolai Rubinstein Tschaikowskis

15

Ouvertüre in F-Dur, die damit erstmals zur Aufführung gelangte. Die Aufführung des Werkes wurde zu einem großen Publikumserfolg und für den Komponisten besonders dadurch angenehm, daß die Musiker während der Probe Beifall spendeten und bei dem Abendbankett, das Rubinstein nach dem Konzert gab, dem jungen Komponisten eine Ovation bereitet wurde. »Ich verhehle nicht«, schrieb er an seine Schwester, »daß dieser Umstand Moskau in meinen Augen viel Reiz hinzugefügt hat.«

Das Leben in Moskau wurde ihm nach und nach immer vertrauter. Tschaikowski widmete sich ganz seiner Arbeit, und der Arbeitswille, die eifrige kompositorische Tätigkeit des jungen Musikers setzten selbst Nikolai Rubinstein in Erstaunen.

Die Märzferien verbrachte Tschaikowski bei seinen Angehörigen in Petersburg. Hier blätterte er einmal in einem Café eine Nummer der »St.-Petersburger Nachrichten« durch und stieß dabei auf eine Rezension von César Cui[9], die dieser über die reichlich drei Monate zuvor aufgeführte Kantate *An die Freude* verfaßt hatte.

Schmerzvoll empfand er Cuis giftige Worte: »Der Konservatoriumskomponist Herr Tschaikowski ist ganz schwach. Es stimmt zwar, daß sein Werk unter denkbar ungünstigen Umständen geschrieben wurde: als Aufgabe, für einen bestimmten Zeitpunkt, auf ein gegebenes Thema und unter Beachtung gewisser Formen. Und trotzdem: wenn er Talent hätte, würde dieses Talent schon irgendwo die Konservatoriumsfesseln abgestreift haben.«

Wieviel solch unerwarteter schwerer Schläge standen dem jungen Komponisten noch bevor? »Als ich dieses schreckliche Verdikt durchgelesen hatte, wußte ich nicht, wie mir geschah. Mir wurde schwarz vor den Augen, mir wurde schwindlig, und ich rannte wie ein Besessener aus dem Café«, berichtete Tschaikowski später. »Was ich tat, wohin ich gelangte, darüber war ich mir nicht im klaren.

Pjotr Tschaikowski. 1859

Der Teich vor dem Haus der Familie Tschaikowski in Wotkinsk. Nach einer Zeichnung des Dichters Wassili Shukowski »Die Fabrik in Wotkinsk«

Das Haus in Wotkinsk.
Hier wurde am 25. April (nach neuem Stil, d. h. nach dem Gregorianischen Kalender, am 7. Mai) 1840 Pjotr Tschaikowski geboren.

Die Familie Tschaikowski im Jahre 1848.
Sitzend: die Mutter Alexandra und der Vater Ilja sowie die Kinder
Alexandra und Ippolit; stehend: die Kinder Pjotr, Sinaida und Nikolai.

»Mein Vater stand sehr lange als Bergbauingenieur im Staatsdienst und
leitete unter anderem sehr lange die Kama-Wotkin-Werke im Gouvernement Wjatka, wo ich auch geboren wurde. 1848 ging er in den
Ruhestand ... 1858 trat er aufs neue in den Staatsdienst und war vier
Jahre lang Direktor der Technischen Hochschule. 1862 nahm er seinen
Abschied und lebt nun von seiner Rente in Petersburg. Meine Mutter
starb 1854 an der Cholera. Sie war eine vortreffliche und kluge Frau, die
ihre Kinder leidenschaftlich geliebt hat.« *P. Tschaikowski*

Pjotr Tschaikowski. 1859

Nikolai und Anton Rubinstein

Michail Glinka

»Eine einzigartige, staunenswerte Erscheinung im Bereich der Kunst . . .
Glinka stand plötzlich mit einem Schlage neben (ja! neben!) Mozart,
Beethoven und wem auch immer. Das kann man ohne jede Übertreibung
von einem Menschen sagen, der den Schlußchor ›Heil dir!‹ geschaffen
hat . . . Dabei hatte er keinerlei Vorbild. Vorgänger haben weder Mozart
und Gluck noch andere Meister. Überraschend, erstaunlich! . . . Ja!
Glinka war ein echtes schöpferisches Genie!«   *P. Tschaikowski*

Wolfgang Amadeus Mozart

»Besonders innig liebte er Mozart, der ihn sowohl durch die Schönheit der Melodik als auch durch die unvergleichliche Eleganz der Faktur bezaubert hat. Die Liebe zu Mozart führte bei ihm zu einem gewissen andachtsvollen Kult. Er selbst wunderte sich mitunter über den Eindruck, den er von diesem empfangen hat.«   *N. Kaschkin*

Das Moskauer Konservatorium. Siebziger Jahre
des 19. Jahrhunderts.

»Am Tag der Eröffnung des Moskauer Konservatoriums wurden viele
Ansprachen gehalten und viel Musik dargeboten. Zu denen, die sich an
der Eröffnungsfeier aktiv beteiligten, zählten N. Rubinstein, W. Odojewski
und P. Tschaikowski. Tschaikowski, der der Meinung war, daß das erste
Werk, welches in der neu eröffneten Bildungsstätte erklingt, von einem
russischen Komponisten stammen sollte, spielte die Ouvertüre zu Glinkas
Oper ›Ruslan und Ludmila‹. Er spielte auf dem Klavier zwar ohne
virtuose Finesse, aber doch sehr schön und sogar mit beachtlicher
Technik . . .«   *N. Kaschkin*

Pjotr Tschaikowski. 1863–1864

Hermann Laroche

Pjotr Tschaikowski. 1866

Nikolai Hubert
»Einer meiner engsten, ältesten und teuersten Freunde«   *P. Tschaikowski*

Nikolai Kaschkin
Der Musikkritiker verfaßte viele Besprechungen von Werken Tschai-
kowskis sowie Erinnerungen an den Komponisten.

Richard Wagner

Hector Berlioz

Franz Liszt

Den ganzen Tag irrte ich ziellos durch die Stadt und wiederholte immer nur die Worte: ›Ich bin ein Taugenichts, ich bin eine Null, aus mir wird nichts, ich bin eine Niete.‹«

Doch da traf der Brief von Laroche ein, der die Kantate so positiv beurteilte und der an Tschaikowskis musikalische Zukunft, an dessen künstlerische Berufung glaubte. Hatte doch auch die Prüfungskommission des Konservatoriums ein positives Urteil über das Werk gefällt. Nein, nicht von ungefähr war er entschlossen, sein Leben der Musik zu widmen.

Der Weg zur Musik. Pjotr Tschaikowski kamen die stillen Sommerabende in seinem Geburtsort Wotkinsk[10] in den Sinn, wo er gemeinsam mit seiner Schwester Alexandra, genannt Sascha, seinen Brüdern (dem älteren Nikolai, genannt Kolja, und dem drei Jahre jüngeren Ippolit[11]) und der geliebten Erzieherin Fanny Dürbach beim Anblick des herrlichen Sonnenuntergangs zarten und schwermütigen Volksweisen lauschte. Er dachte auch an die Spaziergänge in Alapajewsk[12] zu den malerischen Felsen mit der wunderlichen Bezeichnung »Greis und Greisin« mit seinem geheimnisvollen Echo, an die Bootsfahrten auf dem Fluß Newa und den Chor der Bauern. Ihm fielen ferner die ersten Musikstunden mit der innig und zärtlich geliebten Mutter ein, die ihm die Noten beibrachte und ihn Klavier spielen lehrte. Er erinnerte sich an den Gesang seiner Mutter und an den Kreis von Musikliebhabern, Berufskollegen seines Vaters, ein kleines Orchester, in dem sein Vater die Flöte spielte. Vor seinem geistigen Auge erstand das Orchester von Jekaterinburg[13]. Er erinnerte sich an die Klänge einer mechanischen Orgel, eines Orchestrions, das Arien aus Opern von Mozart, Donizetti und Rossini zu Gehör brachte, Arien, über deren Themen Pjotr Tschaikowski bereits als Fünfjähriger gern auf dem

Klavier »fantasierte«. Er hatte das Gefühl, daß er zu dem gleichen Zeitpunkt, wo er sich mit Musik zu befassen begann, auch mit dem Komponieren anfing. Musikalische Klänge hörte er immerfort und zwar auch dann, wenn niemand anders sie vernahm. Eines Abends, nach einem Feiertag, als alle Mitglieder der Familie schon schlafen gegangen waren, fand Fanny Dürbach den Jungen ganz in Tränen: »Oh, diese Musik, diese Musik! . . . Erlöst mich von ihr! Sie ist bei mir hier, hier« schluchzte er und zeigte auf seinen Kopf, »sie läßt mich nicht in Ruhe!«

Als man dem Jungen untersagte, weiter Klavier zu spielen, um zu verhindern, daß seine Nerven übermäßig strapaziert würden, »spielte« er mit den Fingern trommelnd auf dem Tisch oder einem Fensterbrett. Dann begann der Musikunterricht bei Maria Paltschikowa (der der dankbare Tschaikowski bis zu ihrem Tode eine finanzielle Unterstützung zukommen ließ), deren Aufgabe später der Musiklehrer Filippow übernahm. Auch in Petersburg, im Erziehungsinstitut Schmehling und in der Folgezeit als Schüler der sogenannten Rechtsschule, fand er immer wieder Gelegenheit, sich mit Musik zu befassen. »Ich lasse niemals ab vom Klavier, das mir große Freude macht, wenn ich traurig bin.« – »Unlängst habe ich in der Rechtsschule auf dem Klavier gespielt. Ich begann das Spiel mit dem Stück ›Die Nachtigall‹, und plötzlich fiel mir ein . . ., daß das immer Dein Lieblingsstück war«, schrieb er an die Mutter.

In der Rechtsschule saß K. Karel stundenlang mit seinem Schüler zusammen und »freute sich über dessen aufkeimendes Talent und dessen leidenschaftlichen Drang zum Klavierspiel«.

Der wegen seiner sanften und feinfühligen Art allgemein beliebte Pjotr Tschaikowski führte seine Mitschüler in die Oper und in das Französische Theater. Wenn er am Klavier saß, improvisierte er häufig über ein beliebiges, ihm gestelltes musikalisches Thema, das er vielfältig zu variieren verstand (gewöhnlich handelte es sich dabei um Improvisationen über Themen aus seinerzeit neuen Opern). Zuweilen verblüffte er alle, indem er Tonarten erriet und auf einem Klavier spielte, dessen Tasten mit einem Tuch bedeckt waren.

Die ersten Stücke, die der angehende Komponist schrieb, waren ein Walzer für Klavier sowie die Lieder »Mein Genius, mein Engel, mein Freund« auf Verse des russischen Dichters Afanassi Feth (dessen Schaffen ihn auch in der Folgezeit fesselte) und »Semfiras Lied« auf Verse aus Alexander Puschkins Poem »Die Zigeuner«. Er begann die Vertonung einer Scherzoper mit dem Titel *Die Hyperbel*, und die Musik erfüllte sein Leben in immer stärkerem Maße. Er wirkte im Schulchor der Rechtsschule mit, wo er zunächst die Sopran- und später die Altstimme mitsang. Er nahm bei dem Italiener Piccioli Musikunterricht, besuchte mit befreundeten Mitschülern Opernaufführungen und Konzerte und spielte mit ihnen vierhändig Sinfonien von Beethoven. Des öfteren spielte und sang er seinen jüngeren Brüdern Anatoli und Modest Mozarts *Don Giovanni* sowie Teile aus Webers *Freischütz* und aus Rossinis Oper *Moses in Ägypten* vor.

Die Bekanntschaft mit Mozarts Oper *Don Giovanni*, die eine italienische Operntruppe in Petersburg aufführte, wurde für Tschaikowski in dieser Zeit zu einem wichtigen Ereignis. Reichlich zwanzig Jahre später bekannte der russische Meister: »Die Musik zu ›Don Giovanni‹ war die erste Musik, die auf mich erschütternd gewirkt hat. Sie rief in mir helle Begeisterung hervor, die späterhin ihre Früchte trug. Durch sie bin ich in jene Welt künstlerischer Schönheit eingedrungen, in der nur die allergrößten Genien zu Hause sind. Bis dahin kannte ich nur die italienische Oper. Daß ich mein Leben der Musik widmete, habe ich Mozart zu verdanken.«

Während des Besuchs der Petersburger Rechtsschule in den Jahren 1855 bis 1858 erhielt Tschaikowski Klavierunterricht durch den Pianisten Rudolf Kündinger, der fünf Jahre zuvor von Deutschland nach Rußland gekommen war. Kündinger erkannte sofort die außerordentlichen Fähigkeiten seines Schülers. »Er hatte ein erstaunlich feines Gehör, ein gutes Gedächtnis und eine ausgezeichnete Hand, aber all das bot noch keinen Anlaß vorauszusehen, daß aus ihm nicht nur ein Komponist, sondern auch ein glänzender Interpret werden würde ... Das einzige, was bis zu einem gewissen Grade meine Aufmerksamkeit hervorrief, waren seine Improvisationen. In ihnen konnte man tatsächlich etwas ganz Ungewöhnliches dunkel ahnen. Außerdem setzte mich zuweilen sein harmonisches Empfinden in Erstaunen. Von Musiktheorie hatte er damals noch kaum eine Ahnung, aber als ich ihm gelegentlich Kompositionen von mir zeigte, gab er mir hinsichtlich der Harmonisierung mehrmals Ratschläge, die größtenteils Sachkenntnis bewiesen.« In der Folgezeit trieb Tschaikowski bei Rudolf Kündingers Bruder August musiktheoretische Studien.

Im Herbst 1859 trat Pjotr Tschaikowski in die gerade eröffneten Musikklassen der Russischen Musikgesellschaft in Petersburg ein. Zwei Jahre später, als er schon als Beamter im russischen Justizministerium tätig war, stellte er in den denkwürdigen Tagen der Tausendjahrfeier Rußlands einen neuen Antrag an die Direktion der Russischen Musikgesellschaft und bat um Aufnahme in das Konservatorium, das kurz zuvor gegründet worden war. Was ihn innerlich stark bewegte, vertraute er seiner Schwester an: »Wie Dir bekannt ist, habe ich mich im vorigen Jahr sehr viel mit Musiktheorie befaßt, und nunmehr bin ich fest davon überzeugt, daß ich früher oder später der Musik gegenüber der Beamtentätigkeit den Vorzug geben werde. Glaub nicht, daß ich mir einbilde, ein großer Künstler zu werden — ich will einfach nur das tun, wozu ich einen inneren Drang verspüre; ob ich nun ein berühmter Komponist werde oder ein armer Musiklehrer, weiß ich nicht, aber ich werde ein ruhiges Gewissen haben . . . Den Dienst werde ich natürlich so lange nicht unwiderruflich an den Nagel hängen, bis ich endgültig davon überzeugt bin, daß ich ein Künstler bin und kein Beamter.«

Im Mai 1863 beschloß Tschaikowski endgültig, auf sein Gehalt und seine Planstelle als Beamter zu verzichten, blieb dem Justizministerium jedoch weiter zugeordnet, um — falls notwendig — die Tätigkeit als Beamter wieder aufnehmen zu können.

»Gewiß, in materieller Hinsicht habe ich nicht viel gewonnen«, schrieb er erneut an seine Schwester, »aber erstens hoffe ich, in der kommenden Saison eine Stelle im Konservatorium (als Assistent eines Professors) zu bekommen; zweitens habe ich mir für das kommende Jahr bereits einige Unterrichtsstunden verschafft und drittens — und das ist das Wichtigste —, da ich auf jegliches mondäne Vergnügen, auf elegante Kleidung u. ä. völlig verzichtet habe, beschränken sich meine Ausgaben auf ganz bescheidene Mittel. Nach all dem wirst Du wahrscheinlich fragen, was denn aus mir schließlich werden wird, wenn ich mit dem Studium fertig bin? In einem nur bin ich gewiß, daß aus mir ein guter Musiker werden wird und daß ich stets mein täglich Brot haben werde. Sämtliche Professoren des Konservatoriums sind mit mir zufrieden und sagen, daß bei fleißigem Arbeiten viel aus mir werden kann. All das, was ich oben geäußert habe, schreibe ich nicht, um mich zu brüsten (das liegt wohl nicht in meinem Charakter), sondern ich rede mit Dir ganz offen und ohne jede falsche Bescheidenheit.«

Nachdem Tschaikowski den festen Entschluß gefaßt hatte, sich ganz der Musik zu widmen, eignete er sich eifrig fachliches Wissen an. Von der Teilnahme am

Klavierunterricht war er befreit, da die Lehrkräfte der Meinung waren, daß er als Pianist schon beachtliche Fertigkeiten habe. Nach Aussage von Zeitgenossen besaß er in der Tat pianistische Begabung. Tschaikowski spielte nicht nur »für den kompositorischen Hausgebrauch« Klavier, sondern trat auch in Konzerten auf – entweder als Solist mit dem Vortrag von Klavierstücken oder als Klavierbegleiter von Sängern bzw. Instrumentalisten.

»Seit jener Zeit hat er niemals mehr Klavierunterricht genommen, behielt aber relativ lange Zeit Kraft und Geläufigkeit der Finger: seine pianistischen Fähigkeiten waren beträchtlich, und viele Jahre später, als er schon als Professor am Moskauer Konservatorium wirkte, unterbreitete, wenn ich nicht irre, Nikolai Rubinstein den Vorschlag, ihm privat Klavierunterricht zu erteilen. Tschaikowski, der eine ernste Sache nicht nur halb tun wollte, ging auf diesen Vorschlag nicht ein, und zwar vermutlich deshalb, weil er fürchtete, sich sowohl für das Unterrichtsfach als auch für den Lehrer zu stark zu engagieren und auf diese Weise Zeit in Anspruch zu nehmen, die er gerade damals, bei seinen zahlreichen Lehrveranstaltungen am Konservatorium, von denen die meisten in eine Zeit höchst fruchtbarer kompositorischer Tätigkeit fielen, in großem Maße benötigte«, schrieb Hermann Laroche in seinen Erinnerungen.

Bei Musikveranstaltungen, in denen der Studentenchor und das Studentenorchester mitwirkten, unterstützte Tschaikowski Anton Rubinstein bei der Durchführung der Konzerte nach Kräften. »Er begleitete den Chor, probte hin und wieder mit dem frischgebackenen Orchester und war in diesem auch als Paukenschläger tätig, der es verstand, das häufig aus dem rechten Takt gekommene Orchester durch seinen festen Rhythmus zu stützen. Der Chorgesang fesselte Tschaikowskis Aufmerksamkeit ganz besonders«, schrieb Anna Spasskaja.

Im Studentenorchester wirkte Tschaikowski auch als Flötist mit. (Er liebte die Flöte seit seiner Kindheit, zumal sein Vater dieses Instrument beherrschte. Deshalb ist es kein Zufall, daß die Flöte auch im Schaffen des Komponisten einen wichtigen Platz einnimmt.) Zwecks Erlernen des Flötenspiels hatte Tschaikowski zwei Jahre bei Professor Cesare Ciardi, einem berühmten italienischen Flötenvirtuosen studiert, der am Konservatorium unterrichtete und im Orchester der Italienischen Oper in Petersburg als Solist wirkte. Bei Musikveranstaltungen begleitete Tschaikowski seinen Lehrer am Klavier. Im Orchester spielte er den Part der zweiten Flöte und nahm an der Aufführung von Sinfonien Haydns und anderen Werken teil. Bei einem von Studenten veranstalteten Musikabend, der anläßlich des Moskauer Aufenthalts von Clara Schumann, der Frau des deutschen Komponisten Robert Schumann, stattfand, spielte Tschaikowski in Anwesenheit der berühmten Pianistin gemeinsam mit anderen Studenten das *Große Quartett für vier Flöten* von Friedrich Kuhlau.

Im Fach Musiktheorie, das er bei Nikolai Zaremba studierte, bewältigte Tschaikowski ungemein schwierige und umfangreiche Aufgaben und machte durch Fleiß und Energie auf sich aufmerksam. Nicht weniger Eifer legte er bei Anton Rubinstein im Fach Kompositionslehre an den Tag.

Dem Musikkritiker Nikolai Kaschkin berichtete Anton Rubinstein später, wie er einmal Tschaikowski in der Kompositonsklasse die Aufgabe gestellt hatte, »Kontrapunktvariationen über ein gegebenes Thema zu schreiben, und hinzufügte, daß bei solch einer Arbeit nicht nur deren Qualität, sondern auch deren Quantität von Bedeutung ist, wobei er annahm, daß dieser (d. h. Tschaikowski – d. Ü.) etwa ein Dutzend Variationen nacheinander schreiben werde. Indes erhielt ich in der folgenden Unterrichtsstunde mehr als zweihundert.« Rubinstein war mit seinem

Schüler außerordentlich zufrieden. Er gewährte ihm ein Stipendium und beauftragte ihn, ab 1864 in der Klasse für Harmonielehre den Unterricht zu übernehmen.

Um die Instrumentationskunst zu beherrschen, bearbeitete der junge Musiker im Laufe des Studienjahres 1863/64 Werke anderer Komponisten sowie eigene Stücke für ganz unterschiedliche Orchesterbesetzungen. Im Zuge dieser Studien gelang es ihm, sein Formgefühl zu verfeinern, sein harmonisches Denken zu vertiefen und seine Fähigkeit, die Ausdrucksmittel der verschiedenen Musikinstrumente zu nutzen, zu entwickeln. Die Aufgabe der Studenten bestand darin, hauptsächlich für folgende Besetzungen zu schreiben: für Bläserquartett oder -oktett, für Quintett aus Streichern und Bläsern, für Streichertrio und -sextett sowie für Streichorchester oder kleines Sinfonieorchester. Im gleichen Jahr komponierte Tschaikowski aber auch das Stück *Die Römer im Kolosseum* für großes Sinfonieorchester und orchestrierte den ersten Satz von Beethovens *Kreutzer-Sonate* sowie zwei Variationen aus Schumanns *Sinfonischen Etüden*. Die Orchestrierung einer Beethoven-Sonate, bei der er das Englischhorn und andere seltene Instrumente verwendete, fiel so unverwechselbar und kompliziert aus, daß er seinen Lehrer damit förmlich erzürnte.

Im Laufe der Sommerferien schrieb der junge Komponist eine große sinfonische Ouvertüre, für die er Alexander Ostrowskis Tragödie *Das Gewitter* als Programm wählte. Im Herbst des folgenden Studienjahres komponierte er ein Streichquartett und eine weitere Ouvertüre, die bei den Lehrkräften des Konservatoriums Anerkennung fanden und im Rahmen von Studentenkonzerten dargeboten wurden. Die Ouvertüre dirigierte Tschaikowski selbst und trat damit erstmals als Dirigent auf. Er war mit seinen künstlerischen Leistungen zufrieden und fühlte sich durch diese musikalischen Erfolge in seinem künstlerischen Ehrgeiz geschmeichelt.

Freudig begrüßte er auch die Uraufführung seiner *Charaktertänze* für Sinfonieorchester unter der Leitung von Johann Strauß in Pawlowsk (es war dies die erste öffentliche Aufführung eines Werkes von Tschaikowski).

Seine musikalische Bildung empfing der künftige große Komponist freilich nicht nur in den Räumen des Konservatoriums. Zu einer für ihn nicht weniger bedeutsamen praktischen Schule gestaltete sich auch die Beschäftigung mit der Musik der Klassiker und der Komponisten seiner Zeit, und zwar sowohl russischer als auch ausländischer Meister. Ihre Werke lernte er beim Besuch von Sinfoniekonzerten, Kammermusikveranstaltungen sowie Opern- und Ballettaufführungen kennen.

Tief beeindruckt war Tschaikowski von Richard Wagners künstlerischen Auftritten in Petersburg. Ihn verblüffte die markante Persönlichkeit des deutschen Komponisten, der voller »Prestige und jener gebieterischen Kraft ist, die das Orchester derart im Griff hat, daß alle gleichsam zu einer Seele, zu einem kolossalen Instrument werden«. Namentlich Beethovens *Dritte, Fünfte, Sechste* und *Achte Sinfonie*, die unter Wagners Leitung in Petersburg erklangen, blieben in Tschaikowskis Gedächtnis lebendig.

Inzwischen rückte das bedeutsame Datum des Studienabschlusses immer näher. »Ich fange an, mir Gedanken über die Zukunft zu machen, das heißt darüber, was nach der im Dezember erfolgenden Beendigung meiner Ausbildung am Konservatorium zu tun ist. Mehr und mehr gewinne ich die Überzeugung, daß es jetzt für mich bereits keinen anderen Weg gibt als die Musik. Dem Dienst[14] habe ich ganz Lebewohl gesagt, zumal es bei den bevorstehenden Veränderungen sehr schwierig sein dürfte, eine Stellung zu bekommen. (Außerhalb von Petersburg und Moskau könnte ich nicht leben.) Höchstwahrscheinlich werde ich mich nach Moskau begeben«, teilte Tschaikowski seiner Schwester mit.

Der Titel »freier Künstler« und die Verleihung einer Silbermedaille krönten die Jahre intensiven, beharrlichen Studiums.

Somit waren all die vergangenen Jahre – von der Kindheit bis zur Abschlußprüfung am Konservatorium – aufs engste mit der Musik verbunden. Und nun, drei Monate nach dem Empfang des Diploms, las er Cuis hartes, vernichtendes Urteil: »Der Konservatoriumskomponist Herr Tschaikowski ist ganz schwach.« Nein, nunmehr galt es, den Mut nicht sinken zu lassen, nicht an sich selbst zu zweifeln. Die Wunden, welche die Zeitungskritik geschlagen hatte, ließen sich nur durch Arbeit heilen. Allein jener unbändige Schaffensdrang, den er ständig spürte, konnte wirklichen Trost bringen. Schon reifte der Plan, eine Oper zu komponieren . . . Zunächst sollte jedoch eine Sinfonie entstehen.

»*Winterträume*«. Seiner ersten Sinfonie gab Tschaikowski die Bezeichnung *Winterträume*. Es war dies die erste Sinfonie, die von einem russischen Komponisten geschaffen wurde, der in seiner Heimat, in Rußland, eine solide berufliche Ausbildung als Musiker erhalten hatte. Bis dahin konnte die russische Tonkunst lediglich mit Werken im Genre der Programmusik aufwarten – mit Fantasien über Volksliedthemen, Ouvertüren u. ä. Die ein Jahr zuvor entstandene *Erste Sinfonie* des Petersburger Komponisten Nikolai Rimski-Korsakow (der Marineoffizier gewesen war und die Marinekadettenschule absolviert hatte) setzte jene Gestaltungsprinzipien des musikalischen Themenmaterials fort, für die Glinka den Grundstein gelegt hatte, nämlich die variationsartige Entwicklung von Lied- und Tanzmelodien. Die *Erste Sinfonie* eines weiteren Petersburger Komponisten – Alexander Borodins (der als Professor der Chemie wirkte und seine Ausbildung an der Medizinisch-Chirurgischen Akademie erhalten hatte) –, in der Abbilder des russischen Volksepos in Musik gesetzt sind, entstand erst ein Jahr später.

Die Sinfonie *Winterträume* ist ebenfalls von russischen Lied- und Tanzintonationen durchdrungen. Der Komponist begnügte sich indes nicht damit, Volkslieder zu bearbeiten. Seine Sinfonie sollte zu einem Herzensbekenntnis werden. In ihr wollte er alles Schmerzliche und Erfreuliche, Bitterkeit und Frohsinn, seine Unruhe und sein inneres Suchen, seinen Drang nach dem ewig Schönen, Erhabenen, anmutig Weiblichen, nach dem Ideal des Lichten und Guten zum Ausdruck bringen. Alles, was er erlebt und tief empfunden hatte, sollte hier Gestaltung finden: die Bitternis des Verlustes und die Freude über schöpferische Leistungen, das Glück, geheimnisvolle Schönheiten der Natur zu erkennen und die Psyche des Volkslebens zu begreifen, mit dessen hartem Alltag und der ungebundenen Fröhlichkeit an Feiertagen sowie der Fähigkeit der Menschen, im wirbelnden Tanz und ausgelassenen Lied Vergessen zu suchen.

Die Spezifik der lyrischen Aussage Tschaikowskis hebt dieses Werk in besonderer Weise nicht nur aus der russischen Instrumentalmusik jener Zeit heraus, sondern grenzt sie auch von den lyrisch geprägten Sinfonien zeitgenössischer Komponisten wie Felix Mendelssohn und Robert Schumann ab.

In der Sinfonie *Winterträume* gestaltete der Komponist Züge jener Klangbildstruktur, jenes lyrischen Aussagecharakters, jenes dramaturgischen Denkens und jener musikalischen Ausdrucksmittel (insbesondere der Orchestrierung), die für sein gesamtes sinfonisches Schaffen typisch werden sollten. Bereits in diesem Werk kommt seine persönliche, ausgesprochen individuell geprägte sinfonische Methode, sein sinfonisches Prinzip zur Geltung (der Begriff »sinfonisches Prinzip«, russisch: »simfonism«, wurde von dem sowjetischen Musikforscher

Boris Assafjew eingeführt, der das Prinzip der sinfonischen Entwicklung »als Wachsen und Entwickeln des Inhalts«, »als Prozeß des Wachsens, Akkumulierens und Umwandelns musikalischer Energie«, »als schöpferisches Erfassen und Ausdrücken der Welt der Gefühle und Ideen in der Kontinuität des musikalischen Stroms, in dessen lebendiger Intensität« definierte).

Tschaikowskis sinfonische Gestaltungsweise trug bereits in seiner *Ersten Sinfonie* einen deutlich ausgeprägten nationalen Charakter. Die Wurzeln dieser spezifisch russischen sinfonischen Gestaltungsweise erwuchsen aus dem Liedgut des Volkes mit seinem typischen Kontrast von lyrischem, langsam-getragenem Gesang (mit charakteristischem leidenschaftlichem Ausbruch im Augenblick des Höhepunkts) und übermütigem, fröhlich-schnellem Tanz – ein künstlerisches Verfahren, das Michail Glinka in seinem Orchesterstück *Kamarinskaja* genial entwickelt hatte, einem Orchesterstück, auf das Tschaikowski übrigens mehrfach hingewiesen hat. Der erwähnten Gegenüberstellung und wechselseitigen Durchdringung zweier kontrastierender Momente entsprechend stellte Tschaikowski die innere, seelische Welt des Menschen – das ausgesprochen persönliche Moment – und das allgemeine, auf die Masse bezügliche Moment als Sinnbild des machtvollen Geistes und der Kraft des Volkes einander gegenüber.

Die seelische Welt des Künstlers mit seinen Idealen, Bestrebungen und dem Zusammenprall mit der rauhen Wirklichkeit zum einen, seine wechselseitige Beziehung zur heimatlichen Natur und zu seinem Volk zum anderen wurde zum Leitthema seines Schaffens. Dieses Thema erschloß der Komponist in der Gegenüberstellung der musikalischen Klangbilder, im Entwicklungsprozeß des Themenmaterials, im eigenständigen Aufbau der sinfonischen Form sowie in der individuellen Behandlung der Klangfarbenpalette des Orchesters, wobei er die vielfältigen Klangfarben der einzelnen Musikinstrumente und deren Kombinationen nutzte und verschiedene Gruppen des Orchesters – Streicher, Holzbläser, Blechbläser und Schlaginstrumente – einander gegenüberstellte. Eine wichtige Rolle wies er dabei auch den harmonischen und metrisch-rhythmischen musikalischen Ausdrucksmitteln zu.

In seiner *Ersten Sinfonie* hat Tschaikowski nicht nur Eindrücke von Schönheiten der Natur wiedergegeben, die er bei einer Reise an das Ufer des Ladogasees und auf die Insel Walaam gesehen hatte (die ersten beiden Sätze des Werkes tragen sogar Satzbezeichnungen, und zwar: »Träume von einer Winterreise« und »Düsteres Land, nebliges Land«). In der Musik gestaltete er auch dichterische Abbilder der winterlichen Natur und der winterlichen Straße, die aus dem Bereich der russischen Literatur und Malerei stammen, und brachte durch künstlerische Umsetzung des Bildes dieser schönen Landschaften im Bewußtsein des Künstlers und Musikers Tschaikowski seine leidenschaftliche Liebe und tiefe Verbundenheit mit seiner Heimaterde, seinem Volk und dessen Schaffen zum Ausdruck. Deshalb wählte Tschaikowski als Grundlage des musikalischen Themenmaterials der Sinfonie *Winterträume* ein liedhaftes Melos, das in seinem Intonationscharakter mit der russischen Volksmusik verbunden ist. Im letzten Satz des Werkes verwendete er sogar ein authentisches russisches Volkslied, das im städtischen Milieu jener Zeit populär war.

Liedhaften Charakter tragen die musikalischen Bilder der Themen der ersten drei lyrisch betonten Sätze der Sinfonie. Jeder dieser Sätze läßt indes ein ausgesprochen individuelles Gepräge erkennen. Im ersten Satz bildet ein sangliches, ungebundenes Lied das Hauptthema. Es ist freilich alles andere als willenlos-passiv dahingleitend, sondern vielmehr zügig-aktiv. Alles ist hier von Bewegung und Drang in die Weite erfüllt. Im Laufe der Entwicklung verleiht der Komponist diesem Thema dramatische und zugleich auch heroisch-epische Züge und läßt als Fazit der Entwicklung die klangliche Unruhe anschwellen und die dramatische Spannung zunehmen, behält aber den schwebenden Bewegungscharakter des Themas bei. Tschaikowski entwickelt das Hauptthema des ersten Satzes breiter, als das in diesem Genre sonst der Fall ist. Er vertieft den Abschnitt zwischen dem ersten und zweiten Thema und bereitet dadurch den Entritt des neuen Themas vor. Bei der Durchführung dieser Themen verändert sich deren Charakter in bedeutendem Maße, und die lyrischen Themen erhalten heroische und sogar epische Züge.

Das Hauptthema des zweiten Satzes bildet ein reizvolles, ausgesprochen schwermütiges, getragenes Lied. Dessen Klangfülle nimmt nach und nach zu und erlangt einen ungebundenen Charakter – wie die endlosen Weiten der russischen Landschaft.

In der Mitte des dritten Satzes erscheint erneut ein Lied, welches das Bild einer Traumvision, einer verworrenen, dunklen Unruhe schafft, eine sanglich geprägte lyrische Melodie mit charakteristischem, unschlüssig wirkendem Intonationscharakter. Allmählich gewinnt dieses Lied an Breite und läßt gleichsam einen Überschwang von Empfindungen ausströmen.

Die Mittel und Techniken bei der Entwicklung des höchst eigenständigen liedhaften Themenmaterials sind durch deren nationale Herkunft bedingt. Deshalb verknüpft Tschaikowski das für die russische Musik charakteristische variationsartige Prinzip der Durchführung in organischer Weise mit dem Prinzip der Durchführung im Sonatensatz.

An der Sinfonie *Winterträume* arbeitete Tschaikowski mit großem Eifer und äußerster Anspannung aller Kräfte. Er versuchte, jede freie Minute zu komponieren, da aber tagsüber die Lehrveranstaltungen im Konservatorium seine Zeit völlig in Anspruch nahmen, blieb ihm für das Komponieren nur die Nacht. »Das übermäßig große Arbeitspensum raubte ihm den Schlaf, und die schlaflosen Nächte lähmten seine Energie und Schaffenskraft. Ende Juli entlud sich all dies in Anfällen einer so fürchterlichen Nervenzerrüttung, wie sie sich in seinem späteren Leben nie mehr wiederholte. Wie sehr Pjotr Iljitsch unter dieser Krankheit gelitten hat, läßt sich daraus schließen, daß die Furcht vor einer Wiederholung der Krankheit ihn bis an sein Lebensende davon abhielt, nachts zu arbeiten. Nach dieser Sinfonie ist nicht eine einzige Note in all seinen Werken nachts geschrieben worden«, bezeugte Tschaikowskis Bruder Modest.

Die Uraufführung der *Ersten Sinfonie*, die der Komponist später zweimal umgearbeitet hat, fand im Jahre 1868 statt (der Dirigent war Nikolai Rubinstein, dem das Werk auch gewidmet ist). Die Aufführung wurde zu einem Erfolg. Dem Publikum gefiel insbesondere der langsame zweite Satz. Die lebhafte Resonanz, die das neue Werk fand, übertraf alle Erwartungen des Komponisten und auch die seiner Freunde. In ihrer endgültigen Fassung gelangte die Sinfonie erstmals 1883 in Moskau zur Aufführung. Die in der Zeitung »Russische Nachrichten« abgedruckte Rezension über die *Winterträume* war nicht weniger bedeutungsvoll als das Urteil von Hermann Laroche in einem Brief an Tschaikowski vom Jahre 1866, als letzterer noch an der Sinfonie arbeitete: »Das ist eine wirklich russische Sinfonie. In jedem Takt dieser Musik spürt man, daß so etwas nur ein Russe schreiben konnte. Der im Ausland entwickelten Form gab der Komponist einen rein russischen Inhalt.« Die Sinfonie wurde zu einem festen Bestandteil des Repertoires russischer Sinfonieorchester. Tschaikowski selbst schloß dieses Werk in sein Herz und war der Meinung, daß es zwar in vieler Hinsicht recht unreif sei, »aber im Grunde gehaltvoller und besser als andere, reifere«.

Arbeit, Erkenntnis und Bescheidenheit. Anfang 1867 über-
siedelte auch der Musikkritiker Hermann Laroche von
Petersburg nach Moskau, da Nikolai Rubinstein ihn ebenfalls aufgefordert hatte, am dortigen Konservatorium eine
Lehrtätigkeit aufzunehmen. Mit seinem »ersten und ein-
flußreichen Freund« (wie Tschaikowskis Bruder Modest
den Musikkritiker bezeichnete) wurde der Komponist erneut ein Herz und eine Seele. Beide besuchten gemeinsam Theatervorstellungen. Im Kleinen Theater sahen sie
Molières Komödie *Tartuffe*, in der namhafte russische
Schauspieler wie I. Samarin und S. Schumski mitwirkten,
und im Bolschoi-Theater hörten sie Michail Glinkas Oper
Iwan Sussanin, die damals unter dem Titel *Ein Leben für den
Zaren* aufgeführt wurde. Häufig besuchten sie auch die
Italienische Oper. Bei einer Aufführung in der Italienischen

Pjotr Tschaikowski im künstlerischen Kreis.
Zeichnung von N. Kusmin

»Die Mitglieder treffen sich zur Aufführung älterer und neuerer klassischer Musikwerke wie auch von Stücken zeitgenössischer Komponisten; zur Aufführung und Erörterung der Werke von Mitgliedern des Kreises; zur Lesung literarischer Werke; zum Gedankenaustausch über Werke aller Kunstzweige, über deren Theorie und Praxis und um Debütanten und noch wenig bekannten Künstlern, die nach Moskau gekommen sind, Gelegenheit zu geben, mit dem Publikum Kontakt aufzunehmen.«

A. Ostrowski

Mili Balakirew

Nikolai Rimski-Korsakow

Alexander Borodin

Wladimir Stassow

Désirée Artôt. 1868

Pjotr Tschaikowski. 1869

Szene aus der Oper »Der Wojewode« in einer Inszenierung des Bolschoi-
Theaters in Moskau

Jewlalia Kadmina in der Rolle des Lel bei einer Aufführung des »Schneeflöckchens« nach Alexander Ostrowskis Frühlingsmärchen. 1873

Pjotr Tschaikowski. 1875

Titelblatt der Erstausgabe von Tschaikowskis Klavierzyklus »Die Jahreszeiten«

Pjotr Tschaikowski. 1877

Erste Seite des Autographs der Vierten Sinfonie

Szene aus dem zweiten Akt des Balletts »Schwanensee«.
Bolschoi-Theater, Moskau 1877. Zeichnung von F. Haagen

50
Русскихъ
народныхъ пѣсенъ
положенныхъ
для фортепіано въ 4 руки
П.И.Чайковскимъ.

Часть I. 2. ——— по 2 р. 50 к.

Собственность изданія

Москва, у П. И. Юргенсона.

Цѣна за 2 части 4 р. с.

505 506

Titelblatt der Erstausgabe »50 russische Volkslieder«, bearbeitet für
Klavier zu vier Händen von P. Tschaikowski

Streitszene aus dem vierten Bild der Oper »Eugen Onegin« in der Inszenierung des Moskauer Konservatoriums 1879

Oper hörte Tschaikowski zum ersten Male die hervorragende französische Sängerin Désirée Artôt, die in der Folgezeit eine bedeutsame Rolle in seinem Leben spielen sollte. Häufig unternahm er mit Laroche Spaziergänge durch die Moskauer Parks und Ausflüge in die Wälder rings um die Stadt. Bei einem Spaziergang durch den Ort Kunzewo zeichnete er einmal nach dem Gesang einer Bäuerin ein Volkslied auf, das er mit den Textworten »Die Nachtigall im Eichenhain« versah und in seine Oper *Der Wojewode* einfügte (später übernahm er dieses Lied auch in eine andere Oper mit dem Titel *Der Leibwächter*).

Im Juli, nach dem Abschluß der Lehrveranstaltungen am Konservatorium, begab sich Tschaikowski zusammen mit seinem Bruder auf eine Reise nach Finnland. Nachdem er lediglich Wyborg und die Wasserfälle von Imatra besucht hatte, war er infolge finanzieller Schwierigkeiten gezwungen, in Hapsal Quartier zu nehmen, wo er bis Mitte August blieb. Eindrücke von dieser Reise spiegelten sich in der *Erinnerung an Hapsal*[15] wider, einem Zyklus, bestehend aus drei Klavierstücken (»Ruinen eines Schlosses«, Scherzo und »Lied ohne Worte«, das rasch populär wurde). In Hapsal befaßte sich Tschaikowski jedoch hauptsächlich mit der Arbeit an seiner ersten Oper *Der Wojewode* nach Alexander Ostrowskis Drama *Der Wojewode oder der Schlaf auf der Wolga*. Das Libretto zum ersten Akt hatte der Komponist vom Autor des Bühnenstückes bereits im März erhalten und damals sogleich Skizzen zu diesem Werk angefertigt. Für eine Nummer der Oper – die »Tänze der Mägde« – verwendete er die schon vordem komponierten *Charaktertänze*.

Da Ostrowski damals gerade an einem anderen Stück arbeitete und deshalb kein fertiges Libretto vorlegte, war Tschaikowski gezwungen, es selbst zu Ende zu führen. Die Uraufführung der Oper sollte in der laufenden Spielzeit stattfinden.

Ende 1867 stattete der berühmte französische Komponist und Dirigent Hector Berlioz Moskau einen Besuch ab. Tschaikowski zählte zu den Besuchern der Konzerte des französischen Gastes am 27. und 30. Dezember, deren Programme Werke von Berlioz, Händel und Beethoven enthielten. Zur Aufführung gelangte auch der berühmte Schlußchor »Heil Dir« aus Glinkas Oper *Iwan Sussanin*.

Am 31. Dezember wurde im Moskauer Konservatorium ein Bankett zu Ehren von Berlioz veranstaltet. Nachdem Nikolai Rubinstein und Wladimir Odojewski[16] das Wort ergriffen hatten, hielt Tschaikowski zu Ehren des Gastes eine Begrüßungsrede. An die Teilnehmer des Banketts gewandt, sagte er: »Ich möchte Ihnen nur erklären, wie wichtig für das Konservatorium allein schon die Tatsache ist, daß Berlioz bei uns weilt ... Jene Kraft, jene hohe technische Vollendung, durch die sich die Werke von Berlioz auszeichnen, hat er aus dem eingehenden Studium der Tonkunst, aus der Analyse der Werke großer Künstler, die ihm vorangingen, geschöpft. Bevor er eigene große Werke schuf, hat er sich vor fremden verneigt. Um groß zu werden, war er imstande, demütig zu sein ... Ich schlage vor, eine Wand dieses Saales mit einem Bild von Hector Berlioz zu schmücken. Möge sich unser Konservatorium den Namen Berlioz als Leitwort nehmen, denn mit diesem Namen verbindet sich: Bescheidenheit, Arbeit und Genie.«

Technische Vollendung, sorgfältiges Studium der Tonkunst, Analyse der Werke von Künstlern früherer Generationen und die Fähigkeit, Demut zu zeigen – dies waren nicht einfach Gedanken, die in festlicher Umgebung laut geäußert worden waren. Sie brachten vielmehr Tschaikowskis künstlerisches Credo zum Ausdruck – das künstlerische Bekenntnis eines der ersten russischen Komponisten, der das Musikschaffen als Beruf gewählt hatte und sein Dasein als Berufsmusiker ganz bewußt erlebte. Während des Studiums am Konservatorium und in all den folgenden Jahren blieb er dem

Wahlspruch treu, den er sich ein für allemal gesetzt hatte: *Arbeit, Erkenntnis und Bescheidenheit.*

Während er die Werke von Komponisten vergangener Jahrhunderte und seiner Zeitgenossen studierte, während er sie in Konzertveranstaltungen und bei Theateraufführungen hörte oder auf dem Klavier durchspielte, dachte Tschaikowski ständig über die Entwicklungswege der Musik, über nationale Eigenarten sowie über Probleme des künstlerischen Schaffensprozesses und künstlerische Meisterschaft nach. In Briefen, Tagebuchaufzeichnungen und in musikkritischen Artikeln formulierte er dann die ihn bewegenden Gedanken.

Sein Idol war Mozart, der nach Tschaikowskis tiefer Überzeugung einen Gipfelpunkt bildete, »den die Schönheit auf dem Gebiet der Musik erreicht hat«. Als ein Ideal für sich persönlich betrachtete er die polyphone Kunst des großen Meisters, der »die Fähigkeit besaß, aus unscheinbarem Material kolossale Gebäude zu errichten«. Er bewunderte Mozarts Können, »bei höchst komplizierten kontrapunktischen Verknüpfungen, bei breit angelegter sinfonischer Entwicklung der Themen und unerschöpflichem Reichtum wechselnder Kontrasteffekte« sich mit einer »ganz bescheidenen, maßvollen Orchesterbesetzung« zu begnügen.

Tschaikowski bewunderte auch Beethoven, der ebenfalls »aus einem schlichten, aber zahlreiche harmonisch-rhythmische Verknüpfungen aufweisenden Grundgedanken ein grandioses musikalisches Gebäude zu errichten vermochte, das sowohl durch die schöne Gestaltung des Ganzen als auch durch die Geschlossenheit der Details in Erstaunen setzt und das ungeachtet der Vielfalt und Kontraste in den einzelnen Sätzen von einem einheitlichen Grundmotiv durchdrungen ist«. Als klassisch betrachtete er das Gleichgewicht und die Geschlossenheit der Form in den Werken des großen deutschen Komponisten und

verglich ihn deshalb mit dem großen italienischen Bildhauer und Maler Michelangelo: »Dieser geniale Musiker,
der sich gern großflächig, imposant, kraftvoll und sogar
schroff äußern konnte, hatte mit Michelangelo vieles gemeinsam.«

In den Werken Mozarts und Beethovens schätzte
Tschaikowski die ausgewogene Verknüpfung von melo-
discher, rhythmischer und harmonischer Erfindung und
die allseitige Entwicklung des gegebenen musikalischen
Themas. Besonders würdigte er jedoch die Fähigkeit dieser
Komponisten, eine allseitige »technische Vollkommenheit
zu erzielen, die im Einklang von Tiefe des Inhalts und
Schönheit der Form zutage tritt«, die Fähigkeit, »aus dem
Orchester jene kontrastierenden Wirkungen von Hell und
Dunkel, jenen Wechsel einzelner Gruppen- und Tutti-
episoden herauszuholen, in deren wohldurchdachter
Mischung eben die Kunst der Instrumentierung besteht«.

Den Spitzenleistungen der russischen Musik brachte
Tschaikowski uneingeschränktes Interesse entgegen. Besonders begeistert war er von den Werken Michail
Glinkas: von der Oper *Iwan Sussanin* »mit ihrer in
idealer Weise eleganten, ungewöhnlich feinsinnigen und
poetischen Instrumentierung« und »dem überaus genialen,
den bedeutendsten Werken des schöpferischen Geistes der
großen Genies zur Seite stehenden ›Heil Dir‹«[17] sowie von
den musikalischen Kostbarkeiten der Oper *Ruslan und
Ludmila*. Glinkas geniale sinfonische Fantasie *Kamarinskaja*
betrachtete er als Beginn der gesamten russischen Kunst-
musik: »Diese stammt ganz aus der Kamarinskaja, ebenso
wie eine ganze Eiche aus einer Eichel wächst! Aus dieser
reichen Quelle werden die russischen Komponisten lange
schöpfen, denn es sind viel Zeit und viel Kraft erforder-
lich, um all ihren Reichtum auszunutzen.«

Am meisten war Tschaikowski darauf bedacht, die
Musik verständlich zu machen, um breite Kreise der Be-

völkerung anzusprechen. Wenn er über dieses oder jenes Werk urteilte, machte er sich vor allem über dessen Wirkung Gedanken: wird es breite Schichten der Bevölkerung erreichen, wird es »Gemeingut des Publikums« werden? Seiner Meinung nach sollte die Kunst nicht nur unterhalten und Interesse wecken, sondern auch »durch echte, natürliche Eingebung« rühren.

»In der felsenfesten Überzeugung, daß ein Musiker, der jene Höhe erreichen will, auf die zu gelangen er seiner Begabung entsprechend rechnen kann«, den Berufsmusiker in sich erziehen muß, stellte er sich in seiner schöpferischen Tätigkeit von Anfang an die Aufgabe, unermüdlich an sich zu arbeiten. Im ständigen Streben nach Vervollkommnung sah er »den Stimulus zur Tätigkeit«: »Wer weiß? Verliere ich nicht die Energie zu arbeiten, wenn ich schließlich völlig zufrieden mit mir sein werde?« Nein, dazu kam es nicht. (Das Skizzenmaterial selbst zu den Spätwerken des Komponisten bezeugt Tschaikowskis unablässige Arbeit an der Vervollkommnung von Werken, die gerade fertiggestellt, ja bereits gedruckt und schon mehrmals aufgeführt worden waren, und stellt einen Beweis für seine unermüdliche Arbeit dar.)

»Das Mächtige Häuflein«. Die Winterferien 1867/68 verbrachte Tschaikowski bei seinen Angehörigen in Petersburg. Dort bot sich ihm Gelegenheit, den bekannten russischen Kunsthistoriker, Musik- und Kunstkritiker Wladimir Stassow kennenzulernen. Die Beziehungen zwischen den beiden Persönlichkeiten waren freilich alles andere als einfach. Tschaikowski und Stassow schätzten die Entwicklungswege der russischen Musik recht unterschiedlich ein. Sie führten Streitgespräche über das künstlerische Wirken dieses oder jenes Komponisten und Interpreten, aber sie bekundeten stets Hochachtung voreinander. Stassow, der Tschaikowskis Schaffen ständig

aufmerksam verfolgte, hatte diesem mehrfach literarische Stoffe für Opern und sinfonische Werke vorgeschlagen, darunter Walter Scotts »Ivanhoe«, Nikolai Gogols »Taras Bulba« und William Shakespeares »Sturm«.

Ein wichtiges Ereignis im Leben Tschaikowskis bildete die Begegnung mit dem Petersburger Komponisten, Dirigenten und Pianisten Mili Balakirew, der im Januar 1868 in Moskau weilte. Diese Begegnung markierte den Beginn langjähriger freundschaftlicher und künstlerischer Beziehungen zwischen den beiden Musikern. Tschaikowski fand Balakirew zwar »sehr nett« und war »ihm sehr gewogen«. Mit dem kategorischen Anspruch der musikalischen Auffassungen seines Kollegen und dessen vernichtenden Urteilen über Fragen der musikalischen Ausbildung (Balakirew bezeichnete die Gesetze der Harmonik und Melodik rundweg als »kindisch«) und über Werke zeitgenössischer Komponisten, die an einem Konservatorium studiert hatten, konnte sich Tschaikowski allerdings ganz und gar nicht einverstanden erklären.

Als sich Tschaikowski im April 1868 in Petersburg aufhielt, stellte ihm Balakirew die Mitglieder des von ihm angeführten »Mächtigen Häufleins«[18] vor: Nikolai Rimski-Korsakow, Alexander Borodin, Modest Mussorgski und César Cui.

Tschaikowski hielt die Petersburger Komponisten für sehr begabt, teilte jedoch nicht deren »fürchterlichen Eigendünkel und ihre rein dilettantische Gewißheit, der übrigen Welt überlegen zu sein«. Ihre Mißachtung der Grundlagen einer musikalisch-fachlichen Ausbildung und ihre Geringschätzung der akademischen Schule und der klassischen Musik erregten in ihm Mißfallen. In ihrer ablehnenden Haltung gegenüber klassischen Autoritäten und Vorbildern sah er in gewissem Grade eine leichtsinnige Denkweise. Wladimir Stassow hatte sich 1861 in der Presse nachdrücklich gegen die Einführung der Ausbildung von Berufsmusikern in Rußland und damit gegen die Eröffnung des ersten russischen Konservatoriums in Petersburg ausgesprochen. Da die Mitglieder des Balakirew-Kreises[19] musikalischer Eigenständigkeit das Wort redeten, lehnten sie eine akademische Unterrichtsform ab. Aber in spontaner Weise und vielleicht von ihnen unbemerkt, durchliefen auch sie eine Art Lernprozeß, indem sie zu musikalischen Abendveranstaltungen zusammenkamen, wo sie Werke verschiedener Komponisten spielten, anhörten und darüber diskutierten. Diese musikalischen Abendveranstaltungen gestalteten sich zu Lehrstunden wechselseitig bereichernder künstlerischer Erkenntnis, welche die begabten Komponisten zur Schaffung musikalischer Meisterwerke anregten. Tschaikowskis Standpunkt, daß die Aktivitäten der sogenannten Russischen Musikgesellschaft durchaus nützlich seien, wurde von den Mitgliedern des »Mächtigen Häufleins« nicht akzeptiert. Sie unterschätzten die Bedeutung dieser Einrichtung für die Belange der ästhetischen Bildung des russischen Musikpublikums, der Erziehung seines musikalischen Geschmacks und für die Unterstützung der nationalen Tonkunst. Als eine Art Gegengewicht zur Russischen Musikgesellschaft riefen sie die sogenannte Musikfreischule ins Leben. Die Konzerte, die von dieser Schule veranstaltet wurden, dienten indes praktisch den gleichen Zielen – »dem Einfluß auf die ästhetische Erziehung der Massen« (wie es Tschaikowski definierte). All dies leitete den Beginn demokratischer Traditionen in der russischen nationalen Kunst ein.

»Tschaikowski gegenüber verhielt man sich in unserem Kreis zwar nicht von oben herab, aber doch etwas geringschätzig, als Sprößling des Konservatoriums«, äußerte Rimski-Korsakow später, ». . . bei einer seiner Reisen nach Petersburg erschien Tschaikowski auf einer Abendveranstaltung bei Balakirew, und wir schlossen Bekannt-

schaft. Er erwies sich als liebenswürdiger Gesprächs-
partner und sympathischer Mensch, der sich schlicht gab
und gewissermaßen stets offenherzig und freundlich
sprach. Am ersten Abend unserer Bekanntschaft spielte er
uns auf Balakirews Bitte hin den ersten Satz seiner Sinfonie
in g-Moll (*Winterträume* – G. P.) vor, der uns sehr gefiel.
Unsere frühere Meinung über ihn wandelte sich und
wurde durch eine eher sympathisierende ersetzt, wenngleich Tschaikowskis Ausbildung am Konservatorium
immerhin eine deutliche Grenze zwischen ihm und uns
bildete . . . In den darauffolgenden Jahren erschien Tschaikowski, wenn er ab und zu nach Petersburg kam, gewöhnlich bei Balakirew, und wir trafen uns. «

Trotz unterschiedlicher künstlerischer Auffassungen
entwickelten sich zwischen Rimski-Korsakow und Tschaikowski ziemlich rasch freundschaftliche Beziehungen. Und
als Rimski-Korsakow intensiv Musiktheorie und Komposition zu studieren begann, da er eingesehen hatte, wie
notwendig eine fachliche Ausbildung als Musiker ist,
wandte er sich an den Moskauer Freund und bat ihn um
Unterstützung. Im September 1875 teilte er Tschaikowski
mit, daß er in den vergangenen drei Monaten das Studium
des polyphonen Stils fortgesetzt und sich eine der schwie-
rigsten Formen dieses Stils – die Fuge – angeeignet habe.
Dabei habe er – so berichtete Rimski-Korsakow weiter –
einige Dutzend Übungen in dieser sowie in anderen komplizierten polyphonen Formen geschrieben. Darauf antwortete Tschaikowski: »Ich verneige mich geradezu mit
Ehrfurcht vor Ihrer hochsinnigen künstlerischen Bescheidenheit und Ihrem staunenswert starken Charakter! . . .
Das ist eine solche Großtat für einen Menschen, der schon
vor acht Jahren ›Sadko‹[20] komponiert hat, daß ich dies der
ganzen Welt laut zurufen möchte. Ich staune nur und weiß
·nicht, wie ich meine grenzenlose Hochachtung vor Ihrer
Künstlerpersönlichkeit ausdrücken soll. «

Das Jahr 1868 war für Tschaikowski nicht nur eine Zeit reichen künstlerischen Schaffens (es entstanden die sinfonische Dichtung *Fatum* sowie ein Klavierstück, und die Oper *Der Wojewode* wurde abgeschlossen und zur Aufführung am Moskauer Bolschoi-Theater angenommen), sondern auch verstärkter pädagogischer Tätigkeit (die Zahl der Lehrveranstaltungen am Konservatorium erhöhte sich) und intensiven Wirkens auf anderen Gebieten des Musiklebens. Erstmals trat er als Dirigent an die Öffentlichkeit, indem er in einem Konzert im Bolschoi-Theater Tänze aus seiner Oper *Der Wojewode* darbot. (Dieses Auftreten auf dem Dirigentenpodium war für ihn sehr aufregend und rief bei ihm eine solche unerklärliche Angst hervor, daß er sich bis 1877 weigerte, einen Taktstock in die Hand zu nehmen.)

Tschaikowski im Dienste der musikalischen Bildungsarbeit. Erstmals trat der junge Komponist nunmehr auch als Musikkritiker an die Öffentlichkeit. In der *Chronik des Tages* (der Sonntagsbeilage zu den *Moskauer Nachrichten*) veröffentlichte er einen Artikel unter der Überschrift »Zur ›Serbischen Fantasie‹ von Herrn Rimski-Korsakow«. (Auch in der Folgezeit setzte sich Tschaikowski in der Presse wiederholt für das Schaffen dieses Petersburger Komponisten ein). In dem genannten Artikel kam sogleich der präzise und prinzipienfeste Charakter seiner Urteile zum Ausdruck, die den Interessen der russischen Tonkunst Rechnung trugen.

Bald danach erschienen in der russischen Presse auch andere von Tschaikowski verfaßte Artikel und musikalische Feuilletons. Ab 1871 wirkte er fünf Jahre lang als ständiger Musikkritiker der Moskauer *Chronik des Tages* und anschließend der *Moskauer Nachrichten*, die kontinuierlich seine musikalischen Rezensionen abdruckten.[21] Tschaikowski widmete sich dieser Tätigkeit mit allem Ernst, da er hierin eine hohe bildungsfördernde Mission sah: Er wollte seinen Beitrag zur musikästhetischen Erziehung seiner Mitbürger leisten, »indem er ihren Geschmack entwickelte, sie anregte, sich eine Meinung zu bilden, und ihnen die Vorzüge und Unzulänglichkeiten dieser oder jener musikalischen Erscheinung, die sich dem Urteil des Publikums stellt, erläuterte«.

Der für Tschaikowski kennzeichnende leidenschaftliche Eifer bei seiner musikalischen Bildungsarbeit und sein Engagement für die Belange der russischen Tonkunst, seine publizistische Fähigkeit, seine scharfe Beobachtungsgabe, seine hohe Bildung und literarische Begabung ließen seine musikkritischen Artikel zu einem integrierenden Bestandteil nicht nur des Moskauer, sondern auch des Petersburger Musiklebens werden und waren gleichermaßen für das Musikleben anderer Städte Rußlands von Bedeutung.

Die Artikel, die der Komponist in der Regel aus Anlaß eines bestimmten musikalischen Ereignisses verfaßte, wurden zu umfassenden Darlegungen über die klassische und die zeitgenössische Musik, über die Zukunft der russischen Kunst – insbesondere im Hinblick auf das kompositorische Schaffen –, über Probleme des Volksmusikschaffens, über die Entwicklung des russischen Musiktheaters, des Konzertwesens und die Situation der ausübenden Künstler, über die Vorherrschaft der italienischen Oper zum Schaden der russischen Musikbühne.

Mit Feuereifer äußerte sich Tschaikowski über den unerschöpflichen Reichtum musikalischer Schönheit im Volkslied und legte dar, daß »das russische Volkslied ein überaus wertvolles Beispiel des Volksschaffens bildet; seine originelle, eigenständige Anlage und seine herrlichen melodischen Wendungen verlangen eine profunde musikalische Bildung, um das russische Lied den eingebürgerten harmonischen Gesetzen anpassen zu können, ohne seinen Geist und Sinn zu verfälschen«. »Der als schöpferischer Künstler wirkende Musiker«, so hob Tschaikowski hervor, ». . . ist hinsichtlich des russischen Liedes ein Gärtner, der weiß, in welchem Boden, zu welcher Zeit und bei welchen Temperaturbedingungen er seinen kostbaren Samen stecken muß.«

Mit Bitterkeit wies Tschaikowski auf die mißliche Lage der Vertreter der russischen Kunst hin, denen gegenüber die nach Rußland eingeladenen »Waräger« – die italienische Operntruppe – von offiziöser Seite hofiert wurde: »Ich habe mehrfach meiner Empörung Ausdruck verliehen, als ich jene schändliche Herabwürdigung sah, mit der man in Moskau, im sogenannten Herzen Rußlands, die russische Oper behandelt. Wegen ihrer Nachsicht und Servilität gegenüber dem Signore Merelli habe ich die Theaterverwaltung angeprangert, während russische Künstler vergeblich bemüht sind, eine staatliche Anstellung zu bekommen . . . Eben diese Theaterverwaltung habe ich wegen der schlechten, einer hauptstädtischen Bühne unwürdigen Opernsituation, wegen der Unzulänglichkeit des Orchesters und des Chores energisch angeprangert. Hat aber irgendwer meine Strafpredigten, die mit hochgiftigen Pfeilen der Ironie versehen waren, überhaupt gehört?« (In der Tat, sie wurden gehört: Tschaikowskis Artikel trugen dazu bei, daß das italienische Opernunternehmen in Moskau seine Tore schloß: ab 1880 wurden mit der italienischen Operntruppe keine Verträge mehr abgeschlossen.)

Désirée Artôt. Tschaikowskis Lebensverhältnisse in Moskau gestalteten sich zunehmend günstig: die materielle Lage entwickelte sich für ihn recht positiv (wenngleich er infolge gestiegener Lehrverpflichtungen am Konservatorium häufig sehr abgespannt war). In seiner Umgebung betrachtete man Tschaikowskis Begabung als außergewöhnlich und schätzte ihn. »Wenn Du wüßtest,

Modka[22], wie gern mich alle haben; ich weiß gar nicht, wie ich für all diese Liebe danken soll«, schrieb er an seinen Bruder. Nichtsdestoweniger gab sich der junge Komponist immer häufiger schwermütigen Gedanken hin und träumte von einem ruhigen Leben auf dem Lande weitab von städtischer Hast. Er wurde zunehmend wortkarg, verschlossen, gab sich alle Mühe, die Öffentlichkeit zu meiden, und ging allen möglichen Bekannten aus dem Wege. Als ideal erschien ihm das Leben bei seiner Schwester, er hatte jedoch keine Vorstellung, in welcher Weise sich der »Anschluß« an die Familie der Schwester vollziehen könnte. Bald stellte sich indes heraus, daß sich diese Pläne nicht realisieren sollten.

In der ersten Vorstellung, mit der eine italienische Operntruppe in Moskau die Spielzeit eröffnete – in Verdis Oper »Othello« –, hörte Tschaikowski erneut die Sängerin Désirée Artôt, die ihn durch ihren hervorragenden Gesang, ihre künstlerische Anmut und weiblichen Charme fesselte.

»Mit der Artôt habe ich enge Freundschaft geschlossen und genieße ihr deutlich zu merkendes Wohlwollen. Einer so lieben, klugen und gutherzigen Frau bin ich selten begegnet«, teilte er seiner Schwester mit. Seinem Bruder Modest berichtete er mit noch größerer Begeisterung über seine Eindrücke: »Wenn Du wüßtest, was für eine Sängerin und Schauspielerin die Artôt ist! Noch nie habe ich unter einem so starken Zauber eines Künstlers gestanden wie diesmal. Und wie bedaure ich es, daß Du sie nicht hören und sehen kannst. Wie würdest Du entzückt sein von ihren Gesten und von der Grazie ihrer Bewegungen und Posen!«

Der geliebten Sängerin widmete der Komponist sein neues Werk, eine Romanze für Klavier, die kurze Zeit später Nikolai Rubinstein zu Gehör brachte und die in der Folgezeit (noch zu Lebzeiten des Komponisten) sowohl von Anton Rubinstein und Pawel Pabst als auch von Wassili Sapelnikow und anderen Pianisten häufig gespielt wurde. Populär wurde dieses Stück in einer Bearbeitung für Violine und Klavier. Die Romanze fesselt nicht nur durch den Ausdruck flammenden Gefühls, sondern birgt auch jene charakteristischen Züge seines Schaffens, die Tschaikowskis Musik ganz unverwechselbar und zugleich gemeinverständlich machen.

Mit dem festen Entschluß, sein weiteres Leben mit dem der *Ersehnten* (so lautet die deutsche Übersetzung des französischen Namens Désirée) zu verbinden, schrieb Tschaikowski an seinen Vater und bat um dessen Rat: »Die Artôt habe ich bereits im letzten Frühjahr kennengelernt, aber ich war nur einmal nach einer Benefizvorstellung bei ihr zum Abendessen. Nach ihrer Rückkehr in diesem Herbst war ich einen ganzen Monat lang kein einziges Mal bei ihr. Bei einer musikalischen Abendveranstaltung sind wir uns zufällig wieder begegnet. Sie drückte ihre Verwunderung darüber aus, daß ich ihr keinen Besuch abgestattet hätte. Ich versprach zu kommen, hätte es aber nie getan (wegen meiner Scheu vor neuen Bekanntschaften), wenn Anton Rubinstein, der auf der Durchreise in Moskau weilte, mich nicht zu ihr geschleppt hätte. Seitdem hat sie mich immer wieder zu sich eingeladen, und so wurde es mir zur Gewohnheit, jeden Abend bei ihr zu verbringen. Binnen kurzer Zeit sind wir in zärtlichen Gefühlen zueinander entbrannt, dem unverzüglich darauf das gegenseitige Bekennen dieser Gefühle folgte. Es versteht sich von selbst, daß sogleich die Frage einer Eheschließung auftauchte, welche wir beide sehr wünschen und die im Sommer stattfinden soll, sofern nichts dazwischen kommt. Aber eben da liegt das Problem. Erstens widersetzt sich ihre Mutter, die ständig bei ihr ist und auf ihre Tochter bedeutenden Einfluß hat, dieser Ehe, da sie der Meinung ist, daß ich für ihre Tochter zu jung sei (Désirée war fünf Jahre älter als Tschaikowski. – G. P.), und allem Anschein nach die Befürchtung hegt, daß ich ihre Tochter zwingen werde, in Rußland zu leben. Zweitens unternehmen meine Freunde und insbesondere Rubinstein ganz energische Maßnahmen, um den vorgesehenen Heiratsplan zu verhindern. Sie sagen, daß ich, wenn ich der Gatte einer berühmten Sängerin sei, die höchst bedauernswerte Rolle des Ehemannes meiner Frau spielen würde, das heißt, mit ihr durch alle Winkel Europas reisen, auf ihre Kosten leben, mich vom Arbeiten entwöhnen und auch keine Möglichkeit zum Arbeiten haben würde, kurzum, daß dann, wenn meine Liebe zu ihr etwas erkalten wird, mir nur Qualen, Ehrgeiz, Verzweiflung und Verderben bleiben werden. Ein solches Unglück ließe sich vermeiden, wenn sie sich durchringen könnte, von der Bühne abzutreten und mit mir in Rußland zu leben. Aber sie sagt, daß sie sich trotz all ihrer Liebe zu mir nicht entschließen könne, ihre Bühnentätigkeit aufzugeben, die ihr zur Gewohnheit geworden sei und ihr sowohl Ruhm als auch Geld einbringe. Zur Zeit ist sie nach Warschau gefahren, um dort zu singen. Wir haben beschlossen, daß ich sie im Sommer in ihrem Haus (bei Paris) besuchen werde. Dort soll sich unser Schicksal entscheiden. Ebenso bin ich meinerseits unschlüssig, ob ich ihr zuliebe meine ganze Zukunft opfern soll, denn es besteht kein Zweifel, daß ich die Möglichkeit, auf meinem Wege voranzukommen, verschenken werde, wenn ich ihr blind folge.«

Die Verlobung fand statt. Mittlerweile spannen Moskauer Freunde Tschaikowskis, insbesondere Nikolai Rubinstein, die eine Heirat des jungen Komponisten und damit ein ruhmloses Ende seiner Tätigkeit, die für die Zukunft so vieles versprach, befürchteten, insgeheim so geschickte und listige Intrigen, daß die Eheschließung nicht zustande kam: Während der Sommerreise im Ausland beschloß

46

Désirée, scheinbar ganz unerwartet, Tschaikowski den Laufpaß zu geben. Diese Nachricht erschütterte den Komponisten tief. Als Nikolai Rubinstein ihm mitteilte, daß die Artôt den spanischen Bariton Mariano Padilla y Ramos geheiratet habe, fügte er hinzu: »Nun, hatte ich nicht recht, als ich sagte, daß nicht Du als Ehemann gebraucht wirst?! Jetzt hat sie ihre richtige Partie gemacht, und Du wirst von uns, begreif doch, von uns, von Rußland gebraucht und nicht als Handlanger einer berühmten Ausländerin.« Den Erinnerungen des Komponisten de Lasari, eines Moskauer Freundes von Tschaikowski, zufolge sagte Tschaikowski hierauf kein einziges Wort, sondern wurde nur völlig bleich. (Wer weiß, vielleicht haben gerade die Selbstaufopferung, eine wahre, tiefe Liebe und die Erkenntnis, daß eine glückliche Verbindung mit Tschaikowski ohne Kompromisse, die für sein Schaffen und das heißt für sein ganzes Leben nicht mehr korrigierbar waren, unmöglich schien, den eigentlichen Grund für den so unerwarteten Abbruch der Beziehungen gebildet.)

»Die Geschichte mit der Artôt ist auf ganz komische Weise ausgegangen. Sie hat sich in Warschau in den Bariton Padilla verliebt, der hier Zielscheibe ihres Spotts war – und heiratet ihn! Was ist das für eine Frau? Man muß schon die Einzelheiten der Beziehungen kennen, die zwischen ihr und mir bestanden, um sich einen Begriff davon machen zu können, in welchem Maße dieser Ausgang lächerlich ist«, teilte Tschaikowski seinen Angehörigen mit.

So endete das Jahr 1868 mit einem Scheitern aller Hoffnungen, mit einer tiefen Enttäuschung. Hat nun Tschaikowski den wahren Grund dieses »treulosen« Verrats seiner Braut begriffen, hat er ihn geahnt? Eins nur ist klar, daß nämlich Tschaikowskis ungewöhnliche Verehrung Désirée Artôts als großartige Künstlerin, als (laut Aussage von Zeitgenossen und nicht nur auf Grund des

Bekenntnisses des Komponisten selbst) geniale Sängerin und bezaubernde Frau auch weiterhin unverändert anhielt. Dieses Gefühl konnte er weder vor sich noch vor seinen Angehörigen verbergen. Ein Jahr nach der Trennung wartete Tschaikowski »mit fieberhafter Ungeduld« auf die Ankunft der einstigen Braut, und als er sie singen hörte, gewann er abermals die Überzeugung, daß sie »zu den größten Künstlerinnen der Welt zählt«. Vier Jahre danach, als er das Auftreten der Sängerin in Moskau erwartete, bekannte der Komponist aufs neue, daß er bereit sei, »vor Freude in die Luft zu springen«, wenn sie in der Stadt eintrifft.

»Ein Vorschuß auf eine große Zukunft«. Das folgende Jahr begann für Tschaikowski auch in bezug auf sein künstlerisches Schaffen mit einer nicht minder schweren Prüfung. Am 30. Januar fand die Uraufführung seiner Oper *Der Wojewode* statt. Obwohl der Aufführung Erfolg beschieden war, der Komponist mehrere Male vor den Vorhang gerufen und ihm ein Lorbeerkranz überreicht wurde und bis zum Ende der Spielzeit (d. h. im Laufe eines Monats) weitere vier Vorstellungen stattfanden, erschienen nichtsdestotrotz in der Presse widersprüchliche Meinungen über die erste Oper des jungen Komponisten. Aus dem Lager der Kritiker war für Tschaikowski insbesondere das Urteil von Laroche kränkend, der geschrieben hatte, daß die Oper kein »russisches Gepräge« aufweise. Andere Musikkritiker fällten indes ein anderes Urteil über die Oper *Der Wojewode*. So notierte beispielsweise Wladimir Odojewski nach einer Bühnenprobe in seinem Tagebuch, daß in diesem Werk »das russische Element dominiert . . . Diese Oper läßt eine große Zukunft Tschaikowskis erahnen.« Eine gewichtige musikalische Zukunft prophezeite dem Komponisten auch Nikolai Rubinstein. Doch trotz dieser Unterstützung verlangte Tschaikowski die Partitur zurück und verbrannte sie.

Zehn Jahre später, als Tschaikowski bereits fünf Opern komponiert hatte, war er imstande, die Mängel seines Bühnenerstlings zu erklären, als Werk eines Genres, das breite Kreise der Öffentlichkeit erreicht, an das er jedoch zu hohe Anforderungen gestellt hatte: dem Stoff fehlte dramatisches Profil und Bewegung, die musikalischen Formen waren zu kompliziert und trugen den Bedingungen der Bühne zu wenig Rechnung, während das Orchester zu massig klang und die Stimmen der handelnden Personen erdrückte und übertönte.

Ungeachtet des Mißerfolgs der Oper *Der Wojewode* bekundete Tschaikowski nach wie vor großes Interesse am Genre der Oper. Nach beharrlicher Suche nach einem neuen Libretto entschied er sich für Shukowskis Verserzählung *Undine*, die der russische Dichter in freier Übertragung nach Friedrich de la Motte-Fouqués gleichnamigem Märchen geschrieben hatte. In der ersten Hälfte des Jahres 1869 widmete sich der Komponist eifrig der Arbeit an seiner zweiten Oper, und bereits im August war die Partitur fertiggestellt und wurde an das Marientheater[23] geschickt. Das Aufführungskomitee dieses Theaters lehnte die Oper jedoch ab, und so kam es nicht zu einer Aufführung des Werkes. Die Musik zu *Undine* hat Tschaikowski später in einigen anderen Werken verwendet. (Jahre danach, kurz vor seinem Tode, wies der Komponist in einem Gespräch über diese Oper darauf hin, daß aus ihr tiefe Gefühle sprechen und einzelne Stellen stark empfunden und recht gelungen seien.)

Das ewig neue Sujet. Einem anderen Werk Tschaikowskis, das ebenfalls 1869 entstand, war es beschieden, ein weltbekanntes Meisterwerk zu werden: die sinfonische Fantasie-Ouvertüre *Romeo und Julia*.

Bei der Uraufführung von *Romeo und Julia* am 7. März 1870 in Moskau war Tschaikowski anwesend. Dirigiert wurde das Werk von Nikolai Rubinstein. Obwohl der Komponist seinem Bruder Anatoli geschrieben hatte, daß dies das Beste sei, was er bislang geschaffen habe, entschloß er sich nach der Premiere trotzdem, das Stück zu überarbeiten. In der zweiten Fassung wurde die Fantasie-Ouvertüre gedruckt und am 18. Februar 1872 in Moskau unter der Leitung von Nikolai Rubinstein sowie am 5. Februar 1872 in Petersburg durch Eduard Napravník aufgeführt.

Das Sujet, das Balakirew dem Komponisten als Programm vorgeschlagen hatte, stand im Einklang mit der künstlerischen Haltung Tschaikowskis als »humanistischer Künstler und Kämpfer für die Befreiung der Persönlichkeit« (N. W. Tumanina)[24]. In Shakespeares Tragödie, einem Bühnenwerk, das Tschaikowski besonders liebte, fesselte ihn das Thema der alles besiegenden Liebe, das auch Ostrowskis Schauspiel *Das Gewitter* zugrunde liegt. Die komplizierte Handlung der Tragödie faßte der Komponist stark zusammen und konzentrierte sie auf vier Hauptmomente, die sinfonisch entwickelt werden. Der breit angelegte Prolog bildet einen düster getönten und verhaltenen gebetsartigen Gesang, der den Pater Lorenzo charakterisiert. Hier wird ein verallgemeinertes klangliches Abbild jener Kraft geschildert, die sich der Liebe der jungen Protagonisten entgegenstellt und das Erscheinen des drohenden, in seiner zügigen Bewegung unerbittlichen Themas der Todfeindschaft der Familien Montague und Capulet ankündigt.

Im Mittelpunkt der Fantasie-Ouvertüre steht das wunderbare musikalische Abbild Romeos und Julias. (Der Musikkritiker Laroche schrieb später einmal, daß das Liebesthema »zu jenen unwiderstehlich bezaubernden Melodien gehört, deren Wirkung sich kein Hörer entziehen kann, gleich welcher Geschmacksrichtung er huldigt oder welcher Gemütsstimmung er ist«. Rimski-Korsakow, der den hinreißenden Charakter des Werkes, dessen einmalige Schönheit und glühende Leidenschaft hervorhob, bezeichnete das Stück als eines der Besten der ganzen russischen Musik.)

Den Abschluß der Fantasie-Ouvertüre bildet die tragische Episode des Todes der jungen Protagonisten im Epilog (Coda).

Das nach den Worten des Musikkritikers Stassow »von Poesie, Leidenschaft und Kraft« erfüllte, »unübertroffene«, »ungemein feinsinnige und elegante Stück« wurde zu einer Glanzleistung des Sinfonikers Tschaikowski und errang weltweite Anerkennung. Im Jahre 1874 schrieb der berühmte deutsche Dirigent und Pianist Hans von Bülow in der *Augsburger Zeitung*, daß dieses Werk eine »ungewöhnlich interessante und auf Grund ihrer Originalität und melodischen Gestaltung bedeutende Ouvertüre« sei. Der bekannte französische Komponist Camille Saint-Saëns, der *Romeo und Julia* 1876 bei einem Konzert in Wien gehört hatte, übermittelte Tschaikowski (durch dessen Schüler Sergej Tanejew) die Einladung, unbedingt nach Paris zu kommen und dort Konzerte mit eigenen Werken zu veranstalten. (Saint-Saëns hatte Tschaikowski bereits 1875, als er ihn in Moskau kennengelernt hatte, zugeredet, in Paris Konzerte zu geben.)

Obwohl die Fantasie-Ouvertüre begeisterte Aufnahme gefunden hatte, war der Komponist mit seinem Werk nicht vollauf zufrieden. 1880 befaßte er sich erneut mit der Ouvertüre und überarbeitete die Partitur. In dem Bemühen, alle Ausdrucksmittel so dynamisch wie möglich einzusetzen, nahm er Änderungen am melodischen Duktus, an dessen rhythmischer Gestaltung, an der harmonischen Begleitung, an der Orchestrierung und natürlich an der musikalischen Anlage des Werkes im ganzen wie auch an einzelnen Teilen vor.

Im traditionellen Sonatensatz basiert die Durchführung des musikalischen Materials gewöhnlich auf der Entwicklung zweier Themen, von denen jedes unbedingt wiederholt wird. Tschaikowski hatte den Eindruck, daß eine solche Wiederholung den dynamischen Ablauf der Handlung hemmen würde. Dieses Werk verlangte nach einer durchgehenden Entwicklung mit fortwährendem Anwachsen der Spannung bis zum Erreichen des Höhepunkts der Dynamik – dem Kulminationspunkt. Um eine möglichst komprimierte und konzentrierte dramatisch angereicherte Entwicklung der musikalischen Bildgestalt zu erreichen, arbeitete Tschaikowski deshalb so lange an der Gestaltung der Durchführung des Themas und nahm in der Partitur einige Änderungen und Kürzungen vor. Mit dem Ergebnis der Umarbeitung war er schließlich völlig zufrieden. Diese dritte Fassung des Werkes dirigierte er dann auch in seinen Konzerten, die er in Petersburg, Berlin und Prag gab, und in dieser Fassung erklingt das Werk auch heute.

Auf das Sujet der Shakespeareschen Tragödie – dieses nach Tschaikowskis Worten »alte, doch ewig neue Sujet« – wollte der Komponist auch eine Oper schreiben. Für die zentrale Szene des geplanten Werkes – das Duett Romeos und Julias – hatte er sogar schon Skizzen angefertigt. Die Oper blieb indes unvollendet.

Sehr bekannt wurden auch alle sechs Lieder, die im November 1869 entstanden: »Glaub' nicht, mein Freund«, »Die Träne rinnt«, »Kein Wort, mein Freund«, »Schmerzlich und süß«, »Warum?« und »Nur, wer die Sehnsucht kennt«. (Das letztgenannte Lied erwähnt Iwan Turgenjew in seiner Erzählung »Klara Militsch«.)

Das Entstehen der Lieder, die von namhaften russischen Sängerinnen, darunter den Solistinnen des Petersburger Marientheaters bzw. des Moskauer Bolschoi-Theaters Jelisaweta Lawrowskaja und Alexandra Alexandrowa-Kotschotowa gesungen wurden, fand in den zentralen russischen Presseorganen lebhafte Resonanz und wurde hier als ein sehr bedeutendes Ereignis auf dem Gebiet der Liedliteratur bezeichnet.

Abgesehen von den drei Jugendliedern legten diese Vokalstücke den Grundstein für die Vokallyrik Tschaikowskis – ein Genre, dem er sich zeit seines Lebens sehr intensiv widmete und in dem er mehr als hundert Stücke komponierte, die eine ganze Epoche in der russischen Musik bildeten und von poetischem Reiz und Vergeistigung der musikalischen Bilder sowie von Prägnanz und Ausdruckskraft des melodischen Elements erfüllt sind.

Als Moskauer Bürger hatte Tschaikowski diese Stadt in steigendem Maße schätzen- und liebengelernt und interessierte sich für alles, was sich im Musik- und Kunstleben der Metropole an der Moskwa zutrug. Er versäumte kein einziges wichtiges Ereignis im Theater- und Konzertleben der zweiten Hauptstadt Rußlands[25] und reagierte nicht minder interessiert auf alle Ereignisse künstlerischer Art in der Metropole an der Newa, d. h. in Petersburg. Aber nicht nur die Verwandten, die in Petersburg – dem Venedig des Nordens – geblieben waren, verbanden Tschaikowski mit dieser Stadt. Er nahm auch Anteil am Leben seiner Freunde und Bekannten, die dort lebten.

Daher war es für diese und insbesondere für die jungen Petersburger Komponisten nicht verwunderlich, daß Tschaikowski in der Zeitung *Chronik des Tages* in einem streitbaren Artikel unter der Überschrift »Eine Stimme aus der Moskauer Welt«[26] den führenden Kopf ihres Kreises – Mili Balakirew – in Schutz nahm, dem auf Beschluß der Direktion der Petersburger Abteilung der Russischen Musikgesellschaft die Mitwirkung an Sinfoniekonzerten untersagt worden war.

In dem genannten Artikel hatte Tschaikowski Balakirews Verdienste um die russische Musik aufgezählt und hervorgehoben, daß Balakirew »eine ausgezeichnete Sammlung russischer Volkslieder zusammengetragen und herausgegeben hat und uns in diesen Liedern sehr reiches Material für die künftige russische Musik erschloß . . . Er förderte einige hochbegabte russische Musiker, von denen als bedeutendstes Talent Nikolai Rimski-Korsakow genannt sei. Er hat schließlich Ausländern die Möglichkeit gewährt, sich davon zu überzeugen, daß eine russische Musik existiert und daß es russische Komponisten gibt, und brachte in Prag, einer europäischen Stadt mit besonders regem Musikleben, Glinkas unsterbliche Oper ›Ruslan und Ludmila‹ auf die Bühne.«

DER KÜNSTLER
GEHÖRT DEM VOLK

Eine wertvolle Belohnung. Anfang 1871 faßte Tschaikowski
den Plan, in Moskau ein Konzert mit eigenen Werken zu
veranstalten. Nikolai Rubinstein gab ihm den Rat, für den
geplanten Kammermusikabend ein Streichquartett zu
komponieren. Während des ganzen Februars widmete sich
der Komponist der Arbeit an dem neuen Werk. Ihm fiel
das Lied »Wanja saß auf einem Sofa und rauchte eine
Tabakspfeife« ein, das er zwei Jahre zuvor in Kamenka
von einem aus dem Gouvernement Kaluga stammenden
Zimmermann gehört und gleich aufgezeichnet hatte. Das
Lied mit dem lustigen Text gefiel Tschaikowski auf Grund
der schönen und originellen Melodie, die einen fließenden, melancholisch-besinnlichen Charakter aufweist. Diese
Melodie war wie geschaffen als Thema für den langsamen
Satz des Quartetts.

Abgesehen von dem neuen Quartett (das von Ferdinand Laub, Jan Hřimalý, Ludwig Minkus und Wilhelm Fitzenhagen gespielt wurde) standen Lieder und Vokalsätze (vorgetragen von Jelisaweta Lawrowskaja und Alexandra Alexandrowa-Kotschotowa) auf dem Programm des von Tschaikowski veranstalteten Konzerts mit eigenen Werken.

Die von Hermann Laroche verfaßte Besprechung dieser musikalischen Veranstaltung, abgedruckt in der Zeitung *Chronik des Tages*, wurde vom Komponisten freudig begrüßt. »P. I. Tschaikowski gehört zu den bedeutendsten Komponisten des heutigen Rußland, und zwar sowohl in bezug auf die Kraft seiner Begabung als auch im Hinblick auf sein reiches Wissen und großes Können ... In dem Konzert am 16. März wurde ein Stück gespielt, das einen neuen und bedeutsamen Schritt in dieser Entwicklung darstellt – ich meine das Streichquartett von Herrn Tschaikowski. Dieses Werk zeichnet sich durch jene Anmut klangvoller Melodien, die schön und interessant harmonisiert sind, jene vornehme Tongebung, die keine Gemeinplätze aufweist, sowie jene etwas weibliche Sanftheit aus, die wir bei dem begabten Komponisten anzutreffen gewohnt sind. Es braucht nicht erwähnt zu werden, daß sich in dem Werk schöne Klangeffekte finden, da Herr Tschaikowski auf dem Gebiet der Instrumentierung früher als auf irgendeinem anderen Gebiet meisterliches Können erreicht hat. Doch über diese Qualitäten hinaus habe ich in seinem neuen Quartett eine solche Beherrschung der Form, ein solches Geschick gefunden, die Teile zu gruppieren und die Themen zu entwickeln, wie sie kein einziges seiner früher entstandenen Werke bietet.«

Auch bei sämtlichen nachfolgenden Aufführungen seines *Ersten Streichquartetts* – in Petersburg, Charkow, Kiew, Tiflis[27], Berlin, Boston, Paris und Rom – fand das

Werk außerordentliche Resonanz. Dem Publikum gefiel insbesondere der zweite Satz, der in der Folgezeit häufig als selbständiges Musikstück erklang – und zwar nicht nur in der ursprünglichen Besetzung, sondern auch in einer Bearbeitung für Violoncello und Streichorchester oder für Streichorchester (der Komponist dirigierte diesen Satz oft auch bei Konzerten, in denen er eigene Werke zu Gehör brachte).

Zu einem für Tschaikowski besonders denkwürdigen Ereignis gestaltete sich eine Aufführung dieses Werkes an einem Dezembertag des Jahres 1876 im Moskauer Konservatorium. »Es ist möglich, daß ich mich in meinem künstlerisch-schöpferischen Ehrgeiz noch nie im Leben so geschmeichelt und bewegt gefühlt habe wie damals, als Lew Tolstoi, der neben mir saß und das *Andante* meines Ersten Quartetts hörte, helle Tränen weinte«, notierte der Komponist später in seinem Tagebuch. Bald kam es auch zu einem Briefwechsel zwischen den beiden großen Künstlern. »Ich habe noch nie eine für mich so wertvolle Belohnung für meine literarischen Arbeiten erhalten wie diesen wunderbaren Abend . . . Ich habe Ihre Begabung liebgewonnen«, schrieb Lew Tolstoi. Darauf antwortete Tschaikowski: »Sie gehören zu jenen Schriftstellern, die man nicht nur auf Grund ihrer Werke, sondern die man ihrer selbst willen lieben muß . . . Ich kann Ihnen gar nicht sagen, wie glücklich und stolz ich war, als ich sah, daß meine Musik Sie zu rühren und zu begeistern vermochte.«

Nach dem Besuch des Konzerts im Moskauer Konservatorium schickte Tolstoi dem Komponisten eine handschriftliche Sammlung russsischer Volkslieder, damit Tschaikowski nach eigenem Ermessen dieses oder jenes Lied in seinen Werken verwenden möge, und fügte die Bemerkung hinzu, daß Volksmelodien in den Händen des Komponisten zu einem wunderbaren Schatz werden.

Tschaikowskis *Erstes Quartett* leitet den Beginn einer neuen Etappe in der russischen instrumentalen Kammermusik ein, speziell auf dem Gebiet des Streichquartetts. Gleichartige Werke hatte die russische Musik noch wenig aufzuweisen (die ersten Streichquartette von Rimski-Korsakow, Cui und Borodin wurden jeweils 1875, 1878 und 1879 uraufgeführt). Der russischen instrumentalen Kammermusik dienten lediglich die beiden Streichquartette von Michail Glinka als Vorbild.

In der Musik des *Ersten Streichquartetts* gelang es Tschaikowski, durch einen breiten Melodiestrom, eine deutlich ausgeprägte nationale Intonationsstruktur sowie eine lyrische künstlerische Abbildung der ihn umgebenden Natur und des Lebens des Volkes ein breites Spektrum menschlicher Empfindungen und Erlebnisse wiederzugeben.

»Der Kranich«. Das anschließende neue Werk bildete die *Zweite Sinfonie*, der Tschaikowski scherzhaft den Beinamen »Der Kranich« gab. Die Arbeit an der Sinfonie hatte er im Sommer 1872 in Kamenka[28] aufgenommen und nach seiner Rückkehr nach Moskau, Mitte November, abgeschlossen. Die Uraufführung des Werkes verlief erfolgreich. Dem Publikum gefiel besonders das Finale. »Einen Teil dieses Erfolges schreibe ich nicht mir, sondern dem eigentlichen Komponisten des besagten Werkes – Pjotr Gerassimowitsch (dem Schenkwirt in Kamenka – *G. P.*) – zu, der zu der Zeit, als ich den ›Kranich‹ schrieb und das Komponierte auf dem Klavier spielte, ständig zu mir kam und leise mitsang«, berichtete der Komponist nach der Uraufführung der Sinfonie, die am 26. Januar des folgenden Jahres unter der Leitung von Nikolai Rubinstein in Moskau stattfand. Nach der Aufführung des Werkes wollten Applaus und Hochrufe auf den Komponisten kein Ende nehmen. In einem anderen Konzert wurde die

Sinfonie erneut gespielt. Danach erhielt Tschaikowski einen Lorbeerkranz und einen Silberpokal.

Zeuge eines nicht minder bedeutenden Erfolges wurde der Komponist auch bei der Erstaufführung der Sinfonie in Petersburg, die am 23. Februar 1874 unter der Leitung von Eduard Napravník erfolgte. Die Musikkritiker äußerten sich lobend und anerkennend zu dem neuen Werk. Sie waren der Ansicht, daß es »auf europäischer Höhe« steht (Laroche) und das Finale »eines der glänzendsten Werke der neueren Musik bildet, in dem sich technisches Können bei der Themenverarbeitung mit genialer Erfindungskraft verbindet« (Kaschkin).

Nichtsdestoweniger war Tschaikowski mit der Sinfonie unzufrieden – das bezog sich vor allem auf die Instrumentierung der ersten drei Sätze. Daher beschloß er fünf Jahre später, den zweiten Satz umzuarbeiten, den ersten und dritten Satz neu zu komponieren und das Finale etwas zu kürzen. Das Autograph der Urfassung wurde vom Komponisten vernichtet (an Hand der in der Bibliothek des Moskauer Konservatoriums aufbewahrten Orchesterstimmen hatte Semjon Bogatyrjow im Jahre 1949 die Sinfonie in der Urfassung rekonstruiert und im folgenden Jahr zur Aufführung gebracht). In der von Tschaikowski vorgenommenen Neufassung erklang die Sinfonie unter der Leitung von K. Sachs sowohl in Petersburg (am 31. Januar 1881) als auch in Moskau (am 21. November desselben Jahres), worauf sie von vielen Orchestern unverzüglich in ihr Repertoire aufgenommen wurde. Tschaikowski hat das Werk auch selbst dirigiert, und zwar am 14. März 1893 in Charkow.

Tschaikowskis *Zweite Sinfonie* steht mit seinen früher entstandenen Werken nicht auf der gleichen Ebene. Der Komponist der sinfonischen Ouvertüre *Das Gewitter*, der Fantasie-Ouvertüre *Romeo und Julia*, der sinfonischen Dichtung *Fatum*, der Sinfonie *Winterträume*, der Oper *Der*

Wojewode, der Schöpfer von Klavierstücken und Liedern, der sich den Hörern bislang als musikalisch-künstlerischer Gestalter lyrisch-dramatischer Szenen und Genrebilder aus dem Volksleben präsentiert hatte, gibt sich in dem neuen Werk als ein Meister zu erkennen, dem auch Bilder aus dem Volksepos sowie phantastische und humoristische Klangbilder nicht fremd waren. (Musikforscher bezeichnen diese Seite des Tschaikowskischen Personalstils als »sinfonische Charakterisierungstechnik«, bei der das Sujet – »das musikalische Geschehen« – etwas für sich behandelt und nicht in dem Maße, wie bislang bei ihm üblich, durch das Prisma des persönlichen Erlebens gebrochen wird.)

Der Musikkritiker Nikolai Kaschkin hat der *Zweiten Sinfonie* den Beinamen »die Kleinrussische«[29] gegeben. In diesem Werk verwendete Tschaikowski nicht nur das bereits erwähnte ukrainische Lied »Der Kranich«, sondern auch eine ukrainische Variante des Liedes »Mütterchen Wolga hinab«, die er in der Ukraine gehört hatte.

Das Volksliedelement durchdringt das Wesen des ganzen Werkes. Von daher rührt vermutlich auch das Gestaltungsprinzip der kontrastförmigen Gegenüberstellung von Themen, das für das russische Liedschaffen kennzeichnend ist – das lyrisch-getragene und das heiter-tänzerische Moment begegnen in der gesamten musikalischen Anlage der Sinfonie, und die kontrastförmige Gegenüberstellung der Sätze und musikalischen Themen liegt der Entwicklung der musikalischen Bilder des Werkes zugrunde.

»Ein Frühlingsmärchen«. Im Frühjahr 1873 widmete sich Tschaikowski mit großem Eifer dem Komponieren von Musikstücken zu Alexander Ostrowskis Frühlingsmärchen *Schneeflöckchen*. Während der Aufführung von Schauspielen im Bolschoi-Theater (die dort stattfanden, weil am Moskauer Kleinen Theater Bauarbeiten durchgeführt

wurden) hatte die Theaterdirektion dem Dichter sowie dem Komponisten den Vorschlag unterbreitet, für die Aufführung eines Märchenspiels ein Stück zu schreiben bzw. die Musik dazu zu komponieren. Beide Künstler machten sich mit Begeisterung an die Arbeit. Die poesievolle Erzählung von der Tochter des Frühlings und des Väterchens Frost – dem Waldmädchen, das in feuriger Liebe entbrannt ist, aber von den glühenden Strahlen der Sonne zerschmolzen wird – fesselte das künstlerische Interesse des Komponisten. »Wir hatten einen wundervollen Frühling: mir war innerlich so wohl wie stets beim Herannahen des Sommers und der drei Monate Freiheit. Ostrowskis Stück gefiel mir, und innerhalb von drei Wochen schrieb ich die Musik, ohne mich anzustrengen. Mir scheint, daß in dieser Musik die freudige, frühlingshafte Stimmung, von der ich damals durchdrungen war, erkennbar sein muß.«

Die Partitur der Musik zu dem Märchenspiel *Schneeflöckchen* besteht aus 19 Nummern. Für viele dieser Nummern verwendete der Komponist authentische russische Volksweisen aus den Volksliedsammlungen von Wassili Prokunin, Nikolai Lwow, Iwan Pratsch und K. Villebois: den Tanz der Vögel, den Chor der Teilnehmer des Fastnachtgeleits, das erste und zweite Lied des Hirten Lel, die Lieder der Brusila u. a. Die ganze Musik zum »Frühlingsmärchen« bildet ein organisch geschlossenes, national russisches Werk, das von Freude, Licht, Optimismus, Wärme und Frohsinn durchdrungen ist, die Erstarrung, Kälte und Finsternis verdrängt haben.

Das Stück errang keinen großen Erfolg, obwohl bei der Aufführung bekannte Künstler mitwirkten: M. Jermolowa als Frühlingsfee, G. Fjodotowa als Schneeflöckchen, N. Nikulina als Kupawa, I. Samarin als Zar Berendej und W. Shiwokini als Bermjata. Die Partie des Hirten Lel hatte die begabte Sängerin Jewlalia Kadmina, eine Studentin des Moskauer Konservatoriums, übernommen. »Die Kritiker«, schrieb Rostislaw Genika in seinen Lebenserinnerungen, »konzentrierten sich auf die Feststellung unbedeutender Mängel der Aufführung. Statt all das Wertvolle, Interessante und ganz Außergewöhnliche einer solchen Aufführung zu erläutern, mokierten sie sich darüber, daß die Statisten, die im Prolog die Gänse darstellten, in schwarzen Schmierstiefeln auftraten.« Die Musik indes gefiel ausnehmend, und zwar sowohl dem Publikum als auch den Kritikern. Sie erklang danach in einem Konzert unter der Leitung von Nikolai Rubinstein. In Konzerten wurden auch einzelne Nummern aus dem »Schneeflöckchen« zu Gehör gebracht. Im Jahre 1891 wurde dieses Märchenspiel im Moskauer »Theater des 19. Jahrhunderts« im Hause Schelaputins auf dem Theaterplatz erneut in ungekürzter Form aufgeführt und dann sechzehnmal gespielt.

Und wiederum Shakespeare. Am 13. November 1874 erhielt Tschaikowski einen begeisterten Brief von Wladimir Stassow: »Ich komme soeben aus dem Saal der Adelsversammlung, von der Konzertprobe für Sonnabend. Man spielte erstmals Ihr Stück ›Der Sturm‹. Ich saß neben Rimski-Korsakow in dem leeren Saal, und wir waren beide hell begeistert. Was für ein herrliches Stück ist Ihr ›Sturm‹!!! Was für eine Sache ohnegleichen! . . . Caliban, Ariel und die Liebeszene – all das gehört zu den *größten* Schöpfungen der Musik. Was für eine Schönheit, was für ein Sehnen, welch eine Leidenschaft steckt in den beiden Liebesszenen! Ich weiß nicht, was sich noch mit dem vergleichen ließe? Und dann dieser großartige, wild abstoßende Caliban und die wundersamen Flüge und Spiele des Luftgeistes Ariel – das alles sind ganz hervorragende Schöpfungen. Und darüber hinaus das Orchester in diesen Szenen – wundervoll . . .«

Nur selten war es Tschaikowski vergönnt, von einem Vertreter des Balakirew-Kreises eine so hohe Würdigung seiner Kompositionen zu lesen oder zu hören.

In Moskau war die sinfonische Fantasie *Der Sturm* bereits zuvor – am 7. Dezember 1873 – mit Nikolai Rubinstein als Dirigent erklungen. Unter dessen Leitung wurde dieses Werk auch während der Pariser Weltausstellung aufgeführt. Eine Kritik, die in einer Musikzeitung abgedruckt wurde, bezeichnete das Stück als hervorragend, reich an Ideen sowie an neuen und kühnen Klangwirkungen. Sowohl in Rußland (in Moskau, Petersburg, Pawlowsk, Charkow, Kiew und Odessa) als auch im Ausland (in Paris) wurde die sinfonische Fantasie *Der Sturm* binnen kurzer Zeit zu einem Stück, das häufig in Konzerten erklang. Im Jahre 1885 erhielt der Komponist von einem »unbekannten Gönner« für diese Fantasie einen Preis. (Dieser Gönner war Mitrofan Beljajew, der Begründer und Direktor eines Musikverlags.)

An dem Sujet des Shakespeareschen Dramas, das Stassow ihm empfohlen hatte, reizte Tschaikowski die künstlerische Aufgabe, mit den Mitteln der Musik die Liebe in ihrer Entwicklung auszudrücken – vom Aufkeimen des ersten Gefühls bis hin zum »triumphierenden Zauber der Leidenschaft«, wie er in dem Programm schrieb, das der Partitur des *Sturms* vorangestellt ist. Die dem Programm zugrunde liegende Aufeinanderfolge von künstlerischen Abbildern der Natur und menschlicher Empfindungen wird in dem Stück zur organischen Grundlage seines musikalischen Aufbaus und manifestiert die Einheit von Mensch und Natur, von prachtvollen Meeresbildern und edlen menschlichen Empfindungen, verschiedenartigen Stimmungen und Klangbildern – Phantastik und Lyrik, Humor und Heldentum. Aus der Musik dieser Fantasie sprüht Frohsinn, Licht und Lebensfreude.

»*Eine Lektion für das Opernkomponieren*«. Bereits im Dezember 1872 hatte Tschaikowski bei einer Sitzung des Musikkomitees der Direktion des Petersburger Marien-

theaters die von ihm abgeschlossene Oper *Der Leib-*
wächter[30] vorgespielt, an der er seit dem Winter 1869 arbeitete. Das neue Werk wurde einstimmig für gut befunden
und zur Aufführung angenommen.

Zur Uraufführung der Oper, die am 12. April 1874
stattfand, kam das Professorenkollegium des Moskauer
Konservatoriums mit Nikolai Rubinstein an der Spitze in
die Metropole an der Newa. Bei der Aufführung waren alle
Persönlichkeiten, die in der Petersburger Musikwelt Rang
und Namen hatten, zugegen. Die Oper wurde wohlwollend aufgenommen. Auch die darauffolgenden Vorstellungen in Petersburg verliefen erfolgreich. Die Hörer
waren gefesselt von den großen Chorszenen und von den
markanten musikalischen Bildern, von dem leidenschaftlichen, feurigen Andrej, der sanften, rührenden und doch
willensstarken Natalja und Andrejs mutiger Mutter, der
Bojarin Morosowa.

Nachdem Tschaikowski seine künstlerischen Potenzen
auf dem Gebiet der Oper aus dem Volksleben (*Der
Wojewode*) und der lyrisch-phantastischen Oper (*Undine*) erprobt hatte, wandte er sich in seiner dritten Oper dem
Musikdrama zu. Dem Sujet, das nach Iwan Laschetschnikows
Tragödie *Der Opritschnik* entstand, liegen konfliktreiche,
dramatisch zugespitzte Situationen zugrunde, in denen
das tragische Schicksal des jungen Leibwächters Andrej
Morosow geschildert wird, der mit dem Zaren Iwan dem
Schrecklichen einen ungleichen Kampf aufgenommen hat,
weil er Liebe und Ehre seiner Braut Natalja zu verteidigen
gewillt war.[31]

Im Zuge der Arbeit an der Oper *Der Leibwächter* mußte
sich Tschaikowski zu seinem großen Bedauern davon
überzeugen, daß die Oper nicht jenem Werktypus entsprach, den er in diesem Genre gesucht hatte. Das
tragische Moment wurde hier durch Mittel der großen
romantischen Oper ausgedrückt (in der Art von Giacomo

Meyerbeers *Die Afrikanerin* oder *Die Hugenotten*, Gioacchino Rossinis *Wilhelm Tell*, Daniel François Esprit Aubers *Die Stumme von Portici*, Hector Berlioz' *Die Trojaner* und Alexej Werstowskis *Askolds Grab*). Die Proben und die Uraufführung der Oper bestärkten ihn noch in seinen Befürchtungen.

In den Presseartikeln über die Aufführung wurde hauptsächlich auf Mängel im Libretto verwiesen. Was die Musik anbelangt, so zeigten sich die Kritiker mit der bunten Vielfalt des Stils unzufrieden, der sich aus der Verknüpfung von Nummern im Charakter der russischen Volksmusik mit Nummern im Geist der westeuropäischen Musik ergibt. Nichtsdestoweniger hob der Musikkritiker Nikolai Kaschkin hervor, daß »der Reichtum und die Schönheit der Melodien, die glanzvolle Instrumentierung und die allgemeine, den Hörer einnehmende Eleganz, welche die Oper von Anfang bis zum Ende ausstrahlt, einen Eindruck hervorrufen, der die Mängel vergessen läßt. Wenn man anfangen wollte, die musikalisch schönen Partien der Oper aufzuzählen, dann müßte man sie alle nennen . . .« César Cui charakterisierte die Oper als ideenarm und fast durchweg schwach, ohne eine einzige, deutlich hervorragende Stelle und ohne glückliche künstlerische Eingebung. »Wie boshaft Cuis Besprechung auch sein mag, wie ungeheuer voreingenommen sein Urteil auch lauten mag, im Grunde genommen hat er die Qualitäten der Oper als musikdramatisches Werk ziemlich genau eingeschätzt. Sie hat keinen Stil und sie hat keine Bewegung, zwei Umstände, die bewirken, daß das Interesse des Publikums für die Oper unvermeidlich nachläßt«, schrieb der Komponist einen Monat nach der Uraufführung der Oper an den Verleger des Werkes Wassili Bessel.

Tschaikowski hatte bereits selbst, und zwar schon bei der ersten Bühnenprobe des Werkes, seine – wie er es nannte – »groben Fehlgriffe« erkannt. Natürlich erlebte er kein Fiasko, aber er mußte sich doch eingestehen, daß er »mithin eine ausgezeichnete Lektion für das Opernkomponieren« für spätere Zeiten erhalten hatte. Eine Weile trug er sich noch mit dem Gedanken, eine Neufassung des Werkes vorzunehmen, hat diese Absicht aber nie verwirklichen können. Die Oper stand weiterhin auf dem Spielplan, und zwar nicht nur in Petersburg, sondern auch in anderen Städten Rußlands.

Am 26. Juli 1874 fand eine Aufführung des *Leibwächters* in Odessa unter Mitwirkung von Künstlern des Petersburger Marientheaters wie J. Morosowa, Wilhelmine Raab, Dmitri Orlow und Bogomir Korsow statt. Das war die erste Aufführung einer Oper Tschaikowskis in der Provinz, und der Komponist konnte den außerordentlichen, ja sogar triumphalen Erfolg des Werkes selbst erleben.

Am 9. Dezember 1874 erklang das Werk im Kiewer Opernhaus unter der Leitung von Ippolit Altani. Tschaikowski, der der Aufführung beiwohnte, hob die großartige Inszenierung hervor. »Die Oper hatte Erfolg«, teilte er seinem Verleger Wassili Bessel mit, »zumindest gab es schrecklich viel Lärm, und die Beifallsbekundungen waren überaus schmeichelhaft, wie ich sie niemals erwartet hätte. Eine große Anzahl von Studenten begleitete mich vom Theater zum Hotel. Ich war restlos glücklich.« Am 4. Mai des darauffolgenden Jahres fand auch die Moskauer Erstaufführung des *Leibwächters* statt.

Ein Sujet nach einer Dichtung von Gogol. Bald nach der Petersburger Uraufführung des *Leibwächters* nahm Tschaikowski die Arbeit an einer neuen Oper auf. Die Direktion der Russischen Musikgesellschaft hatte einen Wettbewerb für die beste Oper nach Nikolai Gogols Erzählung *Die Nacht vor Weihnachten* ausgeschrieben. Das Libretto der Oper, die den Titel *Wakula der Schmied* tragen sollte, stammte von dem Dichter Jakow Polonski. Tschaikowski, der seit seiner Kindheit Gogols Werke liebte und ausgezeichnet kannte, beschloß, ebenfalls an diesem Wettbewerb teilzunehmen, allerdings nicht als Mitglied der Jury (was man ihm vorgeschlagen hatte), sondern als Komponist. Ihn reizte die Gelegenheit, eine lyrisch-komische Oper zu schreiben, sich mit einem Operngenre zu befassen, dem er sich bislang noch nicht zugewandt hatte: Hier bot sich ihm die Möglichkeit, eine echte, wirkliche Volksoper zu schaffen, die viele Lieder, Chöre und Tänze auf der Grundlage der ukrainischen Folklore enthalten sollte. Nachdem er die Lehrverpflichtungen am Konservatorium hinter sich gebracht hatte, begann er während der Sommerferien sein »Schoßkind« zu komponieren. Die Oper erhielt den einzigen von der Russischen Musikgesellschaft ausgesetzten Preis und wurde zur Aufführung am Petersburger Marientheater angenommen.

Nach den Ferien nahm Tschaikowski seine Lehrtätigkeit am Konservatorium wieder auf. Nach wie vor las er viel und befaßte sich mit neuen Musikwerken – mit Modest Mussorgskis Oper *Boris Godunow*, mit Anton Rubinsteins *Dämon* und Richard Wagners *Ring des Nibelungen*. Wagners Partitur studierte er gemeinsam mit seinen Moskauer Freunden bei Karl Klindworth[32], der in Wagners Auftrag eine Klavierbearbeitung des *Ring* angefertigt hatte. Und natürlich beanspruchte das eigene musikalische Schaffen (*Zweites Streichquartett* und Lieder) weiterhin einen Großteil der ihm zur Verfügung stehenden Zeit. So waren diese Jahre von unermüdlicher schöpferischer Aktivität und gedanklicher Arbeit erfüllt ...

»*Gemeingut des Publikums*«. Tschaikowskis künstlerische Bemühungen in den verschiedenen musikalischen Genres waren von Erfolg gekrönt. Die *Erste Sinfonie* und das *Erste*

Streichquartett markierten den Beginn einer neuen Etappe in der Entwicklung der russischen Musik. Die Lieder bildeten ebenfalls den Anfang einer neuen Phase auf dem Gebiet der russischen Vokallyrik. Hier gelang es dem Komponisten, die Volksliedintonationen organisch umzudeuten und eine Verständlichkeit und ungewöhnliche Ausdruckskraft der Tonsprache zu erreichen, deren individuellen Charakter die Hörer sogleich feststellen konnten. Das Wichtigste bestand gleichwohl darin, jenes ausgesprochen nationale Element zum Tragen zu bringen, das der Komponist all die Jahre hindurch in sich aufgenommen hatte, wenn er die Bauern- und städtischen Lieder und Tänze hörte. Die gesamte Intonationsstruktur seiner Musik stellte ein Spiegelbild der Volkskunst dar, die wiedergegeben wurde durch Persönliches, tief Empfundenes ...

Auf der Grundlage von Volksliedern wollte Tschaikowski nunmehr ein Konzert für Klavier und Orchester komponieren.

Am 24. Dezember 1874 spielte Tschaikowski sein *Erstes Klavierkonzert* Nikolai Rubinstein, Nikolai Kaschkin und Nikolai Hubert vor. Rubinstein unterzog das neue Werk einer scharfen Kritik. Als besonders kränkend empfand der Komponist, daß sowohl Rubinstein als auch Hubert ihn weiterhin als Anfänger unter den Musikschaffenden betrachteten, der »ihre Ratschläge, strengen Hinweise und entschiedenen Urteile benötige«.[33] (Die Zeitspanne, in der sich Tschaikowski durch Rubinstein gekränkt fühlte, der die entstandene Kluft übrigens auch selbst spürte, währte freilich nicht lange. Bald nachdem Rubinstein sein Unrecht eingesehen hatte, brachte er das Konzert sowohl in Moskau als auch auf der Weltausstellung in Paris zur Aufführung.) Nach dem unglücklich verlaufenen Vorspielen des Werkes entschloß sich Tschaikowski, das Werk ohne jede Veränderung drucken zu lassen, und befolgte damit keine einzige kritische Bemerkung der eben genannten Personen.

Vieles an diesem Werk war ungewöhnlich: sowohl der ein breites Publikum ansprechende Charakter der jubelndhellen, lebensprühenden musikalischen Bilder als auch deren künstlerische Gestaltung. Erneut wandte sich der Komponist jenem Thema zu, das ihn besonders bewegte – dem Verhältnis des Künstlers zur heimatlichen Natur und dem Identifizieren mit dem Volk. Eine solche Idee lag auch seiner *Ersten Sinfonie* zugrunde. Ebenso wie in den *Winterträumen* bedingte deshalb der eigenständige Inhalt des Konzerts auch das Neuartige der musikalischen Anlage des Werkes – die Verbindung und gegenseitige Durchdringung der lyrischen und der genrebezogenen Sphäre. Das Neuartige des Programms machte es selbstredend notwendig, dieses mit neuen Mitteln zu gestalten, die sich von früheren unterschieden. Im Zusammenhang damit behandelte Tschaikowski die klassische dreisätzige Form, in der Werke dieses Genres in der Regel komponiert wurden (erster Satz: Sonatenhauptsatz, zweiter Satz: langsamer, lyrischer Mittelteil und dritter Satz: schnelles Finale in Rondoform), wie es sich im Schaffen Haydns, Mozarts und Beethovens herausgebildet und gefestigt hatte, auf eigene Art und Weise. Tschaikowski hat hier im Grunde eine neue Kompositionsstruktur geschaffen, die der viersätzigen Form der klassischen Sinfonie nahesteht. Das Themenmaterial des großen Einleitungsteils des Konzertes (der Introduktion) ist selbständig und begegnet im weiteren Verlauf des Werkes nicht mehr. In der Einleitung unterstreicht Tschaikowski das Pathetische des jubelnd-hellen Klangbildes. Diese breit angelegte Einleitung, die auf der Verarbeitung eines feierlich-appellartigen, festlichen Motivs fußt, komponierte er als selbständigen Satz, den er mit einer großen virtuosen Kadenz versah.

Die an die Introduktion anschließenden zwei lyrischen Sätze stehen in ihrem Stimmungscharakter im Kontrast zu dieser. Dem ersten Satz liegen lyrisch-dramatische und dem zweiten lyrisch-intime, innig getönte Klangbilder zugrunde, die mit der Naturbetrachtung und Bildern aus dem Alltagsleben verbunden sind. Dabei machen die lyrischen musikalischen Klangbilder eine Entwicklung durch und erlangen im Verlauf dieses Prozesses neue Züge. Lyrische Klangbilder verknüpft der Komponist in organischer Form mit Genre- sowie Klangbildern aus dem Alltagsleben – und zwar mit ukrainischen Volksliedern. Eine Melodie, die Tschaikowski nach dem Vortrag von sogenannten Lirniki aufgezeichnet hatte – blinden Sängern, die sich auf der Drehleier selbst begleiteten –, legte er dem Hauptthema des ersten Satzes zugrunde.[34] Als Hauptthema für das Finale verwendete er ein Frühlingslied aus der von Alexander Rubez herausgegebenen Volksliedersammlung. Im Mittelteil des zweiten Satzes begegnet das seinerzeit in Rußland populäre Motiv eines französischen Chansons im Walzerrhythmus. (Durch Verwendung dieser Volksmusikzitate verknüpfte Tschaikowski im Klavierkonzert Mittel für deren Entwicklung, wie sie für die russische Volksliedkunst charakteristisch sind – nämlich das Variationsprinzip –, mit dem Prinzip der motivischen Arbeit im Sonatensatz.)

Dadurch, daß Tschaikowski in den zweiten Satz des Konzertes vom Charakter her völlig verschiedene musikalische Klangbilder einfügte (das langsame, lyrische erste Thema und das lebhafte, walzerartige zweite Thema), schließt er gleichsam zwei Sätze des sinfonischen Zyklus zusammen: den langsamen und den schnellen Satz (das Scherzo) und kommt auf diese Weise zu einer originellen Behandlung der Konzertform.

Im letzten Satz, dem Finale, kehrt Tschaikowski zu hymnischen Klangbildern jubelnder Freude zurück und zeichnet damit, ebenso wie in seiner *Ersten Sinfonie*, das lebensprühende Bild eines Festes, ein Bild ausgelassenen Frohsinns.

Durch das Neuartige der künstlerischen Bilder, die spezifische Intonations-, Kompositions-, Satz- und Instrumentationsstruktur, die wechselseitige Durchdringung von Klavier- und Orchesterpart und die sinfonische Entwicklung des musikalischen Themenmaterials leitet Tschaikowskis *Erstes Klavierkonzert* den Beginn einer neuen Epoche der russischen Klaviermusik ein. Dieses Konzert – »das in seinem sinfonischen Gedankenflug und der Fülle an Klangideen genial ist« (Boris Assafjew) – wurde zu einem Spitzenwerk der internationalen Tonkunst, zu einem jener Werke, von denen Tschaikowski als einem der wenigen Beispiele sprach, die für ihn persönlich ein Ideal bildeten: das Konzert wurde von den Hörern in Besitz genommen und zum »Gemeingut des Publikums«, da es die Eigenschaft besaß, »dem feinsinnigen Kenner wie auch der wenig gebildeten Mehrheit gleichermaßen zu gefallen«.

Der Verehrer und Wegbereiter der Musik Tschaikowskis, Hans von Bülow, der den Komponisten als »wahren Poeten in Tönen« bezeichnet hatte, erhielt dessen Einwilligung, das Konzert in Amerika vorzutragen, und spielte es am 13. Oktober 1875 in Boston. Wenig später erreichte Tschaikowski die Nachricht Bülows über den Erfolg des Konzertes und die Mitteilung, daß bei jedem der sechs Konzertabende auf Verlangen des Publikums der Finalsatz wiederholt werden mußte.

In der Folgezeit fanden erstmals Aufführungen des Werkes in Petersburg (Solist Gustav Kross, Dirigent Eduard Napravník) und in Moskau (Solist Sergej Tanejew, Dirigent Nikolai Rubinstein) statt. Im gleichen Jahr wandte sich Bülow mit der Bitte an Tschaikowski, ihm die Partitur und die Orchesterstimmen des Konzertes für eine Aufführung des Werkes in London zuzuschicken. Anschließend hat Bülow dieses Konzert wiederholt in Westeuropa und Amerika gespielt. Tschaikowski selbst dirigierte das Werk in Moskau, Hamburg, Berlin, Prag, Dresden, London, New York, Baltimore, Philadelphia und Brüssel (als Solisten wirkten dabei Wassili Sapelnikow, Alexander Siloti, Emil Sauer und Franz Rummel mit). Sowohl in Rußland als auch im Ausland wurde das Konzert rasch populär und von den Interpreten – Pianisten wie Dirigenten – gern gespielt.

»Eine allzu russische Sinfonie«. Den Sommer 1875 verbrachte Tschaikowski wiederum auf dem Lande. Auch diesmal war die Ferienzeit eine Zeit intensiven schöpferischen Wirkens: er nahm die Arbeit an seinem ersten Ballett *Schwanensee* auf und komponierte eifrig seine *Dritte Sinfonie*.

Die neue Sinfonie klingt an die klangbildliche Sphäre des Balletts *Schwanensee* an – eine lyrisch-elegische und phantastisch getönte Sphäre. Daneben unterscheidet sie sich von den früher entstandenen sinfonischen Werken des Komponisten in erster Linie durch ihren psychologisch vertieften Gehalt. Das Werk besteht aus fünf kontrastierenden Sätzen, in denen das Streben von der Finsternis zum Licht zutage tritt: Von der schmerzerfüllten Musik in der Einleitung (Trauermarsch) über eine feierlich-erhabene Episode und poesievolle Klangbilder (ein bald ungestüm dahineilender, bald melancholisch-gedankenvoller Walzer) und danach von lyrischer Besinnlichkeit, die im Scherzo von phantastischen Klangbildern abgelöst wird, zu ausgeprägter, festlicher Heiterkeit und Freude.

Ebenso wie in Tschaikowskis übrigen Werken tritt in der Musik der *Dritten Sinfonie* das nationale Element sinnfällig in Erscheinung, und zwar so markant, daß man sich im Ausland sogar weigerte, das Werk in das Programm eines Konzertes aufzunehmen: Tschaikowski kam zu Ohren, daß, als der Wiener Dirigent Hans Richter die Sinfonie auf einer Probe der Wiener Gesellschaft der Musikfreunde vorspielte, das Komitee der Gesellschaft das Werk »allzu russisch« fand »und es einstimmig ablehnte«. (Wer denkt dabei nicht an die Worte des russischen Dichters Iwan Turgenjew: »Der Künstler ist kein Kosmopolit, er gehört seinem Volk und seiner Zeit«!)

Die Uraufführung der *Dritten Sinfonie* fand am 7. November 1875 unter der Leitung von Nikolai Rubinstein in Moskau statt. In Petersburg dirigierte Eduard Napravník am 24. Januar 1876 das Werk erstmals öffentlich. Vier Tage später las der Komponist eine von Hermann Laroche verfaßte Besprechung des Werkes, die in der Zeitung *Die Stimme* abgedruckt war. »Tschaikowski schreitet ständig vorwärts«, schrieb der Kritiker. »In seiner neuen Sinfonie steht die Kunst der Form und der kontrapunktischen Entwicklung so hoch wie in keinem seiner früheren Werke. Besonders das erste Allegro weist in seinem Mittelteil eine vortreffliche motivische Arbeit auf, deren Energie und zügiger Ablauf das Interesse des Hörers durchweg fesseln ... Aus der neuen Partitur von Herrn Tschaikowski spricht eine tiefe und erlesene Kunst. In bezug auf Kraft und Gewichtigkeit des Inhalts, die Reichhaltigkeit der Form und den vornehmen Stil, der durch ein eigenständiges, individuelles Schaffen geprägt ist, sowie im Hinblick auf die außergewöhnliche Vollkommenheit der Satztechnik bildet die Sinfonie von Herrn Tschaikowski eigentlich eine der bedeutendsten Erscheinungen der Musik des letzten Dezenniums, und zwar selbstredend nicht nur bei uns, sondern in ganz Europa, und wenn sie in einem der musikalischen Zentren Deutschlands gespielt würde, dann würde sie den russischen Künstler (gemeint ist Tschaikowski – d. Ü.) mit den berühmtesten Sinfonikern unserer Zeit auf gleiche Höhe stellen.«

UNERMÜDLICH AUF SUCHE

Eine Sinfonie im Ballett. Wenige Wochen nach der Uraufführung der Oper *Der Leibwächter*, im Frühjahr 1875, er-
teilte die Direktion der Kaiserlichen Theater Tschaikowski
den Auftrag, ein Ballett zu komponieren. Der Komponist,
der in finanziellen Schwierigkeiten steckte, nahm den Auftrag an; die Arbeit sollte im Frühjahr des nächsten Jahres
abgeschlossen sein. Es waren freilich nicht nur materielle
Erwägungen, die ihn zur Zustimmung zu diesem Projekt
veranlaßten, sondern vor allem der lang gehegte Wunsch,
»sich in dieser Art Musik zu versuchen«. Tschaikowski
machte sich mit Feuereifer an die Komposition des
Balletts, weil er sich dazu innerlich vorbereitet fühlte. Er
wollte unbedingt für die Musik seiner ersten Oper *Undine*,
die auf ein phantastisches Sujet geschrieben war, »Verwendung« finden, er wollte das Thema der *Undine* weiter-

entwickeln: die Prüfung der Liebe und Treue (in gewissem Grade hat ihn dieses Thema auch im Sujet seiner späteren Oper *Jolanthe* gefesselt).

Im Laufe der Jahre, die seit der Komposition der *Undine* vergangen waren, hatte Tschaikowski die Überzeugung gewonnen, daß ihn das phantastische Element in einer Oper nicht inspiriert. Im Bereich des Balletts stellte er sich dieses Element jedoch nicht nur als möglich, sondern als notwendig vor (was in der Folgezeit durch seine Wahl der Stoffe für andere Ballette wie *Dornröschen* und *Der Nußknacker* bestätigt werden sollte). In der Welt der Zaubergestalten spielte das einaktige Kinderballett *Der See der Schwäne*, das Tschaikowski 1871 für seine Neffen komponiert hatte, als er bei seiner Schwester in Kamenka zu Gast weilte.

Von Jugend an ein leidenschaftlicher Theaterfreund, war der Komponist mit den spezifischen Besonderheiten der Bühnenkunst eng vertraut, wußte um das Plastische der Bewegungen und Gesten auf der Bühne und liebte nicht nur das Drama und die Oper, sondern auch das Ballett.

Ganz besonders fühlte sich Tschaikowski von Adolphe Adams Ballett *Giselle* gefesselt, in dessen Musik das Phantastische und das Lyrische eng verknüpft sind. Als Vorbild dienten ihm hingegen die Tanzszenen aus den Opern Michail Glinkas: die Zaubertänze im Garten des Tschernomor aus *Ruslan und Ludmila* sowie Polonaise, Mazurka und Krakowiak aus *Iwan Sussanin*, die in sich geschlossene sinfonische Stücke darstellen. Seine Einstellung zur Ballettmusik wie auch zu jedem anderen Genre der Tonkunst – zur sinfonischen, Opern- und Kammermusik – veranlaßte Tschaikowski, die Ballettmusik nicht als angewandte Musik aufzufassen, die lediglich der Begleitung von Tanznummern dient, sondern ihr einen neuen Sinn zu verleihen. Folgerichtig unterzog der Komponist dieses

Genre einer Reform und gestaltete mit *Schwanensee* eine neue Art des Balletts, in dem die musikalischen Klangbilder ebenso entwickelt werden wie in einer Oper und einer Sinfonie und ihre spezifische musikdramaturgische Funktion zugewiesen bekommen. Tschaikowski hat keinerlei neue Formen der Bühnenmusik und Choreographie erschlossen, aber er hat die überlieferten Formen mit dem lebendigen Atem der sinfonischen und der Opernmusik erfüllt, wo das Hauptthema – die künstlerische Idee – im Zusammenprall mit kontrastierenden Klangbildern und in der Auseinandersetzung mit ihnen verschiedene Entwicklungsetappen durchläuft, eine Evolution erfährt und neu beleuchtet wird. So weist das lyrische Ballett-Drama *Schwanensee* im Verlauf aller drei Akte eine einheitliche Entwicklungslinie auf. Die einzelnen, in sich geschlossenen Tanznummern erfüllen im Ballett eine bestimmte dramaturgische Funktion. In ihnen vollzieht sich die Evolution der musikalischen Klangbilder, und sie dienen als Meilensteine in der Entfaltung dieses lyrischen Dramas. »Das Ballett ist wie eine Sinfonie«, äußerte Tschaikowski später, als er »Dornröschen« komponierte.

Das Neuartige am Ballett »Schwanensee«, das Besondere, das es von allen vorher entstandenen Werken in diesem Genre abhob – wurde zwar nicht sogleich vollauf verstanden, aber sowohl vom Publikum als auch von der Kritik sofort bemerkt, wenngleich gebildete Musikliebhaber auch hier und da ihr Befremden äußerten. Einige Kritiker warfen dem Komponisten dürftige künstlerische Phantasie, einförmige Gestaltung der Themen und Melodien sowie eine gewisse Monotonie vor. Andere vertraten die Meinung, daß die Musik schön, ja, mehr noch, viel zu schön für ein Ballett sei. Nichtsdestotrotz fand die Uraufführung des Balletts am 20. Februar 1877 im Moskauer Bolschoi-Theater breite Anerkennung, und das Werk blieb bis 1883 im Spielplan, d. h. bis zu dem Zeitpunkt, wo die

Bühnenausstattung dieser Inszenierung nicht mehr verwendbar war.

Die erste Pressestimme, in der das neue Ballett gebührend gewürdigt wurde, stammte von Hermann Laroche: »Hinsichtlich der Musik ist ›Schwanensee‹ das beste Ballett, das ich je gehört habe ... Die Melodien, eine plastischer, sanglicher und hinreißender als die andere, fließen wie aus einem Füllhorn. Der Walzerrhythmus, der unter den Tanznummern vorherrscht, ist in solch vielfältigen graziösen und bestechenden Zeichnungen fixiert, daß die melodische Gestaltungskraft des begabten und vielseitigen Komponisten niemals eine glänzendere Prüfung bestanden hat. Die Musik zu ›Schwanensee‹ ist durchweg populär. Das, was schlichte Musikliebhaber ›Motive‹ nennen, findet sich in dieser Musik keineswegs in geringerer Zahl, sondern eher in größerer Fülle als in jedem beliebigen Ballett von Pugni.[35] Mit einer Gewandtheit, die niemand bei dem gelehrten Schöpfer solcher Sinfonien, Quartette und Ouvertüren vermutet hätte, hat Herr Tschaikowski die Besonderheiten des Ballettstils erfaßt und durch Anpassung an diesen Stil erneut jene Flexibilität bekundet, die eines der wertvollsten Merkmale seines künstlerisch-schöpferischen Talents bildet. Seine Musik ist durchweg Ballettmusik, doch für den seriösen Musiker zugleich gute und interessante Musik.«

Einzelne Nummern, ja ganze Szenen und Aufzüge wurden in der Folgezeit auch bei Orchesterkonzerten zu Gehör gebracht. Als Tschaikowski zehn Jahre später in seinem Konzert vor Prager Hörern den zweiten Akt des Balletts dirigierte (dies war die erste Aufführung von Ballettmusik des Komponisten im Ausland), fand die Musik so großen Anklang, daß Tschaikowski nach der Rückkehr in das Hotel in seinem Tagebuch notierte: »*Eine Minute absoluten Glücks*«.

Das von W. Begitschew und W. Helzer entworfene ursprüngliche Szenarium des Balletts »Schwanensee« unterschied sich geringfügig von dem Szenarium, das Tschaikowskis Bruder Modest 1895 für eine Neuinszenierung des Werkes im Petersburger Marientheater schuf (bei dieser Neuinszenierung stammte die Choreographie von L. Iwanow und Marius Petipa und wurde zu einem klassischen Beispiel der internationalen Ballettkunst).

In der Erstfassung des Balletts verwandelt ein guter Zauberer die Prinzessin Odette und ihre Gespielinnen in Schwäne, um sie vor den »bösen Ränken« einer Hexe zu schützen. Odette wird von einer als Talisman dienenden Krone beschützt: solange sich auf dem Kopf des Schwanenmädchens die Krone befindet, droht ihrem Leben keine Gefahr. Der Prinz Siegfried, der dies nicht weiß und Odette nach dem bösen Willen der Hexe untreu geworden ist, kommt herbei, um seine Schuld zu sühnen. Aber indem er die Krone vom Kopf seiner Geliebten herunterreißt, weil er glaubt, dadurch die Liebe des Mädchens zu behalten, stürzt er sie ungewollt ins Verderben. Als Odette im Sterben liegt, kommt der Prinz während eines Sturmes und einer Überschwemmung gemeinsam mit ihr in den Fluten des Sees ums Leben.

Bei Modest Tschaikowski gestaltet sich der Inhalt des Balletts folgendermaßen: die Schwäne – die Prinzessin Odette mit ihren Gespielinnen –, die von einem bösen Geist verzaubert sind, nehmen nur nachts Mädchengestalt an. Allein treue Liebe kann Odette retten. Prinz Siegfried, der während der Jagd die Schwanenmädchen gesehen hat, verliebt sich in Odette und beschließt, sie zu retten. Doch der böse Geist bringt seine Tochter Ottilie zum Fest der Brautwahl mit, der er das Antlitz Odettes gegeben hat. Siegfried wählt sich Ottilie zur Braut: er wird zum Verräter Odettes und läßt das Mädchen für immer in der Macht des bösen Geistes. Odette stürzt sich in den See. Siegfried, der seinen verhängnisvollen Fehler erkannt und von Odettes Tod erfahren hat, ersticht sich. So triumphiert die Liebe über die bösen Ränke. (Abgesehen von dem tragischen Schluß, findet sich diese inhaltliche Gestaltung auch bei heutigen Aufführungen des Balletts. Statt Odettes und Siegfrieds Tod kommt es hier zu einem triumphierenden Sieg des Prinzen beim Zweikampf mit dem bösen Geist Rotbart, wonach sich die Schwäne in Mädchen verwandeln. Ein solcher Abschluß ist mit der Konzeption der Schöpfer des Szenariums im Prinzip durchaus vereinbar: in beiden Fällen triumphiert die Liebe über die Kräfte des Bösen und erweist sich stärker als der Tod.)

In der Musik des Balletts bringt der Komponist tiefe menschliche Empfindungen, eine komplizierte Skala psychischer Verhaltensweisen in all ihrer Vielfalt und Widersprüchlichkeit zum Ausdruck. Gleich mit den ersten Klängen der Orchestereinleitung führt er den Hörer in die Atmosphäre des lyrischen Dramas ein. Das musikalische Hauptthema des Balletts ist das Thema des Schwanenmädchens (das häufig auch als »Schwangengesang« bezeichnet wird): es ist eine schöne, zarte und beseelte Melodie, die von der Oboe vor dem Hintergrund eines rauschenden Tremolos der Violinen und ineinanderlaufender Harfenpassagen vorgetragen wird. Alles, was diese Melodie in sich schließt: bebende Angst, drängendes Verlangen, drückender Schmerz und ein lyrisch-poesievoller Grundton – wird während des gesamten Werkes beibehalten, obwohl das Thema im Entwicklungsverlauf der Handlung umgestaltet wird, seine emotionale Tönung verändert, völlig unterschiedliche Stimmungsnuancen gewinnt und eine bedeutende dramatische Steigerung erfährt. Es klingt bald zart und traurig, bald tragisch und drohend, bald erregt und leidenschaftlich oder festlich und hell, wie eine alles besiegende Hymne an die Liebe.

Das Hauptthema des Balletts bildet die Grundlage für den dramaturgischen Aufbau der durchgehenden Handlung: der Schürzung des Knotens (Odettes Begegnung mit dem Prinzen, bei der das Mädchen seine traurige Geschichte erzählt, daß es verzaubert und in einen Schwan verwandelt worden ist – das berühmte Adagio, das man als »Gesang der triumphierenden Liebe« bezeichnen kann), des Höhepunkts (wenn der Prinz den Treueschwur bricht), der Lösung des Knotens (der Prinz bittet Odette, seine ungewollte Schuld zu verzeihen) und schließlich des Abschlusses (das festliche Schlußbild). Die zentralen Abschnitte des Werkes sind dramaturgisch eng verbunden mit Kontrastepisoden, die traditionelle Ballettformen darstellen – Suiten aus klassischen Tänzen (erster Akt) und Charaktertänzen (dritter Akt), Massenszenen und pantomimische Episoden.

Ungeachtet seines phantastischen Sujets wird das Ballett *Schwanensee* vom Rezipienten als wirkliches Drama aufgenommen, das wahrheitsgetreu von realen, tiefen Gefühlen erzählt. Es ergreift den Zuschauer nicht minder als Tschaikowskis echtes lyrisches Drama, die Oper *Eugen Onegin*.

» Die Jahreszeiten «. Wie schon häufig zuvor konnte Tschaikowski ein Werk nicht vollenden, ohne bereits am nächsten mit der Arbeit begonnen zu haben (ein künstlerisches Vorhaben folgte rasch einem anderen, und dazu kamen neue Kompositionsaufträge), und so geschah es auch diesmal. Der Komponist hatte das Ballett noch nicht abgeschlossen, als er einer Bitte des Herausgebers und Verlegers der Petersburger Zeitschrift *Nuvellist*[36] Matwej Bernard Folge leistete und einen Zyklus von Klavierstücken unter dem Titel *Die Jahreszeiten* zu komponieren begann.

Das Dezemberheft dieser Zeitschrift vom Jahre 1875 enthält die Notiz, daß »der berühmte Komponist Pjotr

S. Gilew und W. Machalow als Onegin und Gremin in der Oper »Eugen Onegin«

Maria Klimentowa-Muromzewa als Tatjana in der Oper »Eugen Onegin«
in der Inszenierung des Moskauer Konservatoriums 1879

Pawel Chochlow als Onegin. Bolschoi-Theater Moskau.
Neunziger Jahre des 19. Jahrhunderts

Bertha Foerstrová-Lautererová als Tatjana in der Oper »Eugen Onegin«
in einer Inszenierung des Nationaltheaters Prag 1888

»Was Spiel und Gesang anbelangt, so war zweifelsohne die Tatjana am
besten. Ich kann sogar ausdrücklich und glattweg sagen, daß es eine solche
Interpretin dieser Rolle weder in Petersburg noch in Moskau jemals
gegeben hat. Sie ist als Tatjana wie geschaffen, und besonders gelungen
wirkt ihre Darstellung in den ersten Bildern der Oper.«

Emilia Pawlowskaja als Natalja in der Oper »Der Leibwächter« in der
Inszenierung des Petersburger Marientheaters 1879

Maria Kamenskaja als Johanna in der Oper »Die Jungfrau von Orléans« in
der Inszenierung des Petersburger Marientheaters 1881

Szene aus dem zweiten Akt der Oper »Die Jungfrau von Orléans« in der Inszenierung des Petersburger Marientheaters 1881. Zeichnung aus der zeitgenössischen russischen Zeitschrift »Die Welt im Bild«

Nadeshda von Meck

Pjotr Tschaikowski. 1882

Eduard Napravník

Unter seiner musikalischen Leitung fanden die Uraufführungen der Opern »Eugen Onegin«, »Jolanthe«, »Der Leibwächter«, »Die Jungfrau von Orléans« (dem Dirigenten gewidmet), »Pique Dame« und »Die Pantöffelchen« im Petersburger Marientheater statt. In Konzerten der Petersburger Sektion der Russischen Musikgesellschaft erklangen unter seiner Leitung erstmals Tschaikowskis Erstes und Drittes Konzert für Klavier und Orchester sowie die Kantate »Moskwa«.

Pjotr Jürgenson
Der Gründer (1861) und Inhaber eines der bedeutendsten Musikverlage
in Rußland war der erste Verleger fast sämtlicher Werke des Komponisten.
Er sammelte und verwahrte Tschaikowskis Autographe.

Lew Tolstoi

»Der größte aller Schriftsteller, die je gelebt haben, ist *L. Tolstoi*. Er allein genügt, daß der russische Mensch nicht verschämt den Kopf neigt, wenn man ihm all das Große aufzählt, was Europa der Menschheit gegeben hat.

P. Tschaikowski

Alexander Ostrowski

B. Korsow als Mazeppa in einer Inszenierung des Moskauer Bolschoi-
Theaters aus dem Jahre 1884

Maria Deischa-Sionizkaja als Maria in der Oper »Mazeppa« in einer
Inszenierung des Moskauer Bolschoi-Theaters aus dem Jahre 1884

Warwara Sarudnaja als Maria in der Oper »Mazeppa« in einer Inszenierung
des Opernhauses Tiflis (Tbilissi) vom Jahre 1885

Iljitsch Tschaikowski der Redaktion der Zeitschrift seine Mitarbeit zugesagt hat und beabsichtigt, im kommenden Jahr eine ganze Serie seiner Klavierkompositionen zu veröffentlichen ..., deren Charakter sowohl der Bezeichnung der Stücke als auch dem Eindruck von jenem Monat, in dem jedes dieser Stücke in der Zeitschrift erscheinen soll, vollauf entsprechen wird ...« Die Zeitschrift erschien jeweils am ersten Kalendertag eines Monats. In ihr wurden Klavierstücke und klavierbegleitete Lieder russischer und ausländischer Komponisten abgedruckt (darunter Stücke von Aljabjew, Warlamow, Glinka, Dargomyshski, Beethoven, Liszt und Chopin). Diese Kompositionen, die vor allem für das seinerzeit unter Musikliebhabern und hauptsächlich in Kreisen der bürgerlichen Intelligenz sehr populäre häusliche Musizieren bestimmt waren, verbreiteten sich – wie Boris Assafjew formulierte – »von Winkel zu Winkel, von Herz zu Herz durch ganz Rußland«.

Die Geschichte der internationalen Klavierliteratur hat eine ganze Reihe von Werken aufzuweisen, in denen die Komponisten Naturbilder und Landschaftseindrücke »klangmalerisch« gestaltet haben. Tschaikowski kannte Robert Schumanns Klavierzyklen *Kinderszenen, Waldszenen* und *Papillons,* Franz Liszts *Années de Pélerinage* und *Album d'un Voyageur* sowie Felix Mendelssohn Bartholdys *Lieder ohne Worte.* Er selbst hatte schon derartige Stücke komponiert: *Ruinen eines Schlosses* und die Stücke des Sammelbandes *Jugend-Album.* An dem ihm vorgeschlagenen Zyklus *Die Jahreszeiten,* der in seiner Art einmalig werden sollte, reizte den Komponisten die Möglichkeit, seine Liebe zur russischen Natur, die er nach eigener Aussage mehr als jede andere liebte, zu seiner Heimat, ihren Menschen, den Festtagsbräuchen und dem Alltagsleben ausdrücken zu können. Und tatsächlich trägt in den offenherzigen, wahrheitsgetreuen musikalischen Bildern der zwölf Stücke des

Zyklus alles dem nationalen Charakter Rechnung, der das Wesen des Tschaikowskischen Schaffens ausmacht. Die Stücke des Zyklus stellen Bilder aus dem russischen Leben zu verschiedenen Zeiten des Jahres dar und sind lyrisch-stimmungsvoll gehalten. Die Musik drückt das Leben der Natur aus, die hier mit der Lebensweise der Menschen eng verknüpft ist. Der ewige Kreislauf im Wechsel der Jahreszeiten gibt in poetisierter und bewegender Gestaltung auch den Drang nach Glück, elegische Besinnlichkeit und träumerische Gedanken, Wehmut und Hoffnung, helle Freude, unbeschwerte Lebenslust und innere Unruhe wieder. Beim Abdruck der Klavierstücke wurden die Monatsnamen nicht mit angegeben. Die Überschriften für die Kompositionen wählte der Herausgeber selbst aus, wobei er Werke russischer Dichter heranzog, auf deren Verse Tschaikowski besonders häufig Lieder komponiert hatte: Wassili Shukowski, Apollon Maikow, Nikolai Nekrassow, Alexej Plestschejew, Alexander Puschkin, Alexej Tolstoi und Afanassi Feth.

In der Musik des »Liedes der Lerche« (März) und des »Schneeglöckchens« (April), aus der frohes, lyrisches Empfinden spricht, gibt Tschaikowski die Stimmung des Frühlingserwartens wieder, dem freudig erregten, bebenden, der Sonne, den Hoffnungen und dem Glück zustrebenden Drang des Menschen, das Entzücken über die aufblühende Natur sowie die ungemeine Belebung und den Auftrieb der geistigen Kräfte, all das, was die Ankunft des Frühlings beim Komponisten stets bewirkt hat: »Welchen Zauber hat doch unser Frühling durch sein urplötzliches Kommen, seine üppige Kraft! Wie liebe ich es, wenn Ströme tauenden Schnees die Straßen entlang fließen und in der Luft etwas Belebendes und Erquickendes zu spüren ist! Mit welcher Liebe begrüßt man das erste grüne Gräslein! Wie freut man sich über die Ankunft der

Saatkrähen und die ihnen folgenden Lerchen sowie die anderen Sommergäste aus fernen Ländern!«

Im »Lied der Lerche«, im »Lied des Schnitters« (Juli), im »Herbstlied« (Oktober) und im Stück »In der Troika« (November) sind Intonationen und Rhythmen russischer Volkslieder zu spüren: heiterer Tanz- oder Reigenlieder voller keckem Übermut oder gutmütigem Humor bzw. getragener Lieder mit breit dahinfließender Melodik und schwermütigem Charakter. Tschaikowski verwendet ein von ihm gern gebrauchtes Verfahren zur Nachahmung russischer Volksmusikinstrumente, indem er den Klang einer auf der Hirtenflöte gespielten Melodie (das Stück »Im Dorf«), das Klimpern auf einer Balalaika (»Einladung zum Trepak«)[37], Ziehharmonikaklänge und Glockengeläut (»Fastnachtswoche«) sowie Schellengeklingel (»In der Troika«) imitiert.

Ein stark verallgemeinertes lyrisches Klangbild stellt das Stück »Herbstlied« dar. Dies ist eine Elegie auf den Herbst im Leben des Menschen und damit nicht nur ein schlichtes Herbstlied über den Abschied vom scheidenden Sommer und das Bedauern über die verwelkende Natur. Die Kantilene dieses Stückes – eine der schönsten Melodien, die der Komponist je geschaffen hat – scheint ins Endlose zu laufen. Ihren ausgesprochen sanglichen Charakter gewinnt sie durch die Verknüpfung von breit dahinströmenden Intonationen, wie sie für das getragene russische Volkslied kennzeichnend sind, mit rezitativartigen, deklamatorischen Wendungen, die der menschlichen Sprechweise nahekommen. Aus den charakteristischen absteigenden Seufzer-Intonationen, die uns in Tschaikowskis Musik so häufig begegnen, sind sowohl seelischer Schmerz als auch hoffnungsloser Kummer herauszuhören (man denkt dabei unwillkürlich an die Arie der Lisa »Woher nur diese Tränen« aus Tschaikowskis Oper *Pique Dame* und die Arie des Lenski »Wohin seid ihr entschwunden« aus der Oper *Eugen Onegin*, ferner an die Lieder »Versöhnung«, »Und wieder, wie zuvor, allein« sowie »Kein Wort, mein Freund«).

»Das bemerkenswerte ›Herbstlied‹«, so erläuterte Boris Assafjew, »stellt als Abbild des Oktobers zweifellos eine russische Landschaftsstimmung dar, die russischen Herbstschilderungen ähnlichen Inhalts in der Malerei entspricht.« In der Tat assoziieren sich die langatmige Melodie des Stückes und dessen ganze Musik in der Vorstellung des Hörers mit den unendlichen Weiten der russischen Natur, wie sie in der Malerei (und vor allem in den Gemälden Isaak Lewitans) dargestellt sind, sowie mit der Beschreibung des Herbstes in den Prosawerken von Lew Tolstoi, Iwan Turgenjew und Anton Tschechow, die Tschaikowskis russische Lieblingsschriftsteller waren. Hat nicht Boris Pasternak unter dem Eindruck gerade dieses Stückes gestanden, als er folgende Verse schrieb?

> Silbrig-nußfarbener Oktober,
> trüber Glanz des Frostes.
> Herbstliches Halbdunkel bei Tschechow,
> Tschaikowski und Lewitan.

Zu den bedeutendsten künstlerischen Leistungen des Komponisten auf dem Gebiet der Klaviermusik gehört das Stück »In der Troika«. Intonationen des russischen Volksliedes sind in der getragenen Melodie des Hauptthemas zu hören, das in seinem Charakter an Klangbilder der Sinfonie *Winterträume* erinnert.

Das Stück »In der Troika« ist sowohl eine lebensvolle Genredarstellung als auch der Ausdruck einer hinreißenden, zügigen Bewegung in die Zukunft, des Drangs nach Glück und zugleich des Nachdenkens über das Vergangene.

Bei Hausmusikabenden und in Konzerten fanden im März 1876 mehrere Aufführungen eines neuen Werkes des

Komponisten statt. Es war dies das *Dritte Streichquartett*, das Anfang des Jahres entstanden und Ferdinand Laub gewidmet war, der im März 1875 verstarb. Tschaikowski, der das Können dieses aus Böhmen stammenden Musikers sehr schätzte (Laub leitete seit Gründung des Moskauer Konservatoriums als Professor eine Violin-Klasse, wirkte als Primarius eines Quartetts sowie als Konzertmeister des Sinfonieorchesters der Moskauer Sektion der Russischen Musikgesellschaft), bezeichnete Laub als »hervorragenden Geiger«, auf den Moskau stolz sein müsse. Als Tschaikowski die Nachricht vom Tode des Musikers erhielt, bedauerte er zutiefst, daß »die Hand, die der Geige Töne entlockt hat, die so tief in die Seele drangen, die so stark und kraftvoll und daneben so zart und schmeichelnd waren, nie mehr helles Entzücken hervorrufen wird«. Das unter dem Eindruck des traurigen Ereignisses komponierte Quartett kündet von Leben und Tod – von Schmerz, Leid, unersetzbarem Verlust und unvergänglichem Lauf der Zeit, aber auch vom Triumph des lebensbejahenden Elements.

Bayreuther Festspiele. Nach dem Abschluß der Prüfungsperiode am Konservatorium, Ende Mai, reiste Tschaikowski in die Ukraine, nach Kamenka, von wo er sich zur Kur nach Vichy[38] begab. Anschließend fuhr er nach Bayreuth zur Teilnahme an den internationalen Feierlichkeiten anläßlich der Aufführungen von Opern Richard Wagners. Vor seiner Abreise hatte er in der Mai-Ausgabe der *Russischen Nachrichten* den ersten von fünf Artikeln unter dem Titel »Bayreuther Musikfestspiele« veröffentlicht, in dem er die Moskauer Leser über das bevorstehende festliche Ereignis in Bayern, die Uraufführung der monumentalen Trilogie mit Prolog *Der Ring des Nibelungen* informierte. Für die Aufführung der Tetralogie war in Bayreuth eigens ein Festspielhaus erbaut worden. Im August schickte Tschaikowski aus Bayreuth bereits Informationen über diese Festspiele, über den Inhalt der Bühnenwerke, deren Inszenierung sowie über die Eindrücke, welche die Musik Wagners auf ihn gemacht hatte, nach Moskau. Er brachte seinen Respekt über die außerordentlich große Begabung des Komponisten und dessen unerhört reiche Technik zum Ausdruck, meldete jedoch seine Zweifel an der Gültigkeit der Wagnerschen Einstellung zur Oper an – zur Auffassung der Oper als Drama, das von Musik begleitet wird, auf traditionelle musikalische Formen wie Arien, Ensembleszenen und Chöre verzichtet, diese durch die Form des musikalischen Rezitativs ersetzt und den sinngehaltlichen Schwerpunkt der musikalischen Dramaturgie in das Orchester verlagert. Dennoch gab Tschaikowski seinem Wunsch Ausdruck, »das Studium dieser kompliziertesten aller jemals geschriebenen Musik fortzusetzen«.

Richard Wagners Bühnenwerke (wie übrigens auch das Schaffen anderer europäischer Komponisten, die auf dem Gebiet der Oper mit zahlreichen und bedeutenden Werken hervortraten), interessierten Tschaikowski sowohl in der Zeit vor dem Besuch der Bayreuther Festspiele als auch in der Folgezeit außerordentlich. Er versäumte keine Gelegenheit, die Aufführung einer neuen Oper des deutschen Komponisten zu besuchen (*Lohengrin, Tannhäuser, Die Meistersinger von Nürnberg* und das letzte Werk *Parsifal*), und studierte eifrig dessen Werke an Hand der Partituren. Deshalb ist es kein Zufall, daß ein lapidares Urteil Tschaikowskis über Wagner, welches er viele Jahre später äußerte, sich durch besonderen Scharfblick und tiefe Einsicht in die Problemstellung »Wagner und der Wagnerkult« auszeichnet. Als Komponist der Opern *Eugen Onegin* und *Pique Dame*, in denen er selbst neue Züge des Operngenres erschloß, hat Tschaikowski Wagners Opernreform nicht akzeptiert und äußerte sich über den deutschen Komponisten wie folgt: »Er war ohne Frage ein Genie, dem in der deutschen Musik ein Platz neben Mozart, Beethoven, Schubert und Schumann gebührt. Aber nach meiner tiefen und festen Überzeugung war er ein Genie, das einen falschen Weg gegangen ist. Wagner war ein großer Sinfoniker, aber kein Opernkomponist ... Alles, was uns an Wagner begeistert, gehört im Grunde zur Kategorie der sinfonischen Musik ... Nein! Indem ich das große Genie ehre, das die Einleitung zu ›Lohengrin‹ und den ›Walkürenritt‹ geschaffen hat, und indem ich mich achtungsvoll vor dem Propheten verneige, bekenne ich mich doch nicht zu der Religion, die er schuf.«

Für Tschaikowskis »künstlerischen Ehrgeiz« erwies sich der Aufenthalt in Bayreuth als recht angenehm. Er erfuhr, daß sein Name in Westeuropa bekannter war, als er vermutet hatte, obwohl er in der ausländischen Presse schon früher mehrfach Artikel über sein Schaffen gelesen hatte. Für ihn besonders schmeichelhaft war eine Stellungnahme des gefeierten Pianisten und Dirigenten Hans von Bülow in der *Augsburger Zeitung*: »Ich kenne vorläufig nur einen russischen Komponisten, der ähnlich wie Glinka unermüdlich arbeitet und dessen Werke zwar noch nicht die volle Reife aufweisen, die dem Grad seiner Begabung entspricht, aber schon als sicheres Unterpfand künftiger Reife dienen. Ich meine den noch jungen Professor für Komposition am Moskauer Konservatorium Herrn Tschaikowski. Sein vortreffliches Streichquartett hat bereits in vielen deutschen Städten Bürgerrecht erlangt. Eine ebensolche Beachtung verdienen viele seiner Klavierstücke, zwei Sinfonien und insbesondere die außerordentlich interessante, in ihrer Originalität und Melodik hervorragende Ouvertüre zu *Romeo und Julia*, die, soweit bekannt, von einem Notenverlag in Berlin bereits veröffentlicht worden ist.«

Jetzt in Bayreuth begegnete Tschaikowski vielen namhaften Komponisten und Interpreten. Er traf mit Franz

Liszt zusammen, der ihn ungemein liebenswürdig aufnahm, und er besuchte Wagner, obwohl der jetzt nur noch
selten Gäste empfing.

Aus Deutschland nach Rußland zurückgekehrt, machte
er erneut in der Ukraine, in Werbowka, bei seiner
Schwester Station und verbrachte hier gemeinsam mit
seinem Vater und der Stiefmutter »zwei wunderschöne
Wochen«.

Um das Recht auf Glück. Nach den Sommerreisen wieder
in Moskau angelangt, stürzte sich Tschaikowski erneut in
die Arbeit. Er nahm an verschiedenen Werken Korrekturen vor und komponierte »mit Eifer« die sinfonische
Fantasie *Francesca da Rimini* nach Dantes *Göttlicher Komödie.*

Das Poem des großen italienischen Dichters, das Maler
und Musiker schon wiederholt zu Werken inspiriert hatte
(darunter Franz Liszt, der eine *Dante-Sinfonie* und eine
Klaviersonate *Nach der Lektüre Dantes* schrieb), zog
Tschaikowski bereits zu Beginn des Jahres in seinen Bann.
Nachdem er ein von K. Swanzow verfaßtes einschlägiges
Libretto kennengelernt hatte, plante er, auf diesen Stoff
eine Oper zu schreiben. Da er mit den Bedingungen des
Librettisten, der sich in die musikalische Arbeit ein-
zumischen suchte, nicht einverstanden war, gab er diesen
Gedanken jedoch auf. Im Frühjahr, während des Aufent-
halts im Ausland, kam Tschaikowski eine neue Ausgabe
des Poems zu Gesicht, die von dem französischen
Graphiker Gustave Doré illustriert worden war. Nach
Aussage des Komponisten »entbrannte in ihm sogleich der
Wunsch«, eine Episode des Poems – den fünften Gesang
(»Das Inferno«) – in Musik zu fassen, der die traurige
Geschichte der Francesca erzählt. Tschaikowski wollte
die ihn bewegenden Empfindungen ausdrücken »aus un-
mittelbarer Neigung und unwiderstehlichem innerem Bedürfnis«.

In der sinfonischen Dichtung *Francesca da Rimini* gestaltet Tschaikowski musikalisch die tragische Liebe der Francesca, die sich der alles verzehrenden Kraft des Gefühls hingibt, schildert er die hoffnungslose Verlorenheit eines Frauenschicksals. Auch in diesem Werk setzt sich der große humanistische Künstler Tschaikowski für das Recht des Menschen auf Glück ein. Als hauptsächliches Ausdrucksmittel dient der dramatische Kontrast: einerseits Francescas wehmutsvolle, rührende Erzählung von zarter Liebe und Glück, und andererseits das Hereinbrechen grausamer, furchtgebietender Kraft – der Vergeltung, eines schrecklichen Bildes des Todes, unsagbarer menschlicher Leiden und Schmerzen. Die Tschaikowski-Forschung hat hervorgehoben, daß das für die späteren Sinfonien des Komponisten typische Umschlagen lyrischer in tragische Klangbilder durch den Einsatz von Gestaltungsmitteln der Opernbühne sich gerade in *Francesca da Rimini* herausgebildet hat. In diesem Werk hat der Komponist die übliche Besetzung des Sinfonieorchesters beträchtlich erweitert. Dadurch war es möglich, die klangfarbige Gestaltung stärker zu differenzieren, aber auch das darstellende, farbig-dekorative Moment plastischer herauszuarbeiten.

Die sinfonische Fantasie *Francesca da Rimini* hat der Komponist mit liebevollem Einfühlungsvermögen geschrieben, und »die *Liebe* ist, wie es scheint, recht gut herausgekommen«, teilte er seinem Bruder Modest mit. »Was den Wirbelsturm anbelangt, so ließe sich etwas komponieren, was Dorés Zeichnung eher entspricht, aber es wäre dann nicht so entstanden, wie ich es wollte. Im übrigen ist ein genaues Urteil über diese Sache unmöglich, solange sie nicht orchestriert und aufgeführt worden ist.«

Die Uraufführung des Werkes, die am 25. Februar 1877 in Moskau unter der Leitung von Nikolai Rubinstein stattfand – am 11. März des folgenden Jahres dirigierte Eduard Napravník die Fantasie erstmals in Petersburg –, fand bei den Hörern großen Beifall: Zustimmung kam nicht nur vom breiten Publikum und den beteiligten Musikern, sondern auch von seiten der Kritik, was bei Uraufführungen von Werken Tschaikowskis keineswegs immer der Fall war. Bei seinen Konzerten in Rußland und im Ausland hat der Komponist dieset Werk später häufig selbst dirigiert.

Einer Bitte Nikolai Rubinsteins folgend, der ein Konzert vorbereitete zugunsten des Slawischen Wohltätigkeitskomitees, das russische Freiwillige nach Serbien schickte und Verwundeten des Serbisch-Türkischen Krieges Unterstützung zukommen ließ, schrieb Tschaikowski im September 1876 einen Serbisch-Russischen Marsch auf slawische Volksliedthemen (der unter dem Titel *Slawischer Marsch* bekannt wurde). Dieser Marsch wurde am 5. November 1876 bei einem Sinfoniekonzert des Moskauer Musikvereins unter der Leitung von Nikolai Rubinstein erstmals aufgeführt, und Tschaikowski wurde Zeuge der patriotischen Begeisterung der Russen, die dem serbischen Brudervolk ihre tiefe Verbundenheit bekundeten.

»Lärm und Geschrei, die sich danach im Saal breit machten«, schrieb ein Hörer, der bei diesem Konzert anwesend war, »lassen sich nicht beschreiben. Das gesamte Publikum erhob sich von den Plätzen, und viele sprangen auf die Sessel. Zu den Bravo-Rufen gesellten sich Hurra-Rufe. Der Marsch mußte wiederholt werden, wonach abermals das Publikum vor Begeisterung tobte. Da es nicht möglich war, die Zensur auf Musikstücke auszudehnen, war Tschaikowski etwas gelungen, was damals unmöglich schien – eine imposante öffentliche Demonstration. Dies war einer der bewegendsten Augenblicke im Jahre 1876. Im Saale weinten viele.« (Auch unter der Leitung des Komponisten erklang der Marsch mit großem

Erfolg. In der Folgezeit nahm Tschaikowski das Stück mehrmals in seine Konzertprogramme auf.)

Im gleichen Jahr, am 22. November, fand die langerwartete Uraufführung der Oper *Wakula der Schmied* statt. Bei der Erstaufführung des Werkes gewann Tschaikowski den Eindruck, daß die Oper »mit Glanz und Gloria durchgefallen sei«. Der Kritiker Kaschkin schrieb jedoch, daß »das Theater ganz voll war, *Wakula der Schmied* einen großartigen Erfolg errang und der Komponist viele Male vor den Vorhang gerufen wurde ...« In den Besprechungen über die Inszenierung der neuen Oper wurden »die Schönheit der musikalischen Gedanken und deren Entwicklung« (Laroche) und einzelne »prächtige Stellen« (Cui) lobend vermerkt. Im ganzen kamen die Kritiker gleichwohl zu dem Schluß, daß dieses Werk »nicht opernhaft« sei und das sinfonische Element über das vokale dominiere. Der Komponist empfand dies auch selbst und nahm später einige Änderungen an der Partitur vor. Er hatte sein Werk liebgewonnen, das er seinen eigenen Worten zufolge mit Vergnügen komponiert hatte, und war deshalb über sich verärgert, weil er gleichsam absichtlich »alles getan hatte, um den guten Eindruck all jener Stellen zu paralysieren, die an und für sich hätten gefallen können, wenn er die rein musikalische Inspiration stärker gezügelt und die Erfordernisse des Bühnenwirksamen und Dekorativen, wie sie für den Opernstil kennzeichnend sind, weniger außer acht gelassen hätte. Die Oper leidet durchweg an Überladung, an einem Übermaß von Details, an ermüdend wirkenden chromatischen Harmonien sowie an mangelnder Abrundung und Geschlossenheit der einzelnen Nummern ... Sie enthält viele Leckerbissen, aber wenig einfache und gesunde Kost.«

Zehn Jahre später griff Tschaikowski auf seine Lieblingsoper zurück, arbeitete sie um und gab ihr den neuen Titel *Die Pantöffelchen*. Ohne Grundidee und Aufbau der

Oper abzuändern, komponierte er einige komische und lyrische Nummern hinzu, in denen er sich auf das ukrainische Volkslied stützt – so Wakulas Arioso »Hörst Du . . .?«, das Duett Oxanas und Wakulas, das Lied des Schullehrers sowie das Quintett der Solocha mit ihren vier »Verehrern«, die in einem Sack versteckt sind. Tschaikowski änderte zahlreiche Rezitative um, gab ihnen einen stärker sanglich geformten Duktus und lockerte die Instrumentierung auf, wodurch die Volkalpartien klarer und plastischer hervortreten. Alles übrige – die lyrischen Szenen und die zahlreichen Chöre – blieb indes unverändert.

In der ungemein frischen, lyrisch geprägten und zugleich von feinem Humor erfüllten Oper gehen das Phantastische und das Reale organisch ineinander über. Wenn man diese Musik hört, kann man sich den Komponisten als gutherzigen, fröhlichen, blühende Gesundheit verkörpernden, humorvollen Mann vorstellen – als Persönlichkeit, wie ihn seine Freunde häufig sahen. »Wenn Sie wissen wollen, in welcher Oper Tschaikowskis seine Person, sein Charakter, seine geistige Haltung und sein musikalischer Geschmack sich am meisten widerspiegeln, dann nenne ich die Oper ›Die Pantöffelchen‹. Das ist Pjotr Iljitsch wie er leibt und lebt«, äußerte der Komponist und Dirigent Michail Ippolitow-Iwanow.

Ende 1876 nahm Tschaikowski die Arbeit an einem neuen Werk auf – den »Variationen über ein Rokoko-Thema« für Violoncello und Orchester, in der Musikgeschichte kurz *Rokoko-Variationen* genannt. Das Stück, das Anfang des folgenden Jahres abgeschlossen wurde, widmete er Wilhelm Fitzenhagen, einem damals sehr bekannten Cellisten, der als Professor am Moskauer Konservatorium wirkte. Dieser spielte die *Rokoko-Variationen* im Sommer 1879 während des Musikfestes in Wiesbaden und schrieb anschließend dem Komponisten aus Deutschland:

»Mit Ihren Variationen habe ich Furore gemacht. Das Stück hat so gefallen, daß man mich dreimal auf das Konzertpodium gerufen und nach der Andante-Variation (d-Moll) stürmisch geklatscht hat. Liszt sagte zu mir: ›Ja, das ist endlich wieder Musik‹. Ich habe ihm den Klavierauszug des ›Eugen Onegin‹[39] überreicht, und er gedenkt aus Ihrer Oper Fantasien oder Paraphrasen für Klavier zur arrangieren.« (Bis zum Jahre 1891 war Fitzenhagen, der eine eigene Fassung des Werkes schuf – er stellte einige Variationen um und nahm gewisse Kürzungen vor –, der einzige Interpret der *Rokoko-Variationen* in Rußland und im Ausland. In der Folgezeit wurde das Stück auch von anderen Musikern gespielt und gehörte bald zum festen Repertoire jedes Cellisten, ähnlich wie das bei Tschaikowskis *Erstem Klavierkonzert* und seinem *Violinkonzert* der Fall war.)

Das ausgesprochen freundliche und stimmungsvolle Stück, das in Form von Variationen komponiert ist, zeichnet sich durch seinen ungewöhnlichen Charakter aus. Das *Rokoko*-Thema, das gewöhnlich als etwas Galantes, Gefälliges aufgefaßt wird, hat der Komponist als ein Thema behandelt, das »unbeschwerten Frohsinn« ausdrückt. Seine Melodie, die schlicht und zugleich reizvoll und elegant ist, steht in ihrem Intonationscharakter dem russischen Volkslied nahe. Daneben läßt sie jedoch jenen charakteristischen Bewegungsrhythmus erkennen, der den musikalischen Themen der Wiener Klassiker Mozart und Haydn zu eigen ist. Jede der acht Variationen entwickelt und verarbeitet das Thema auf besondere Weise, wodurch ein einheitlich gestaltetes, zyklisches Werk entsteht, das ein typisches virtuoses Konzertstück bildet.

Der beste Freund.[40] Das Jahr 1876 ging zu Ende. Zehn Jahre hatte Tschaikowski nunmehr in Moskau gelebt und am dortigen Konservatorium gewirkt. Viel hatte er in diesem Zeitraum geschaffen: drei Sinfonien, vier Opern, ein Ballett, ein Streichquartett, *Romeo und Julia*, den *Sturm*, *Francesca da Rimini* sowie Konzerte und Kammermusik. Genug der Aufzählung! Die Hauptsache lag noch vor ihm ...

Unerwartet erhielt Tschaikowski kurz vor dem Jahreswechsel einen Brief: »Ihnen zu sagen, welches Entzücken Ihre Werke in mir erwecken, halte ich für unangebracht ... darum will ich nur sagen und bitte Sie, meinen Worten buchstäblich zu glauben, daß Ihre Musik einem das Leben leichter und angenehmer macht.« Als Absender dieses Briefes stellte sich eine Verehrerin des Meisters, die Witwe eines Eisenbahningenieurs, Nadeshda von Meck[41], heraus.

Dieser Brief bildete den Beginn einer langjährigen Korrespondenz und bemerkenswerten Freundschaft zweier Menschen, die persönlich einander niemals begegnet sind. Frau von Meck, eine leidenschaftliche Musikliebhaberin, die über ein riesiges Vermögen verfügte, das sie von ihrem Mann geerbt hatte, ließ dem Moskauer Konservatorium und der Russischen Musikgesellschaft finanzielle Unterstützung zukommen. In ihrem Haus verkehrten viele namhafte russische und ausländische Musiker. Als Erzieher ihrer Kinder wirkte zeitweise der später berühmt gewordene französische Komponist Claude Debussy. Zu den Musikern, die in ihrem Hause eine instrumentale Kammermusikvereinigung bildeten, gehörten auch Schüler Tschaikowskis. Einer von ihnen, der Geiger Josef Kotek, überbrachte seinem Lehrer einmal Frau von Mecks Bitte, er möge für sie einige seiner Werke für Klavier bearbeiten. Ein solcher Auftrag bedeutete für den Komponisten eine eigenständige Form des Gelderwerbs (»Wenn Du wüßtest, wie tief ich in Schulden stecke! Tagtäglich erreichen mich in verschiedener Weise Bitten um Geld, und ich verteile freizügig nach rechts und links solche Summen, daß es schließlich um mich selbst jammervoll bestellt ist«, teilte er damals seinem Bruder Anatoli mit). Deshalb nahm er Frau von Mecks Auftrag freudig an.

Da Tschaikowski bei seiner Gönnerin aufrichtiges und tiefes Interesse für seine Musik spürte und ein feinsinniges Verständnis für diese Musik feststellte, berichtete er bereits in einem seiner ersten Briefe an Frau von Meck eingehend über seine Person, legte sein tiefstes Inneres bloß und beschrieb die typischen Eigenschaften seines Charakters und seiner Begabung. Er schrieb seiner Briefpartnerin, daß ihn in allen bedrückenden Situationen die Arbeit rette, die ihm ein Vergnügen sei, und daß er, wenn er sich mit einer künstlerischen Absicht trage und das Vorhaben ausführe, in seine Arbeit tiefe Gefühle hineinlege und nur »nach innerem und nicht zu unterdrückendem Antrieb« komponiere. »Ich spreche in der Sprache der Musik, da ich immer etwas zu sagen habe.«

Einer der interessantesten Briefe des Komponisten an Frau von Meck geht auf Probleme des künstlerischen Schaffens ein.

Bei der Charakterisierung des Schaffensprozesses unterstreicht Tschaikowski, daß »nur eines unabdingbar ist: daß der Hauptgedanke und die allgemeinen Konturen aller Einzelteile nicht durch *Suchen*, sondern von selbst kommen müssen, infolge jener übernatürlichen, unbegreiflichen und noch von niemandem erklärten Kraft, die *Inspiration* heißt«. Doch wie groß die Kraft seiner künstlerischen Inspiration und Genialität auch gewesen ist, so zeichnet Tschaikowskis Werke gleichermaßen ein ungemein hohes Können aus. An sein Schaffen ging er mit ganz konkreten Vorstellungen heran, wobei er vor allem das Spezifische der Musikrezeption berücksichtigte, da er eine sehr wichtige Aufgabe seiner Kunst in deren Verbreitung sah. Er schrieb für das Volk, für die Massen, weil er in der Kunst, wie Lew Tolstoi es ausdrückte, »ein Mittel des Umgangs der Menschen miteinander« sah. »Wenn ich es stets notwendig finde, in der Sprache der Musik zu sprechen, dann ist es begreiflicherweise notwendig, daß man mich anhört, und je größer und verständnisvoller der Kreis meiner Hörer ist, desto besser ist es. Ich wünsche mir von ganzem Herzen, daß meine Musik Verbreitung findet, daß die Zahl der Menschen, die sie lieben und in ihr Trost und Stütze finden, ständig größer wird.«

Wenn Tschaikowski komponierte, sprach er natürlich all das aus, was ihn »schmerzlich bewegte«, was er erlebt und empfunden hatte, was »direkt aus der Seele« kam. Dies bildete den Inhalt der Musik, ihre Stimmung, und spiegelte seine Gefühle, »die Regungen der Seele« wider. Zugleich erlaubte ihm jedoch seine angeborene analytische Denkweise, auch in seinem eigenen Schaffen den bestehenden traditionellen Formen und musikalischen Ausdrucksmitteln ganz nüchtern einen neuen Sinn zu geben. Mit einem Wort: der Kompositionsprozeß vollzog sich bei ihm stetig, erfolgte streng kontrolliert (die ursprünglich angefertigte Rohfassung einer Komposition wurde einer Vervollkommnung unterzogen).

An Hand seiner Erfahrungen aus langjähriger Unterrichtspraxis und aus seiner Tätigkeit als Musikkritiker entwickelte Tschaikowski die Gewohnheit, die Werke anderer Komponisten analytisch zu rezipieren. Wenn er ein Stück gehört oder durchgespielt hatte, fällte er deshalb stets ein klares Urteil, machte diese oder jene Bemerkung und bewertete die Vorzüge oder Mängel der betreffenden Komposition. Eine solche Praxis wie auch das eigene musikalische Schaffen förderten bei ihm die Gewohnheit, diszipliniert zu arbeiten und die Mittel zum Ausdruck des jeweiligen musikalischen Gedankens (der Form, der Melodie, der Harmonik, des Rhythmus, der Instrumentierung, der dynamischen Nuancierung usw.) sorgfältig auszuwählen.

»Jedwede musikalische Speise muß gut verdaulich sein und sollte deshalb nicht aus einer allzu großen Anzahl von

Ingredienzen bestehen.« – »Unser musikalischer Organismus ist so strukturiert, daß wir imstande sind, in einem sinfonischen Werk beim erstmaligen Hören lediglich zwei, allenfalls drei polyphon und orchestral verarbeitete Hauptmotive deutlich zu unterscheiden und zu behalten, und dieser Bedingung des künstlerischen Verstehens entsprechend ist die Form des sinfonischen Werkes, wie sie sich in der musikalischen Wissenschaft herausgebildet hat, lediglich mit zwei Hauptthemen und vielleicht noch einem weiteren, daran angegliederten untergeordneten Thema erfunden und eingerichtet worden«, meinte er. Diese oder jene harmonische Verbindungen können nur »durch das Wesen der musikalischen Idee« hervorgerufen werden. Dissonante Kombinationen müssen motiviert sein: »Jedweder Verstoß gegen das harmonische Gesetz, wie scharf er auch sein mag, ist nur dann schön, wenn er unter dem Einfluß des Drucks des melodischen Elements erfolgt.« »Die Dissonanz ist die stärkste Kraft der Musik. Wenn es sie nicht gäbe, wäre die Musik allein zur Darstellung ewiger Seligkeit verurteilt, wohingegen uns an der Musik ihre Fähigkeit, unsere Leidenschaften und unsere Qualen auszudrücken, besonders teuer ist«, hob der Komponist hervor. »Konsonante Verbindungen sind kraftlos, wenn es darum geht zu rühren, zu erschüttern und zu erregen, und deshalb hat die Dissonanz eine enorme Bedeutung, aber man muß sie mit Geschick, Geschmack und künstlerischem Sinn anwenden.«

Tschaikowski hat den Beweis erbracht, daß »Neuartigkeit und Originalität« der Tonsprache keineswegs darin besteht, »all das zu mißachten, was bislang als Bedingung für musikalische Schönheit gegolten hat«, und daß das Wesen künstlerischer Schönheit durchaus nicht in »harmonischen Kuriosa« liegt. Er wandte sich entschieden gegen die Umwandlung musikalischer Ausdrucksmittel aus Mitteln zum Ausdruck von Empfindungen zum Selbstzweck oder Ziel, zu einem Vorwand für »das Erfinden dieser oder jener Klangverbindung«, für das Streben nach »hübschen und pikanten Klangeffekten«. Aber nicht nur Probleme des künstlerischen Schaffens und der Tonkunst bildeten den Inhalt des langjährigen und umfangreichen Briefwechsels zwischen Tschaikowski und Frau von Meck.[42] Alles, was in seinem Leben wichtig war, wurde zum Gegenstand der Briefe des Komponisten an seinen besten Freund.

». . . ICH WERDE
MEINEN WEG GEHEN«

Die Heirat. 1877 feierte der Komponist seinen 37. Geburtstag. An diesem Tage weilte er in Gedanken in den zurückliegenden Jahren und konnte nicht umhin, die großen Veränderungen zu registrieren, die sich im Laufe der letzten fünf Jahre in ihm vollzogen hatten. Einem alten Freund schrieb er, er habe sich »in dieser Zeit sowohl physisch als auch insbesondere psychisch sehr verändert. Fröhlichkeit und Lust am Herumalbern wollen sich gar nicht mehr einstellen. Von Jungsein ist keine Spur mehr vorhanden. Das Leben ist schrecklich leer, langweilig und fade. Ich habe ganz ernstlich eine Heirat oder eine andere feste Verbindung im Sinn. Das einzige, was wie früher geblieben ist, ist die Lust zu komponieren. Wenn sich die Verhältnisse anders gestalten würden, wenn ich in meinem Bestreben, künstlerisch zu arbeiten, nicht auf

Schritt und Tritt Hindernisse anträfe, bespielsweise in der Art der Lehrveranstaltungen am Konservatorium, die mir von Tag zu Tag immer widerwärtiger werden, dann könnte ich irgendwann einmal etwas ganz Schönes komponieren. Doch leider bin ich an das Konservatorium gefesselt . . .«

Der Gedanke an eine Heirat beschäftigte Tschaikowski in zunehmendem Maße: Bereits im Spätsommer des vergangenen Jahres hatte er sich hierzu gegenüber seinen Angehörigen sowohl in scherzender als auch ernsthafter Weise geäußert, daß er »eine sehr kritische Phase seines Lebens« durchmache. Natürlich war sich Tschaikowski darüber im klaren, daß eine Heirat seine ganze Lebensweise verändern würde. Das schreckte ihn ab und ließ ihn vor dem entscheidenden Schritt zögern. Und dennoch . . . auch für ihn selbst völlig unerwartet war er bereits Ende Mai Bräutigam. »Und das kam so. Vor einiger Zeit erhielt ich einen Brief eines jungen Mädchens, das ich früher einmal getroffen und kennengelernt hatte. Aus diesem Brief erfuhr ich, daß sie schon seit langem Liebe für mich empfände. Der Brief war so aufrichtig und herzlich geschrieben, daß ich mich zu einer Antwort entschloß, was ich in bisher ähnlichen Fällen sorgsam vermieden hatte. Obwohl meine Antwort der Briefschreiberin keinerlei Hoffnung auf Gegenseitigkeit machte, kam ein Briefwechsel in Gang. Ich will Ihnen keine Einzelheiten darüber berichten, doch das Ergebnis war, daß ich schließlich einwilligte, sie einmal zu besuchen. Warum tat ich das? Jetzt ist mir, als hätte mich eine Schicksalsmacht zu diesem Mädchen gezogen. Bei unserer Zusammenkunft erklärte ich ihr aufs neue, daß ich außer Sympathie und Dankbarkeit für ihre Liebe nichts für sie empfände . . . So sah ich mich vor die schwierige Alternative gestellt: mir entweder meine Freiheit um den Preis des Untergangs dieses Mädchens zu erhalten (Untergang ist hier kein leeres

Wort, sie liebt mich wirklich grenzenlos) oder zu heiraten. Ich konnte nicht anders als das letztere wählen. Zu diesem Entschluß hat mich der Umstand bestärkt, daß mein alter, zweiundachtzigjähriger Vater und alle meine Verwandten nichts sehnlicher wünschen, als mich verheiratet zu sehen. So begab ich mich denn eines schönen Abends zu meiner zukünftigen Frau, gestand ihr offen, daß ich sie nicht liebe, ihr aber auf jeden Fall ein ergebener und treuer Freund sein werde. Eingehend schilderte ich ihr meinen Charakter: meine Reizbarkeit, mein unausgeglichenes Temperament, meine Menschenscheu und schließlich meine wirtschaftliche Lage. Danach fragte ich sie, ob sie trotzdem meine Frau werden wolle. Die Antwort fiel begreiflicherweise zustimmend aus«, – so beschrieb Tschaikowski Frau von Meck die Geschichte seiner Heirat.

»Sie ist mittelgroß, eine Blondine und von nicht gerade schöner Gestalt, hat aber ein Gesicht, das jene besondere Art Schönheit aufweist, die man als hübsch bezeichnet. Ihre Augen sind schön im Farbton, aber ausdruckslos. Die Lippen sind ziemlich dünn, und deshalb wirkt ihr Lächeln nicht anziehend. Ihre Gesichtsfarbe ist rosig. Sie sieht überhaupt sehr jugendlich aus. Sie ist 29 Jahre alt, wirkt aber nicht älter als 23 oder 24. Sie benimmt sich sehr geziert und macht keine einzige Bewegung und keine einzige Geste, die sie natürlich erscheinen läßt. Meine Frau möchte immer gefallen. Diese Unnatürlichkeit schadet ihr sehr . . . In Hirn und Herz herrscht bei ihr völlige Leere. Deshalb bin ich auch nicht imstande, weder das eine noch das andere zu charakterisieren. Sie war zärtlich zu mir . . . Das war aber etwas Konventionelles, in ihren Augen Notwendiges, ein gewisses Attribut des Ehelebens. Sie hat niemals zu erfahren versucht, was ich tue, worin meine Tätigkeit bestehe, mit welchen Plänen ich mich trüge, was ich lese, was ich auf geistigem und künstlerischem Gebiet liebe. Übrigens hat mich folgender Umstand am meisten gewundert. Sie erklärte mir, daß sie mich schon seit vier Jahren liebe, auch ist sie eine recht tüchtige Musikerin.[43] Stellen Sie sich nun vor, daß sie angesichts dieser zwei Voraussetzungen keine einzige Note aus meinen Werken kannte, und erst am Tage vor meiner Flucht[44] fragte sie mich, welche meiner Klavierstücke sie sich bei Jürgenson[45] wohl besorgen solle. Diese Tatsache warf mich geradezu um . . . Sie hat sich redlich Mühe gegeben, es mir recht zu machen, ja, sie kroch geradezu vor mir. Sie hat nicht ein einziges Mal einem meiner Wünsche, einer meiner Äußerungen widersprochen, selbst dann nicht, wenn sich diese auf unser häusliches Leben bezogen. Sie bemühte sich wirklich aufrichtig um meine Liebe und verschwendete ihre Liebkosungen bis zum Überdruß.

Wenn Sie all das lesen, werden Sie sich gewiß wundern, daß ich mein Leben an eine so seltsame Gefährtin habe binden können. Auch mir ist das jetzt ganz unbegreiflich. Eine Geistestrübung muß mich überkommen haben. Ich bildete mir ein, daß ihre Liebe – an die ich damals glaubte – mich unbedingt rühren müßte und daß ich meinerseits sie bestimmt liebgewinnen würde. Nunmehr bin ich zu der festen Überzeugung gekommen, daß sie mich nie geliebt hat . . . Ihren Wunsch, meine Frau zu werden, hielt sie für Liebe. Nachher, ich sagte es schon, tat sie dann wirklich alles, was sie nur konnte, um mich an sie zu fesseln.«

»Damit Sie eine Vorstellung bekommen, wie es für mich schlechterdings unmöglich war, bei ihr auch nur eine einzige aufrichtige seelische Regung auszulösen, will ich folgendes Beispiel anführen. Da ich erfahren wollte, wie es um ihren Muttertrieb bestellt sei, fragte ich sie einmal, ob sie Kinder liebe, und erhielt darauf die Antwort: Ja, wenn sie gescheit sind!«

(Es stellte sich heraus, daß Tschaikowski recht hatte. In der Folgezeit gab Frau Antonina drei ihrer Kinder aus zweiter Ehe in eine Erziehungsanstalt, wo sie alle verstarben.)

»Kaum war die Eheschließung vollzogen, kaum war ich mit meiner Frau allein geblieben und mir bewußt geworden, daß es nun unser Schicksal ist, unzertrennlich miteinander zu leben, da fühlte ich plötzlich, daß ich nicht einmal ein einfaches Freundschaftsgefühl für sie empfand, sondern daß sie mir im wahrsten Sinne des Wortes verhaßt ist. Mir schien, daß ich – oder zumindest der beste, ja der einzig gute Teil meines Ichs, das heißt meine Musikbegabung – unwiederbringlich verloren sei. Mein weiteres Leben schien mir ein jämmerliches Dahinvegetieren und eine unerträgliche, niederdrückende Komödie.«

»Ohne Arbeit hat das Leben für mich keinen Sinn. Wenn man aber einen Menschen neben sich hat, der einem äußerlich so nah und innerlich so fremd ist, wird das Arbeiten unmöglich. Ich habe Schreckliches durchgemacht und betrachte es als ein Wunder, daß ich nicht mit gebrochenem, sondern nur mit tief verwundetem Herzen davongekommen bin.«

Zwei Wochen nach seiner Heirat erfaßte Tschaikowski tiefe Verzweiflung. Es kam zu einer Nervenzerrüttung. In Begleitung seines Bruders Anatoli begab er sich von Moskau nach Kamenka und fuhr anschließend in die Schweiz und nach Italien. Mit freundschaftlicher Anteilnahme bot ihm Frau von Meck eine monatliche Unterstützung von 500 Rubel an, solange er seinen Verpflichtungen am Konservatorium nicht wieder nachkommen konnte: die Großzügigkeit und das Feingefühl dieser bewundernswerten Frau schienen keine Grenzen zu kennen.

Die leidenschaftliche Überzeugtheit von seiner künstlerischen Berufung ließ Tschaikowski seine frühere Liebe zum Leben und zu dessen höchstem Genuß, der – wie es der Dichter Nikolai Gogol formuliert hat – »Wonne des Schaffens«, zurückgewinnen. »Gegen seelisches Leid ist keiner gefeit«, sagte er sich. »Was mich anbelangt, so gibt es ein Mittel, das dieses Leid betäuben kann: das ist Arbeit.« Er fühlte, daß er »noch lange nicht den Punkt erreicht hatte«, über den hinauszustoßen seine Fähigkeiten, seine schöpferische Begabung nicht ausreichen: in seinen Musikwerken wollte er noch vieles zum Ausdruck bringen, und das Leben war unendlich kostbar. (Als sich Tschaikowski sieben Jahre später die Gelegenheit bot, Lew Tolstois Beichte zu lesen, in welcher der Dichter von seinen Qualen »des Zweifels und tragischer Unschlüssigkeit« berichtet, konnte er – der Komponist – mit Befriedigung äußern, daß er das »ständige Bedürfnis nach Arbeit« gerade jenem Umstand verdankte, daß er weniger »gelitten und sich gequält« hat als der große Romancier.)

Ein Widerhall des Erlebten. Im Herbst und Winter 1877 bis Anfang 1878 arbeitete Tschaikowski an der Vollendung seiner *Vierten Sinfonie* und der Oper *Eugen Onegin*. Nach der Fertigstellung dieser Werke empfand er große Befriedigung, weil er sich der Tatsache bewußt war, daß diese Werke zu Eckpfeilern in seinem Schaffen geworden waren, daß er »einen beträchtlichen Schritt nach vorn« getan hatte.

Die Uraufführung der *Vierten Sinfonie* fand am 10. Februar 1878 in einem Sinfoniekonzert der Moskauer Sektion der Russischen Musikgesellschaft unter der Leitung von Nikolai Rubinstein statt. In Petersburg erfolgte die Erstaufführung des Werkes bereits in der folgenden Konzertsaison, am 27. November 1878, wobei Eduard Napravník dirigierte. Zwei Jahre danach dirigierte Edouard Colonne die Sinfonie in Paris. Binnen kurzer Zeit wurde sie zu einem populären Werk des Komponisten, und zwar sowohl in Rußland als auch im Ausland. Tschaikowski selbst dirigierte die Sinfonie in Konzerten, in denen er eigene Werke zu Gehör brachte. Er hatte immer ein besonders enges Verhältnis zu diesem Werk und zählte es zu seinen Lieblingskindern, die »mit echter Inspiration, Liebe und aufrichtiger Begeisterung« komponiert worden waren.

Die *Vierte Sinfonie* widmete Tschaikowski seinem »besten Freund« – Nadeshda von Meck. Er beschrieb ihr den Inhalt des Werkes und hob hervor, daß die Sinfonie ein »genaues Abbild« all dessen ist, was er im Winter 1876/77 erlebt hatte. Er befand sich in einer seelischen Krise, die mit seiner damaligen Lebenssituation, aber auch den niederdrückenden gesellschaftlichen Verhältnissen zu tun hatte. Das war jene Zeit, als der Komponist mehr und mehr von inneren Widersprüchen zerrissen und von Unzufriedenheit gequält war, die hauptsächlich daher rührten, daß er keine Möglichkeit sah, sich ausschließlich mit seiner »eigentlichen Sache« – dem Komponieren – zu befassen. Er war gezwungen, für die Lehrtätigkeit, die seine Existenzgrundlage bildete, viel Zeit aufzuwenden. Es gab allerdings auch andere Ursachen, welche jene tragische Periode politisch-gesellschaftlicher Ereignisse widerspiegelten.

Tschaikowski, der sich als »Moskauer Bürger« bezeichnete und als echter russischer Patriot fühlte, konnte die Ereignisse, die damals in Rußland vor sich gingen, nicht gleichgültig zur Kenntnis nehmen. Da er Kriege als fürchterlich und grausam empfand, mußte er auf den Russisch-Türkischen Krieg von 1877 reagieren. Es war ihm ein Bedürfnis, darüber mit Freunden und Angehörigen seine Gedanken auszutauschen. Mit Interesse las er die Zeitungen und verfolgte den Kriegsverlauf. Seine persönlichen mißlichen Umstände traten für ihn jetzt in den Hintergrund, kamen ihm nicht mehr so wichtig vor, wie er das vordem empfunden hatte, sondern verstärkten bei ihm vielmehr »Mut und Bereitschaft, das Böse niederzuringen«. Es schien ihm, daß, wenn »die Zukunft des ganzen Landes auf dem Spiele steht und tagtäglich viele Familien den Ernährer verlieren und in Armut geraten«, »es schändlich ist, bis zum Halse in seine persönlichen, kleinlichen Belange zu versinken. Es ist gewissenlos, Tränen über sich zu vergießen, wenn anderswo um der gemeinsamen Sache willen Ströme von Blut fließen.« Ein halbes Jahr später, als sich die Gefahr eines neuen Krieges abzeichnete, schrieb er als Reaktion auf die vergangenen Ereignisse: »Ich bin heute in ganz düsterer seelischer Verfassung. Ich kann überhaupt nicht arbeiten, so ganz und gar in Anspruch genommen bin ich von den traurigen, hoffnungslos fürchterlichen politischen Nachrichten . . . Ist das nicht schrecklich? Erneut werden Ströme von Blut fließen; wiederum werden die Interessen der Kunst in den Hintergrund treten: aufs neue wird der mörderische Gedanke, daß die Heimat in Gefahr ist, all jene Erscheinungsformen des öffentlichen Lebens paralysieren, die mit dem Krieg nicht direkt zu tun haben; wiederum wird Rußland durch militärische Aufwendungen ruiniert werden und seine besten Kräfte verschwenden, um seine Würde zu wahren.«

Darüber hinaus stellte Tschaikowski auch grundlegende Veränderungen fest, die sich im gesellschaftlich-politischen Leben Rußlands vollzogen hatten, wo reaktionäre Kräfte zunehmend in Erscheinung traten und die Unterdrückung aller »andersdenkenden«, unzufriedenen und revolutionär gesinnten Menschen forcierten. Als aufmerksamer humanistischer Künstler empfand Tschaikowski deutlich die Widersprüche im öffentlichen Leben seines Landes und reagierte ähnlich wie seine großen Zeitgenossen, die Schriftsteller Lew Tolstoi, Iwan Turgenjew und Anton Tschechow sowie der Maler Wassili Surikow, in seinem Schaffen auf die politisch-gesellschaftlichen Ereignisse. Tschaikowski dachte über das Zeitgeschehen viel nach und äußerte gegenüber Angehörigen und Freunden seine Zweifel und sein Befremden: »Wir machen eine schreckliche Zeit durch, und wenn man versucht, sich in die Geschehnisse hineinzudenken, dann wird einem bange zumute: Einerseits die Regierung, die derart die Orientierung verloren hat, daß Aksakows[46] Meinung als mutiges, wahrhaftes Wort gilt; andererseits die unglückliche, dem Wahnsinn überantwortete Jugend, die zu Tausenden ohne Gerichtsverfahren in die Verbannung geschickt wird – und zwischen diesen zwei Extremen die große Masse, der alles gleichgültig ist, die nur ihre egoistischen Interessen kennt und ohne jeden Protest nach hier und dort blickt.«

Tschaikowski, der den Sinn seines Lebens in seiner künstlerisch-schöpferischen Tätigkeit sah, war davon überzeugt, daß er »dem Wohl seines Nächsten dienen« kann, wenn er komponiert. In seinen Werken äußert er sich mit den Mitteln der Musik über die Probleme, die ihn und seine Zeitgenossen bewegten – über Hoffnungen und Erwartungen, bittere Verluste und Leiden, Liebe und Freude. Nur auf diese Weise ließ sich für das Frohe und Schöne im Leben kämpfen. Der Komponist glaubte fest daran, daß die Kunst »für die Menschheit ein notwendiges Bedürfnis ist«. Deshalb hat Tschaikowski auch im Inhalt der *Vierten Sinfonie*, die, wie er hervorhob, rein psychologischen Charakter aufweist, in der Sprache der Musik sowohl eigene Erlebnisse (Gedanken über den Sinn des Lebens, über das Verhältnis zum Volk) als auch Überlegungen seiner Zeitgenossen zum Ausdruck gebracht.

In diesem Werk – seinem ersten »instrumentalen Drama« – hat Tschaikowski den Gedanken der Verbundenheit des Künstlers mit dem Volk, das die Kraft spenden kann, nach Leid und Schmerz zum Leben zurückzufinden, pointierter herausgearbeitet als je zuvor.

Den Inhalt des sinfonischen Werkes in Worten wiederzugeben, betrachtete der Komponist als unmöglich, da er »die Eigenheit der Instrumentalmusik« gerade darin sah,

»daß sie sich einer eingehenden Analyse entzieht«, und er erinnerte an Heinrich Heines Ausspruch: »Wo das Wort aufhört, dort fängt die Musik an.« Einer Bitte Frau von Mecks folgend versuchte er nichtsdestoweniger das Programm des Werkes im ganzen wie auch der einzelnen Sätze der Sinfonie zumindest in allgemeinen Zügen zu beschreiben: »Die Einleitung enthält das Samenkorn der ganzen Sinfonie und unbedingt den Hauptgedanken ... Es ist das Fatum, jene verhängnisvolle Macht, die sich unserem Streben nach Glück in den Weg stellt, die eifersüchtig darüber wacht, daß Glückseligkeit und Friede nicht vollkommen und ungetrübt sind, die wie ein Damoklesschwert über unserem Haupt hängt und unsere Seele unentwegt und immerfort vergiftet. Diese Macht ist unüberwindlich und läßt sich nicht bezwingen. Uns bleibt nichts übrig als Demut und fruchtloses Sehnen ... Das ganze Leben ist ein ununterbrochener Wechsel von rauher Wirklichkeit und rasch vorübereilenden Träumen und Trugbildern vom Glück ... Dies ungefähr ist das Programm des ersten Satzes.

Der zweite Satz der Sinfonie drückt eine andere Phase der Schwermut aus. Es ist jenes wehmütige Gefühl, das uns des Abends ergreift, wenn wir einsam dasitzen, ermüdet von unserem Tagewerk, ein Buch auf den Knien, das unserer Hand entglitten ist. Eine Flut von Erinnerungen stellt sich ein. Wie traurig stimmt es, daß schon so vieles längst vergangen ist, und wie angenehm sind die Erinnerungen an die Jugendzeit. Wie leid ist es uns um die Vergangenheit, und doch möchten wir das Leben nicht von vorn beginnen. Das Leben hat uns zermürbt. Wie schön, ein wenig auszuruhen und zurückzublicken. So vieles fällt einem wieder ein! Es gab heitere Stunden, in denen das junge Blut überschäumte und das Leben uns befriedigte. Es gab auch schwere Stunden und unersetzliche Verluste. All das liegt nun schon in der Ferne. Wie schmerzlich und doch wie süß ist es, sich in die Vergangenheit zu versenken ...

Der dritte Satz drückt keine bestimmten Empfindungen aus. Das sind launische Arabesken, unfaßliche Bilder, die einem durch den Sinn schweben ... Unter ihnen taucht plötzlich das Bild zechender Bäuerlein und ein Gassenhauer auf ... Dann erfolgt irgendwo in der Ferne eine Militärparade ...

Der vierte Satz. Wenn du in dir selbst keinen Anlaß zur Freude findest, so suche sie bei anderen Menschen. Geh ins Volk, sieh, wie es versteht, heiter zu sein und sich ungehemmt der Freude hinzugeben. Ein Volksfest findet statt. Doch kaum hast du dich selbst vergessen in der Betrachtung fremder Freuden, als das Fatum, das unentrinnbare Schicksal, aufs neue erscheint und sich in Erinnerung bringt. Aber die anderen kümmern sich nicht um dich. Sie haben sich nicht einmal nach dir umgeschaut, dich nicht angeblickt und nicht bemerkt, daß du einsam und traurig bist. Oh, wie fröhlich sie sind! Wie sind sie glücklich, weil all ihre Gefühle unbefangen und einfach sind! Erkenne dich selbst und sage nicht, alles auf Erden sei traurig. Es gibt schlichte, aber tiefe Freuden. Freu dich über die Freude der anderen! Man kann das Leben doch ertragen.«

In einem Brief an Tanejew[47] hat Tschaikowski darauf hingewiesen, daß die *Vierte Sinfonie* ihrem allgemeinen Inhalt nach Beethovens *Fünfter Sinfonie* verwandt ist – sowohl in der ideelich-philosophischen Konzeption, die den stürmischen Geist des siegreichen, revolutionären Volkes in dem genialen Finale widerspiegelt, dem ein Lied der Französischen Revolution zugrunde liegt, als auch in dem berühmten »Schicksalsmotiv« – dem Trompetensignal: »So klopft das Schicksal an die Tür«. Das »Schicksals«-Thema in Tschaikowskis Sinfonie ist der Träger des Bösen, die Verkörperung alles Grausamen, Zerstörerischen, das der Held auf seinem Lebensweg vorfindet und das man als einzelner nicht bekämpfen kann. Wenn der Held sich jedoch mit dem Volk zusammenschließt, ist das Schicksal, das ihn erfaßt hat, machtlos.

Bei der Gestaltung seiner künstlerischen Idee nahm der Komponist eine Umdeutung der traditionellen Anlage der Sätze im Rahmen des sinfonischen Ganzen vor. Der erste Satz der Sinfonie wuchs zu grandiosem Umfang an, der dem der drei folgenden Sätze fast gleichkommt. Die zwei Mittelsätze (der langsame lyrische Satz und das schnelle Scherzo) führen zum Gipfelpunkt des Werkes – dem Finale – hin, in dem die dramatisch konzipierten Klangbilder eine optimistische Lösung finden. Indem Tschaikowski dem letzten Satz der Sinfonie die Melodie des russischen Volksliedes »Im Felde stand ein Birkenbäumchen« zugrunde legte, entwickelte er dieses musikalische Bild auf andere Weise als in den drei vorangehenden Sinfonien (wo die Finalsätze ebenfalls den Charakter von Massenszenen tragen). Dem Drama, das im zentralen (ersten) Satz der Sinfonie musikalisch formuliert worden ist, gibt der Komponist eine psychologische Ausrichtung. Daher gewinnt das lebensfrohe Tanzmotiv als Fazit der Durchführung nach dem Zusammenprall des lyrischen Motivs mit dem Schicksalsmotiv heroisch-tapfere Züge.

Die *Vierte Sinfonie* stellt ein ausgesprochen nationales Werk dar, das eng mit all dem verbunden ist, was dem Komponisten am Herzen lag: die russische Natur, die Lebensweise, die Charaktere und Lieder seines Volkes. Er hat mehrfach geäußert, daß er nicht nur die russische Natur und die Volkslieder leidenschaftlich liebe, sondern auch den russischen Menschen, die russische Art und Weise, sich zu artikulieren, die russische Mentalität und die russischen Bräuche. In der Musik seiner *Vierten Sinfonie* hat der Komponist diese Liebe zum Ausdruck gebracht.

Bei den Erstaufführungen des neuen Werkes, die – wie bereits erwähnt – am 10. Februar 1878 in Moskau (unter

Nikolai Rubinsteins Leitung) und am 27. November desselben Jahres in Petersburg stattfanden, konnte Tschaikowski nicht zugegen sein. Er hielt sich damals in Florenz auf und wartete ungeduldig auf Nachrichten aus der Heimat... Schließlich traf ein Brief seines Bruders Modest ein: »Wenn nach der Aufführung sinfonischer Stücke Furore möglich ist, dann hat Deine Sinfonie Furore gemacht. Nach dem ersten Satz setzte mäßiger Beifall ein... Nach dem zweiten Satz wurde schon bedeutend mehr applaudiert, so daß Napravník sich sogar verbeugen mußte: nach dem Scherzo gab es Beifallsrufe im dreifachen Forte, Getrampel und ›da capo‹-Rufe. Napravník verbeugte sich einmal... ein zweites Mal... Der Lärm nahm so zu, daß der Dirigent schließlich den Stab erhob. Darauf trat Ruhe ein und machte Deinem Pizzicato Platz. Danach gab es erneut Beifallsrufe, man rief nach dem Dirigenten, Napravník verbeugte sich wieder. Die Schlußakkorde des Finales gingen im Beifallsklatschen, Rufen und Füßetrampeln unter.«

Ein Roman in Musik. Mit seiner fünften Oper – *Eugen Onegin* – befaßte sich der Komponist mehrere Jahre. Ihre Entstehung verdankte diese Oper nicht zuletzt Begegnungen Tschaikowskis mit Lew Tolstoi im September 1876. Mit dem großen russischen Schriftsteller hat Tschaikowski lediglich zwei Abende verbracht, aber er stand noch lange unter dem Eindruck der Gespräche mit seinem berühmten Landsmann. In zunehmendem Maße machte sich der Komponist wie eine unumstößliche Wahrheit Tolstois Überzeugung zu eigen, daß »derjenige Künstler, der nicht aus innerem Trieb, sondern mit geschickter Berechnung des Effekts arbeitet, der seiner Begabung Zwang antut, um dem Publikum zu gefallen und sich bei ihm beliebt zu machen, kein wahrer Künstler ist, seine Arbeiten nicht solide sind und ihr Erfolg vergänglich ist«.

Tolstois Worte fielen bei Tschaikowski auf frucht-
baren Boden. Er dachte darüber nach und wurde endgültig in seinem Entschluß bestärkt, auf dem Gebiet
der Oper weiterzuarbeiten, um seine Gedanken durch
Musik, welche die breite Öffentlichkeit erreicht, auszudrücken. Nach seiner Überzeugung besaß gerade die
Oper eine solche Wirkungskraft. »Die Oper, die soviel
verschiedene Elemente (Musik, Dichtung, Malerei,
Plastik, Tänze, Pantomime, die Kunst des Regisseurs und
des Schauspielers – G. P.) in sich schließt, die alle einem
Ziel dienen, ist wohl die reichste musikalische Form.«
Deshalb ließ sich Tschaikowski in eine scharfe pole-
mische Auseinandersetzung mit Wladimir Stassow[48] ein,
der ihm empfohlen hatte, keine Oper mehr zu komponieren. In der Frage der Wahl seines weiteren musikalischen Weges gab es für den Komponisten eine ganz
klare Linie. Stassows »Verdikt«, daß er, Tschaikowski –
der Schöpfer von sinfonischer Programmusik, von Sinfonien, Streichquartetten und Liedern –, zur Komposition
einer guten Oper unfähig sei, konnte ihn von seinem
Vorhaben nicht mehr abhalten. »Bei mir ist auf diesem
Wege eine Station vorgesehen: eine Oper, und was Sie
mir über meine Unfähigkeit zu dieser Art Musik auch
vorhalten mögen«, schrieb er an Stassow, »so werde ich
meinen Weg gehen und nicht im geringsten unschlüssig
sein.«

Einige Stoffe für eine Oper, die Stassow ihm vorgeschlagen hatte, darunter Shakespeares *Othello* und das Textbuch *Der Kardinal* nach Alfred de Vignys Roman *Cinq
Mars*, hatte Tschaikowski kategorisch abgelehnt. Ausführ-
lich begründete er seine Ablehnung und legte in einem
Brief an Stassow seine Auffassung von der Oper dar: »Ich
brauche einen Stoff, in dem ein bestimmtes dramatisches
Moment wie zum Beispiel: die Liebe (ob mütterliche oder
geschlechtliche, das ist gleich), Eifersucht, Ehrgeiz, Patrio-

P. Tschaikowski in einer Gruppe von Lehrkräften der Musikfachschule Tiflis im Jahre 1888. Sitzend: Iwan Saradshew, Warwara Sarudnaja, Pjotr Tschaikowski und E. Epstein. Stehend: Konstantin Gorski und Michail Ippolitow-Iwanow.

»Tschaikowski ist von mittlerer Statur, nicht groß, aber seine Figur ist wohlgestaltet. Obwohl er noch nicht fünfzig ist, sind sein Bart und seine Haare bereits grau, die Haare vorn völlig weiß und am Scheitel gelichtet. Dabei ist seine Gesichtsfarbe frisch und gesund, und die geistige Frische ist groß, so daß das Weiß seiner Haare mit seinem übrigen Äußeren eigenartig kontrastiert. Die Züge seines Gesichtes sind edel, ebenmäßig, und die Stirn ist hoch, gleichsam vom Denken geformt. Das ganze Gesicht trägt den Stempel geistiger Arbeit ...«

M. Červinková-Riegrová
(die Übersetzerin des Librettos der Oper
»Eugen Onegin« ins Tschechische)

Entwurf des Malers Michail Wrubel für das Gewand des Fürstensohnes in
der Oper »Die Zauberin« in der Inszenierung der Russischen Privatoper
in Moskau vom Jahre 1900

Maria Slawina als Fürstin in der Oper »Die Zauberin« in einer Inszenierung des Petersburger Marientheaters vom Jahre 1887

Szene aus dem ersten Akt der Oper »Die Zauberin« in der Inszenierung
des Petersburger Marientheaters vom Jahre 1887. Zeichnung von T. Nikitin

Das Große Theater in Petersburg in den fünfziger Jahren des 19. Jahrhunderts (das Theater bestand in dieser Form bis 1889). Lithographie

Eines der Häuser im Dorf Maidanowo, Kreis Klin, Gouvernement
Moskau, wo Pjotr Tschaikowski in den Jahren 1885–87 und 1891 lebte.

Dimanche 11 Mars 1888, à 2 heures 1/4

17ᴱ CONCERT DU CHATELET

PREMIÈRE PARTIE

OUVERTURE DE BENVENUTO CELLINI H. BERLIOZ

Audition d'Œuvres de M.

TSCHAÏKOWSKY

Sous la direction de l'Auteur

FRAGMENTS DE LA 3ᵉ SUITE . . . . TSCHAÏKOWSKY

Thème et Variations.

Violon : **M. RÉMY**

CONCERTO POUR VIOLON, 1ʳᵉ PARTIE 1ʳᵉ AUD. TSCHAÏKOWSKY

M. MARSICK

DEUX MÉLODIES (1ʳᵉ AUDITION . . . . TSCHAÏKOWSKY

I. Espérance.

II. Sérénade de Don Juan.

M. GIRAUDET (de l'Opéra)

DEUXIÈME PARTIE

FRANCESCA DA RIMINI (1ʳᵉ AUDITION) . . . TSCHAÏKOWSKY

Poème symphonique d'après DANTE

PIÈCES POUR PIANO (1ʳᵉ AUDITION . . . . . TSCHAÏKOWSKY

I. Chant sans paroles.

II. Humoresque.

III. Polonaise d'Onéguine, transcrite par . . . F. LISZT

M. Louis DIEMER

NOCTURNE POUR VIOLONCELLE (REDEMANDÉ) TSCHAÏKOWSKY

M. BRANDOUKOFF

SÉRÉNADE POUR INSTRUMENTS A CORDES (REDEMANDÉE) TSCHAÏKOWSKY

Elégie et Valse.

Chef d'Orchestre : M. Ed. COLONNE

Piano de la Maison Erard

CE PROGRAMME DOIT ÊTRE DISTRIBUÉ GRATIS

Edouard Colonne

Der französische Dirigent und Geiger war Begründer des sogenannten
»Concert national« (später »Concerts Colonne« genannt) in Paris, dessen
Konzerte er leitete. Colonne brachte erstmals in Paris Werke von
Tschaikowski zur Aufführung: die sinfonische Fantasie »Der Sturm«, die
Vierte Sinfonie, das Erste Klavierkonzert (mit Nikolai Rubinstein als
Solist), und bot häufig auch andere Werke des russischen Komponisten.
Tschaikowski dirigierte in Paris E. Colonnes Orchester (der russische
Komponist war der erste Dirigent, dem Colonne sein Orchester an-
vertraute).

Programm eines Konzerts im Konzertsaal des Théâtre du Châtelet in Paris
1888

Adolf Brodsky

»Herr Brodski besitzt in vollem Maße alle Voraussetzungen für eine glanzvolle, virtuose Darbietung. Abgesehen von einer hochentwickelten Technik verfügt er sowohl über Kraft und Schönheit des Tons als auch über Gefühl für das rechte Maß, Ausdrucksstärke und Glanz.«

P. Tschaikowski

Hans von Bülow

»Bülow hat Hände, welche die Elastizität von Gummi und die Festigkeit
von Stahl, die Leichtigkeit von Luft und, wenn nötig, die Schwere von
Granit besitzen.« *P. Tschaikowski*

Antonín Dvořák

»Mit Freude bekenne ich, daß Ihre Oper (»Eugen Onegin« – G. P.) einen großen und tiefen Eindruck auf mich gemacht hat, und zwar einen solchen, wie ich ihn von einem wirklichen Kunstwerk stets erwarte . . .«

A. Dvořák

»Ihre Meinung über meine Oper ist mir nicht nur aus dem Grunde besonders wertvoll, weil Sie ein großer Künstler sind, sondern auch deshalb, weil Sie ein wahrheitsliebender und aufrichtiger Mensch sind!«

P. Tschaikowski

Désirée Artôt. Aufnahme aus dem Jahre 1888

Edvard Grieg

»Grieg hat es verstanden, sich die russischen Herzen sofort und für immer zu erobern. In seiner Musik, die von zauberhafter Melancholie durchdrungen ist, welche die Schönheiten der bald imposant-weiten und grandiosen, bald grauen, dürftigen und kargen, für die Seele eines Nordländers aber stets unsagbar bezaubernden norwegischen Natur widerspiegelt, liegt etwas, das uns nahe und verwandt ist und in unserem Herzen unverzüglich ein lebhaftes, wohlwollendes Echo findet.«

P. Tschaikowski

Anton Tschechow

»Ich bin bereit, an der Freitreppe des Hauses, in dem Tschaikowski wohnt, Tag und Nacht Ehrenwache zu halten – so sehr verehre ich ihn. Was die Rangfolge anbelangt, so nimmt er jetzt in der russischen Kunst den zweiten Platz nach Lew Tolstoi ein, der schon seit langem den ersten Platz innehat.« *A. Tschechow*

Pjotr Tschaikowski mit Alexander Siloti. Aufnahme aus dem Jahre 1888
»Ich kannte ihn schon als kleinen Jungen, als Schüler des Moskauer
Konservatoriums, wo er sich unter meiner Anleitung mit bestimmten
Fragen der Kompositionslehre befaßte. Seitdem hat Herr Siloti, der bei
Nikolai Rubinstein und nach dessen Tod bei Franz Liszt Klavier studierte,
sich in Rußland und in Deutschland einen glänzenden Namen gemacht . . .
Dieser junge Künstler hat mir ähnlich wie Adolf Brodski viel Freundes-
dienst erwiesen und zur Verbreitung meiner Werke in Deutschland sehr
viel beigetragen . . .«   *P. Tschaikowski*

tismus usw. dominieren muß. Daher würde ich eher ein intimes, schlichtes Drama vorziehen ...«

Tschaikowski hob hervor, daß er »vorwiegend zum Ausdruck zarter Liebesempfindungen neige« und nicht zu einem »heroisch-historisch-religiös-politisch-melodramatischen Stoff«. »Ich brauche Menschen und keine Puppen. Ich will mich gern an jedwede Oper machen, in der, wenn auch ohne kraftvolle und unerwartete Effekte, Geschöpfe, wie ich es bin, Gefühle haben, die auch von mir erlebt worden sind und verstanden werden ... Ich bin auf der Suche nach einem intimen, aber starken Drama, das auf dem Konflikt von Situationen beruht, die ich selbst durchgemacht oder gesehen habe, die imstande sind, den wunden Punkt zu treffen ...«

Das lyrische Opernschaffen seiner Zeit kannte der Komponist ausgezeichnet: 1853 war Verdis *La Traviata* uraufgeführt worden, 1856 Dargomyshskis *Rusalka*, 1859 Gounods *Faust*, 1863 Bizets *Die Perlenfischer*, 1869 Dargomyshskis *Steinerner Gast* und 1875 Bizets *Carmen* sowie Rubinsteins *Dämon*. Tschaikowski kannte auch die historischen Volksopern der Petersburger Komponisten aus dem Kreis des »Mächtigen Häufleins«: Mussorgskis *Boris Godunow*, Rimski-Korsakows *Das Mädchen von Pskow* sowie Borodins *Fürst Igor* sehr genau. Während er die eigenständige Anlage dieser Opern, ihren neuartigen Charakter auf dem Gebiet des musikalischen Volksdramas, dessen Grundlage das russische Volkslied und die psychologisch getreue Deklamation bildeten, durchaus zu würdigen wußte, setzte er seine Suche nach künstlerischer Gestaltung »der Regungen der menschlichen Seele« im Rahmen des eigentlichen Operngenres fort, wobei er auf entwickelte Vokalformen Wert legte. Auch in dieser Hinsicht setzte er mit leidenschaftlichem Engagement jene Traditionen fort, die Michail Glinka durch sein Opernschaffen begründet hatte. Daneben empfand Tschaikowski ein ausgesprochenes Bedürfnis, die psychische Haltung des Menschen seiner Epoche zu erfassen und widerzuspiegeln. Deshalb bewegte ihn bei diesem oder jenem Sujet vor allem der seelische Konflikt der Helden. Wenn er die Empfindungen dieser Helden wiedergab, ließ der Komponist Emotionen einfließen, die für seine Zeitgenossen kennzeichnend waren. Zu Mitteln seiner Tonsprache wurden Intonationen von seinerzeit charakteristischen authentischen Bauernliedern und des städtischen Liedes in organischer Verknüpfung mit traditionellen entwickelten Formen des Operntheaters wie Arien, Ariosi, Romanzen, Ensembleszenen, Chören usw. Nicht von ungefähr hat das außerordentlich poesievolle Sujet von Puschkins *Eugen Onegin*, auf das ihn die Sängerin Jelisaweta Lawrowskaja aufmerksam gemacht hatte, den Komponisten sogleich in Bann gezogen und ausgesprochen beglückt, da es in idealer Weise seinem »musikalischen Charakter« entsprach.

Kaum hatte er die letzte Prüfung im Konservatorium hinter sich gebracht, so begab sich Tschaikowski gleich am nächsten Tag zu einem Freund in das Dorf Glebowo (einen der malerischsten Winkel in der Umgebung Moskaus und Vorort der Stadt Swenigorod), wo er in Stille und Abgeschiedenheit in einem ihm eigens zur Verfügung gestellten Seitengebäude »eifrig« die Komposition der Oper in Angriff nahm. Im Laufe eines Monats schuf er hier zwei Drittel des Werkes und bekannte freimütig, daß er »mit wahrer Begeisterung sowie mit Liebe zum Sujet und den dort handelnden Personen« schreibe.

Auf den Seitenrändern des Puschkin-Bändchens skizzierte Tschaikowski Entwürfe für das Libretto: er unterstrich Charakterisierungen der handelnden Personen, ergänzte den Text in der Szene der Tatjana mit der Kinderfrau und in Lenskis Arioso »Wohin seid ihr entschwunden« und verfaßte zusätzlich einige Verse, wenngleich ihm dies als »frevlerische Vermessenheit« erschien.

114

Das Schaffen des großen russischen Dichters hatte den Komponisten schon seit langem in Bann gezogen. Bereits Ende der fünfziger und Anfang der sechziger Jahre hat er »Semfiras Lied« nach Puschkins Poem *Die Zigeuner* sowie eine Musik für Orchester zu der Szene »Nacht. Garten. Ein Springbrunnen« aus Puschkins Tragödie *Boris Godunow* geschrieben. Später komponierte er dann das Lied »Die Nachtigall«, den Chor »Bacchantisches Lied« sowie die Opern *Mazeppa* und *Pique Dame* nach Textvorlagen seines großen Landsmannes. Einige Werke auf Texte von Puschkin waren von ihm geplant, wurden aber nicht ausgeführt (so die Oper *Die Hauptmannstochter*).

An Puschkins Dichtkunst schätzte Tschaikowski insbesondere das musikalische Element, die Tatsache, daß der Dichter sich »dank seiner genialen Begabung sehr häufig aus den engen Sphären des Verseschmiedens in den unendlichen Bereich der Musik losreißt . . . Unabhängig vom Wesen dessen, was er in Versform darlegt, ist im Vers selbst, in dessen klanglicher Abfolge etwas vorhanden, das in die tiefste Seele eindringt. Dieses Etwas ist eben die Musik.«

In dem Versroman *Eugen Onegin* erkannte der Komponist reale, wahrheitsgetreu geschilderte Personen, ein tief empfundenes, aus dem Leben gegriffenes Drama, das unter realen, wahrheitsgetreu geschilderten Bedingungen verlief (Wissarion Belinski[49] charakterisierte Puschkins *Eugen Onegin* als eine »Enzyklopädie des russischen Lebens«). Tschaikowski gelang es, sich in Puschkins Gestalten tief hineinzudenken. Er war stark beeindruckt von der reinen Liebe der Helden, von ihrer Treue und ihrer Auffassung vom Gefühl der Pflicht und Ehre, ihrem erhabenen Traum und Streben nach einem Ideal. Hier handelte es sich um den gleichen komplizierten psychologischen Konflikt, von dem Tschaikowski in Lew Tolstois Roman *Anna Karenina* bewegt wurde, den er »mit an Fanatismus grenzender Begeisterung« gelesen hatte, sowie in Iwan Gontscharows Roman *Die Schlucht* und in den Erzählungen und Romanen von Turgenjew und Dostojewski. Deshalb war es für den Komponisten geradezu eine Herzenssache, auch bei den Protagonisten seiner Oper die Aufrichtigkeit ihrer Empfindungen und seelischen Vorgänge klar zum Ausdruck zu bringen.

Seit seiner Jugend war Tschaikowski »innerlich tief bewegt von dem ausgesprochen poetischen Zauber der Tatjana«. In seiner Vorstellung war dies »eine von reiner, weiblicher Schönheit erfüllte jungfräuliche Seele, die vom wirklichen Leben noch unberührt war. Das ist eine träumerische Natur, die auf der Suche nach einem Ideal ist . . .«

Tschaikowski wollte Puschkins Roman musikalisch auf neue Weise wiedergeben, obwohl sich sogleich typische Formen der Opernbühne wie Ensembleszenen, Chöre, Arien u. a. anboten. Die Widerspiegelung des psychologischen Konfliktes der Helden, der allmählichen Herausbildung und Entwicklung ihrer Charaktere – vom Aufkeimen und Aufblühen der Empfindungen bis zum Scheitern und völligen Zusammenbruch der Ideale und selbst des Lebens – war für den Sinfoniker Tschaikowski, der bereits drei Sinfonien, die Fantasieouvertüre *Romeo und Julia* sowie vier Opern geschaffen hatte, unmöglich bei Verwendung gewöhnlicher, traditioneller Mittel und Formen der Opernbühne, wie sie in seinen Opern *Der Wojewode, Wakula der Schmied* und *Der Leibwächter* anzutreffen sind, zu realisieren. Aus diesem Grund verzichtete er auch darauf, den *Eugen Onegin* als Oper zu bezeichnen, und unterstrich, daß es sich hier um »lyrische Szenen« handele. Die musikalische Anlage des Werkes basiert auf einheitlichem melodischem Material, wobei eine Nummer organisch in die nächste übergeht und die Vokalmelodie der Monologe (Arien oder Ariosi) sich in ihrem sanglichen

Charakter und Intonationsausdruck von den Rezitativen – den »musikalischen Dialoggesprächen« – nicht unterscheidet. Hier *singt* alles: sowohl die Orchesterbegleitung als auch die selbständigen Orchesterepisoden – die sinfonischen Einleitungen zu jeder Szene, die Begleitung zu den einzelnen Nummern sowie die Tänze während der Ballveranstaltungen bei der Familie Larin oder in Petersburg. Der Komponist bringt Puschkins Verse gleichsam *zum Singen*, ähnlich wie man Lieder auf Verse von Dichtern singt, und komponiert ungemein breit dahinströmende Melodien, die durch Vergeistigung und Schönheit, poesievollen Zauber und intonatorisch geschmeidige Ausdruckskraft bestechen. Analog dem Puschkinschen *Roman in Versen* schuf Tschaikowski seinen *Roman in Musik*.

Die Musik zu *Eugen Onegin* ist durchweg liedhaft, sanglich: sei es Olga mit ihrer Arie »Zum schwermutvollen, stummen Sehnen, zum Träumen fühl' ich keinen Hang« oder der vorausgehenden Phrase »Ach Tanja, du träumst am lichten Tag!«; sei es Lenski mit seinem Arioso »Meine Liebe, Olga, sie ist dein«, seinen begeisterten Worten »Wir wuchsen auf in Einsamkeit« und »Zusammen teilend Freud' und Leid« oder der Arie »Wohin seid ihr entschwunden«; sei es Onegin mit seiner berühmten »Absage«-Arie an Tatjana »Sie schrieben mir, wozu es leugnen? . . .« und seiner späteren Hinwendung zu Tatjana: »Ist dies denn wirklich die Tatjana, die sich mir heimlich einst erklärt?« oder seiner Erwiderung an die Sekundanten vor dem Duell »Ich fühle doch Gewissenspein . . .« und sei es schließlich Tatjana mit ihren einleitenden Worten: »Habt ihr's gehört? Im Hain der Sang ertönt« oder ihrem »Brief« an Onegin: »Und sei's mein Untergang . . .«

Eigenständigen Charakter tragen auch sämtliche Ensembleszenen: die Quartette im ersten und vierten Bild, das Duett Tatjanas und Olgas, das in ein Quartett übergeht, sowie das von verhängnisvollen Vorahnungen erfüllte (in Form eines Kanons angelegte) Duett Lenskis und Onegins vor dem Duell »Feinde, Feinde . . .«

Nachdem Tschaikowski die Oper beendet hatte, war er daran interessiert, das Werk so bald als möglich auf der Bühne zu sehen, allerdings nicht im Kaiserlichen Theater mit seinem Pomp und starren Festhalten an der Routine. Man hatte die Idee, den *Onegin* durch Studierende der Opernklasse des Moskauer Konservatoriums aufführen zu lassen, wo der bekannte Schauspieler des »Kleinen Theaters« I. Samarin als Leiter und Regisseur wirkte und Nikolai Rubinstein die Vorstellungen dirigierte. Die Wünsche des Komponisten konzentrierten sich auf folgende Punkte: »1. es sollten Sänger von durchschnittlicher Qualität beteiligt sein, die aber ihre Partie gut einstudiert haben und sie sicher beherrschen; 2. es sollte sich um Sänger handeln, die darüber hinaus s c h l i c h t, aber g u t spielen werden; 3. die Aufführung sollte nicht prunkvoll sein, aber ganz genau der Zeit entsprechen, in der die Handlung spielt, und auch die Kostüme sollen unbedingt aus jener Zeit stammen (d. h. die zwanziger Jahre des 19. Jahrhunderts); 4. die Chöre sollen keine Herde von Schafen bilden, wie das im Kaiserlichen Theater der Fall ist, sondern M e n s c h e n darstellen, die an der Handlung der Oper beteiligt sind; 5. der Kapellmeister soll . . . ein wirklicher Orchesterleiter sein . . . Ich brauche: H u b e r t, A l b r e c h t, S a m a r i n und R u b i n s t e i n, das heißt Künstler und obendrein meine Freunde.«

Die Uraufführung der Oper durch Studierende des Moskauer Konservatoriums fand am 17. März 1879 auf der Bühne des Moskauer »Kleinen Theaters« unter der musikalischen Leitung von Nikolai Rubinstein statt. Maria Klimentowa sang die Tatjana, A. Lewizkaja die Olga, S. Gilew den Onegin, Michail Medwedjew den Lenski und W. Machalow den Gremin.

Unmittelbar vor der Uraufführung beschloß Tschaikowski, inkognito eine Probe zu besuchen und in einer dunklen Ecke des unbeleuchteten Saales versteckt die Oper anzuhören. Seine Erregung und Furcht schwanden während des Vorspiels. Rubinstein, der mit Lob gewöhnlich geizte, äußerte, daß er »in diese Musik verliebt« sei und daß dieses Werk eine großartige Errungenschaft der russischen Kunst darstelle. Tanejew, der seiner Begeisterung über das Werk seines Lehrers Ausdruck geben wollte ... weinte vor Rührung. »Überhaupt drückten mir alle ohne Ausnahme ihre Liebe zu ›Eugen Onegin‹ mit solcher Kraft und Herzlichkeit aus, daß ich davon freudig überrascht war ...«, schrieb der Komponist am gleichen Tage an Frau von Meck.

Bei der erwähnten Probe war auch Iwan Turgenjew anwesend, der schon vorher mehrfach seine Sympathie für Tschaikowski und dessen Werke bekundet hatte. Bereits 1872 hatte dieser russische Schriftsteller der Begabung des jungen Komponisten hohe Anerkennung gezollt und ihm eine große Zukunft prophezeit. Die Musik zu *Eugen Onegin* charakterisierte er als bezaubernd, feurig, leidenschaftlich, jugendlich sowie ungemein farbig und poetisch. In einem Brief an Lew Tolstoi, der sich für diese Oper interessierte, bezeichnete Turgenjew die Musik als »zweifellos bemerkenswert«, wobei er hervorhob, daß »die lyrischen, melodischen Stellen besonders schön sind«.

Bei der eigentlichen Uraufführung steigerte sich Tschaikowskis innere Unruhe natürlich noch mehr. Das Interesse, das man seinem neuen Werk entgegenbrachte, war so groß, daß der Saal des »Kleinen Theaters« stärker gefüllt war als je zuvor. Das Publikum nahm die Oper begeistert auf: am Schluß der Vorstellung wurden sowohl die Sänger als auch der Komponist mehrfach vor den Vorhang gerufen. Das Urteil der Kritiker war dagegen nicht so einmütig. Nichtsdestoweniger brachte man dem Werk ungewöhnliches Interesse entgegen.

»Der Erfolg dieser Oper muß von unten her einsetzen und nicht von oben«, davon war der Komponist überzeugt, »das heißt, nicht das Theater wird die Oper an das Publikum heranführen, sondern umgekehrt, das Publikum, nachdem es allmählich mit ihr vertraut geworden ist, kann sie liebgewinnen . . .« Deshalb lag dem Komponisten sehr daran, die Veröffentlichung des Klavierauszugs dieses Werkes zu beschleunigen, und er hatte recht, Jürgenson zu bitten, die Ausgabe so rasch als möglich zu veröffentlichen. Der Klavierauszug war schnell vergriffen, und man begann, die Oper in Privatvorstellungen unter Musikliebhabern aufzuführen.

Nach kurzer Zeit wurde *Eugen Onegin* auf den großen Musikbühnen gespielt: 1881 brachte das Moskauer Bolschoi-Theater eine erste Inszenierung des Werkes heraus und 1884 das Petersburger Marientheater. Die Oper gewann zunehmend an Popularität, und es wurde immer schwieriger, für Aufführungen des Werkes Eintrittskarten zu bekommen. Die Meinungen der Kritiker gingen auseinander. Ein Kritiker hob hervor, daß der *Eugen Onegin* infolge seines »nationalen Sujets und der prächtigen Musik« in kurzer Zeit zur populärsten Oper im russischen Repertoire werden wird. Die kontroversen Urteile der Kritiker mußten den Komponisten natürlich kränken, aber »von den zwei Übeln: Abneigung des Publikums oder Abneigung der Presse« – wählte er das letztere.

Bald danach wurde die Oper mit großem Erfolg auf den Bühnen der Theater in Tiflis[50], Charkow, Kiew, Kasan sowie in anderen Städten Rußlands und anschließend auch im Ausland aufgeführt: im Prager Nationaltheater (1888) und im Hamburger Opernhaus (1892). Tschaikowski, der die Erstaufführung des Werkes in Prag dirigierte, »freute

sich aufrichtig über den außerordentlichen Erfolg des
›Eugen Onegin‹«, wie der damalige Direktor des Prager
Nationaltheaters František Schubert in seinen Erinnerungen
schrieb. »Es war offensichtlich, daß das Werk vor allem
auf Grund seiner rein musikalischen Qualitäten und nicht
nur wegen seines Textbuches, das dem Herzen des
russischen Volkes so nahesteht, auch außerhalb Rußlands
Anerkennung gefunden hat.« Der namhafte tschechische
Komponist Antonín Dvořák hob hervor, »daß die Musik
zu der Oper ›Eugen Onegin‹ eine Musik ist, die uns an-
zieht und so tief in die Seele dringt, daß man sie nicht vergessen kann«.

Mit der Hamburger Aufführung des Werkes war
Tschaikowski ebenfalls sehr zufrieden. Besonders freute
ihn, daß alle beteiligten Künstler einschließlich des
Dirigenten Gustav Mahler in die Oper buchstäblich verliebt waren.

Musik schaffen – eine Wonne. Seit der Abreise des Komponisten ins Ausland war ein halbes Jahr vergangen.
Indem Tschaikowski jeden Vormittag eisern arbeitete, gelangte er nach und nach zu einem »so günstigen Gemüts-
zustand«, daß er im Frühjahr vollauf mit sich zufrieden und
innerlich beruhigt war und sich gesund und voller Kraft
fühlte. In »einer solchen Phase des geistigen Lebens verliert das Schaffen gänzlich den Charakter von Arbeit: das
ist reine Wonne«. Das Werk, an dem Tschaikowski im
März 1878 arbeitete, als er in Clarens in der Schweiz lebte,
war das *Konzert für Violine und Orchester* in D-Dur. Die
Musik dieses Konzertes ist ausgesprochen optimistisch
und heiter und gibt den vom Komponisten empfundenen
Rausch der Daseinsfreude, seinen Lebensdurst, wider. In
seinem Stimmungscharakter klingt das neue Werk an die
früher entstandene *Zweite* und *Dritte Sinfonie*, die Finalsätze der *Ersten* und *Vierten Sinfonie*, das *Erste Klavierkonzert*

sowie die zwei ersten Streichquartette an. In dem *Violin-konzert* gestaltet Tschaikowski sein Lieblingsthema – das Verhältnis des Künstlers zur Natur und zum Volk. Deshalb ist die Klangbildsphäre des *Violinkonzertes* auch lyrisch-genrebezogen, wobei ein lyrisch-intimes sowie ein volksnah-genrehaftes Element organisch einbezogen werden. Mit der Klangbildstruktur und dem Inhalt der Musik hängen individuelle Besonderheiten in der Anlage des Konzertes zusammen, das die klassische dreisätzige Form aufweist (erster Satz – ein Sonatenhauptsatz, zweiter Satz – ein lyrisches Intermezzo, und dritter Satz – ein schnelles Finale).

Die kurze Einleitung bereitet die Atmosphäre der heiter-lyrischen Grundhaltung des ersten Satzes vor, der traditionsgemäß aufgebaut ist, allerdings auf der Entwicklung zweier lyrischer Themen basiert. Das in seiner Schönheit, Innigkeit und seinem breiten melodischen Atem bestechende Hauptthema des ersten Satzes fesselt durch seinen schlichten Charakter und zugleich durch edle Größe. Es erklingt zuerst in der Solovioline und erfährt dann eine echte sinfonische Entwicklung, wobei die Vielschichtigkeit des Klangbildes erschlossen wird und dieses nach und nach neue Züge wie Energiegeladenheit und Willensdrang gewinnt. Das Seitenthema setzt die lyrische Ausdrucksweise fort, aber durch seine zarte, verhaltene Melodie überträgt es diese Ausdrucksweise in eine eher intime Sphäre.

Die Canzonetta (Mittelsatz des Konzertes) – ein lyrisch geprägtes sangliches Stück – könnte man als ein »Lied ohne Worte« bezeichnen. In ihrer elegisch-träumerischen Grundhaltung bildet die Musik der Canzonetta keinen scharfen Kontrast zum Stimmungscharakter des vorangehenden Satzes: es ist dies »ein weiteres Bekenntnis, das von begeisterter Bewunderung eines Ideals erfüllt ist« (wie sich der sowjetische Musikforscher Alexander Dolshanski über diesen Satz äußerte).

122

Das Finale sprüht von Glanz, Energie und zügiger Bewegung. Die einander abwechselnden Themen des kecken Volkstanzes, der an einen Trepak[51] erinnert, aber durch seinen ausgelassenen, forschen Charakter (ebenfalls im Geiste des Volksliedes und Volkstanzes) noch energiegeladener, ja bravouröser wirkt, werden für einen Augenblick durch eine fließende Melodie unterbrochen: als ob in den Kreis tanzender Burschen ein »Schwanenkind« schwimmt, ein Mädchen tanzt. In einem ausgelassenen Freudentaumel endet dann das ganze Werk.

Im *Violinkonzert* wie auch im *Ersten Klavierkonzert* hält sich der Komponist an den vorgegebenen Rahmen der Gattung, den konzertanten Wettstreit, in dem beide Partner – Solist und Orchester – ihre virtuosen Potenzen zur Geltung bringen. Gleichzeitig sind indes in beiden Konzerten der Part des Solisten und der Orchesterpart organisch miteinander verbunden. Die (von den Zeitgenossen als »wild phantastisch« bezeichneten) glänzenden virtuosen Kadenzen, in denen der Komponist spieltechnisch schwierige und komplizierte Mittel einsetzte, werden von den Hörern nicht als eingeschobene Episoden empfunden, die es dem Solisten erlauben, sein technisches Können unter Beweis zu stellen, sondern als ganz natürliche Fortsetzung im Zuge der Entwicklung der musikalischen Bilder des Werkes. Selbst in solchen rein »konzertanten«, virtuosen Episoden weist Tschaikowski dem melodischen Element die führende Rolle zu.

Die Uraufführung des Konzertes fand am 4. Dezember 1881 in Wien in einem Sinfoniekonzert der Gesellschaft der Musikfreunde unter der Leitung von Hans Richter statt. Den Solopart spielte Adolf Brodski. (Dies war das einzige Werk des Komponisten, das im Ausland und nicht in Rußland uraufgeführt wurde. Der Grund hierfür lag darin, daß der Geiger Leopold Auer, dem Tschaikowski das Konzert ursprünglich widmen wollte, es ablehnte, das

Werk in Petersburg zu spielen, da er es für zu schwierig hielt. Zwei Jahre lang hatte Auer die Aufführung immer wieder verschoben, weil er verlangte, daß die Partitur »einigen Korrekturen im Sinne einer stärkeren Annäherung an den Charakter der Geige« unterzogen werde.)

In einer Musikkritik, die in einer Wiener Zeitung erschien, las Tschaikowski, daß sein Konzert »eine der originellsten und wirkungsvollsten Kompositionen für die Geige darstellt«. In einer anderen Kritik stand, daß er »die Hörerschaft für und gegen dieses originelle Werk geteilt hat. Der erste Satz mit seinem prächtigen blühenden Thema, der geheimnisvolle stille Mittelsatz (wer denkt dabei nicht an die Frauengestalten Turgenjews!) und der wilde Bauerntanz bilden ein Ganzes, dem wir unter den neueren Werken einen hervorragenden Platz zuweisen«. Tschaikowski erhielt auch von dem betont negativen Urteil des Musikkritikers Eduard Hanslick Kenntnis, der den volksverbundenen Charakter der Weltanschauung und die deutlich ausgeprägte nationale Zugehörigkeit des Komponisten, der ein so markantes Beispiel für ein echtes, realistisches Bild des Volkslebens zu schaffen vermochte, nicht begriffen hatte (oder nicht verstehen wollte!).

Im April 1878 kehrte Tschaikowski nach Rußland zurück. Im Laufe des Sommers, den er in Kamenka, Werbowka und Brailow verbrachte, beendete er die Komposition der *Großen Sonate in G-Dur* für Klavier, der *Zwölf Klavierstücke von mittlerer Schwierigkeit* und des *Jugend-Albums* für Klavier, der drei Stücke für Violine und Klavier unter dem Titel *Erinnerung an einen teuren Ort*[52] sowie der Lieder »Don Juans Serenade«, »Es war im Frühling«, »Inmitten des rauschenden Balles«, »Oh, wenn Du könntest« (auf Verse von Alexej Tolstoi), »Die Liebe des Toten« (auf Verse von Michail Lermontow) und das »Florentinische Lied« (dessen Text und Melodie Tschaikowski in Florenz von einem Straßensänger aufgezeichnet hatte). Damals komponierte er auch den *Marsch der russischen Freiwilligen-Flotte* für Klavier, den der Musikverleger Pjotr Jürgenson im Zusammenhang mit der Gründung eines Komitees zum Aufbau einer Freiwilligen-Flotte und einer dafür bestimmten Spendensammlung bei ihm bestellt hatte. Als Tschaikowski dem Verleger das Manuskript des Marsches schickte, schrieb er: »Ein Honorar ist nicht nötig, denn ich bin ebenfalls Patriot.«

In den Wochen, die er bei seinen Verwandten verbrachte, nahm Tschaikowski traditionsgemäß an allen Familienfeierlichkeiten lebhaften Anteil. Am Namenstag seiner Schwester spielte er auf dem Klavier Balltänze für seine Nichten, die sehr gern tanzten. Er tanzte auch selbst, anfangs zaghaft, aber dann »ließ er sich mitreißen und tanzte leidenschaftlich und unermüdlich, wobei er verschiedene Albernheiten und Kindereien darbot«. Häufig ging er auf die Jagd (brachte in der Regel keine Trophäen heim, sondern »knallte gewöhnlich nur«), inszenierte eine Aufführung von Nikolai Gogols *Heirat*, von Szenen aus Gogols Roman *Die toten Seelen* sowie von Molières Komödie *Der Misanthrop*, bei der seine Schwester, die Nichten sowie Verwandte und Freunde der Familie Dawydow mitwirkten. Die Aufführungen erfolgten auf dem Balkon des Wohnhauses, und die Zuschauer (die zahlreichen Angehörigen der Familie Dawydow und die Bauern) standen oder saßen auf dem Hof.

Der Aufenthalt in Brailow[53] mit den wunderschönen Wegen für Spaziergänge, die Gelegenheit zum Baden (Tschaikowski war ein guter Schwimmer) und die Möglichkeit, dank der reichen Noten- und Bücherbestände nach Herzenslust zu musizieren oder zu lesen, bereitete dem Komponisten große Freude.

Im September begann wieder der Unterricht am Konservatorium. Tschaikowski, der Nikolai Rubinsteins Rückkehr von der Pariser Weltausstellung abgewartet hatte, teilte diesem seinen festen Entschluß mit, den Dienst zu quittieren (für sein Amt in der Klasse für Harmonielehre und Instrumentation empfahl er Sergej Tanejew) und wurde am 6. Oktober von seinen Lehrverpflichtungen entbunden. Kurze Zeit später erhielt er einen Brief von Frau von Meck, die seinen Entschluß unterstützte und ihm materielle Hilfe anbot: »Ich werde außerordentlich froh sein, wenn Sie dem Konservatorium den Rücken kehren . . . Was den Nutzen anbelangt, den Sie kommenden Generationen brächten . . . so werden Sie diesen durch Ihre W e r k e weitaus mehr bringen . . . Deshalb segne ich Sie aus vollem Herzen zu diesem Schritt, mein teurer Freund, und hoffe, daß Sie ihn nicht bereuen werden.«

Jetzt endlich konnte sich Tschaikowski allein seinem Schaffen widmen: »Es ist ein großes Glück, wenn man so wie ich in der Lage ist, sich gänzlich seiner Lieblingsbeschäftigung zu widmen. Mein Kopf ist fortwährend mit musikalischen Einfällen beschäftigt. Ich komme gar nicht dazu, mir über meine Zukunft, meine heikle Lage Gedanken zu machen. Ich habe keine Zeit, über den traurigen Zustand des öffentlichen Lebens viel nachzudenken.« — »Ich bin ein Künstler«, sagte er sich ohne falsche Bescheidenheit, »der seiner Heimat Ehre bringen kann und soll. Ich fühle in mir große künstlerische Kraft. Ich habe noch nicht ein Zehntel dessen vollbracht, was ich vollbringen kann, und ich will mit aller Kraft der Seele all dies vollbringen.«

IM GEISTE GLINKAS

Die legendäre Jeanne d'Arc. Nach der Fertigstellung des *Eugen Onegin* faßte Tschaikowski sogleich den Plan, eine neue Oper zu komponieren. Die Suche nach einem neuen Stoff wurde selbst dann nicht unterbrochen, als er seine *Erste Suite für sinfonisches Orchester* zu schreiben begann. Im November 1878 entschied sich der Komponist schließlich für die Legende von der Jeanne d'Arc, die ihn schon in seiner Jugend beschäftigt hatte. Nach Schillers gleichnamiger Tragödie in der russischen Übersetzung von Wassili Shukowski verfaßte Tschaikowski persönlich das Libretto, wobei er auch Motive aus Jules Barbiers Drama *Jeanne d'Arc* sowie das Libretto der Oper *Die Jungfrau von Orleans* von O. Mérimée verwendete. Die Vertonung des Werkes nahm der Komponist im Ausland auf – zunächst in Florenz, und später in Clarens am Genfer See und in

127

Paris. Trotz eifriger Arbeit an seiner sechsten Oper fand Tschaikowski auch Zeit für andere Dinge, mit denen er sich gern beschäftigte – er las viel, spielte Musikwerke auf dem Klavier durch und besuchte Konzerte. Nachdem er Klavierbearbeitungen von Streichquartetten Mozarts und Beethovens gekauft hatte, spielte er diese abends durch und fand großen Gefallen daran. Mit gleichem Genuß las er von neuem einen seiner Lieblingsromane – Charles Dickens' *Klein Dorrit*, eine »wunderschöne, hochgeniale Sache«. Einen erschütternden Eindruck machte auf ihn Fjodor Dostojewskis Roman *Die Brüder Karamasow* mit seinen »nervenkranken Gestalten, die eher an Geschöpfe aus der Sphäre des Fieberwahns und der Traumwelt erinnern als an wirkliche Menschen«. Nachdem er erstmals Jean-Jacques Rousseaus *Bekenntnisse* gelesen hatte, war er darüber erstaunt, wie der französische Schriftsteller leicht begreiflich Dinge äußerte, über die Tschaikowski selbst »nie mit jemandem gesprochen hatte, da er sie nicht auszudrücken vermochte«.

In einem von Edouard Colonne dirigierten Konzert lernte Tschaikowski *Fausts Verdammung* von Berlioz kennen. »Was für ein sonderbarer Mann war dieser Berlioz«, notierte er für sich. »Im allgemeinen ist mir seine musikalische Natur eher unsympathisch, und mit gewissen Abnormitäten seiner Harmonien und Modulationen kann ich mich keinesfalls abfinden. Aber mitunter erreicht er unglaubliche Höhen.« – »Einige Stellen im ›Faust‹ und besonders die so wunderbare Szene an den Gestaden Elbas gehören zu den Perlen seines Schaffens. Ich habe gestern während dieser Szene ein zur Kehle aufsteigendes Schluchzen nur mit Mühe unterdrücken können«, teilte er Frau von Meck seine Eindrücke mit. »Wie reizvoll ist dieses Rezitativ des Mephistopheles vor Fausts Einschläferung und der daran anschließende Chor der Geister und Tanz der Sylphen! Wenn man diese Musik hört, dann spürt man,

Marius Petipa

»Petipa ist mir in jeder Hinsicht ausgesprochen sympathisch . . .«

P. Tschaikowski

»Ich bin froh und stolz, daß ich meinen langen Lebensweg in der Zusammenarbeit mit einem solchen Meister abschließe.« *M. Petipa*

Medea Figner als Lisa und Nikolai Figner als Hermann in »Pique Dame«
in der Inszenierung des Petersburger Marientheaters im Jahre 1890

R. Bradatschowa-Wykoukalowa als Gräfin in »Pique Dame« in einer Aufführung des Petersburger Marientheaters im Jahre 1892

Maria Deischa-Sionizkaja als Lisa in »Pique Dame« in der Inszenierung
des Moskauer Bolschoi-Theaters vom Jahre 1901
»›Pique Dame‹ lief sehr gut . . . Von den einzelnen Darstellern war die
Sionizkaja am besten.« *P. Tschaikowski*

Pjotr Tschaikowski im Kreise seiner Brüder. Aufnahme aus dem Jahre
1890

Sitzend: Nikolai und Pjotr

Stehend: Anatoli, Ippolit und Modest

»Ich habe vier Brüder. Der älteste, Nikolai, ist bei der Eisenbahn angestellt
und wohnt in Charkow. Er ist verheiratet, hat aber keine Kinder. Nach
ihm komme ich, und nach mir mein Bruder Ippolit, der verheiratet ist und
in Odessa lebt . . . Was meine zwei jüngsten Brüder anbelangt, so sind sie
vor meinen Augen und zum Teil unter meiner Aufsicht aufgewachsen
(unsere Mutter starb, als beide noch ganz klein waren), und ich liebe sie
mit zärtlichster väterlicher Liebe. Sie sind übrigens Zwillinge, doch ähneln
sie einander weder in körperlicher noch in psychischer Hinsicht. Gemeinsam ist beiden nur, daß sie sehr gutherzig sind, beide sind klug, und beide
bringen mir für meine Liebe eine ebenso grenzenlose Liebe entgegen.«

P. Tschaikowski

Carlotta Brianza als Aurora in dem Ballett »Dornröschen« in der Inszenierung des Petersburger Marientheaters vom Jahre 1890

Mitwirkende der Uraufführung des Balletts »Dornröschen« in der
Inszenierung des Petersburger Marientheaters vom Jahre 1890

Pjotr Tschaikowski. Aufnahme aus dem Jahre 1893

Schüler P. Tschaikowskis
Sitzend: die Geiger Josef Kotek und Stanisław Barcewicz
Stehend: der Cellist Anatoli Brandukow und der Bratschist Andrej Arends

Sergej Tanejew

Sergej Rachmaninow

»Von allen Menschen und Künstlern, denen ich begegnet bin, war Tschaikowski am bezauberndsten. Seine seelische Subtilität war einzigartig. Er war bescheiden wie alle wirklich großen Leute und schlicht wie sehr wenige. Von allen, die ich kannte, kam nur Tschechow ihm gleich.«

S. Rachmaninow

Entwurf des Bühnenbildners M. Botscharow für die Oper »Jolanthe« in
der Inszenierung des Petersburger Marientheaters im Jahre 1892

Medea Figner als Jolanthe in der Inszenierung des Petersburger Marientheaters vom Jahre 1892

Entwurf des Bühnenbildners K. Iwanow für das Ballett »Der Nußknacker« in der Inszenierung des Petersburger Marientheaters im Jahre
1892

Szene aus dem Ballett »Der Nußknacker« in der Inszenierung des Petersburger Marientheaters vom Jahre 1892

Pjotr Tschaikowski im Ornat eines Doktors der Musik h. c. der Universität Cambridge (England). Aufnahme aus dem Jahre 1893.

»Ein wahrhaft großer Künstler, welcher Nationalität und Schule er auch angehören mag, ist vor allem ein Künstler, der der ganzen Welt gehört und Besitz aller Kulturvölker und Länder ist. Ein solcher ist P. Tschaikowski, der etwas früher als alle anderen Komponisten (gemeint sind die russischen Komponisten – G. P.) große weltweite Bedeutung erlangt hat, die ihm auch in künftigen Zeiten verbleiben wird.« *N. Kaschkin* wie derjenige, der diese Musik geschrieben hat, von der dichterischen Inspiration gepackt, wie er von seiner Aufgabe tief bewegt war.« Ein anderes Werk von Berlioz – die *Symphonie fantastique* – hörte Tschaikowski in einem Konzert des französischen Dirigenten Jules-Etienne Pasdeloup, der in Paris die sogenannten Concerts populaires begründet hatte und leitete.

Im März 1879 begannen die Vorbereitungen für die Uraufführung des *Eugen Onegin,* und Tschaikowski begab sich nach Moskau, um bei der Generalprobe und der Premiere des Werkes anwesend zu sein. Anschließend verbrachte er den ganzen Frühling und Sommer in Kamenka, Nisy, Brailow und Simaki und arbeitete an der Fertigstellung der Partitur der *Jungfrau von Orleans* und der *Ersten Suite.*

Das Frau von Meck gehörende Gut Simaki liebte Tschaikowski besonders wegen seiner malerischen Lage. Das kleine alte Wohnhaus in dem dichtbewachsenen Garten mit den hundertjährigen Eichen und Linden stand am Ufer eines Flusses. Vom Balkon des Hauses bot sich eine herrliche Aussicht auf das Dorf. Ringsum herrschte völlige Stille. Das Gut war von Feldern und kleinen Waldstücken umgeben, wo man in völliger Abgeschiedenheit wunderschöne Spaziergänge machen konnte. Zum Baden gab es herrliche Möglichkeiten. Wenn ihn seelische Ängste quälten (Besorgnis über den gesundheitlichen Zustand von Angehörigen und über die Zukunft seiner neuen Oper *Die Jungfrau von Orleans*) und die Nerven überreizt waren, erwiesen sich die ausgedehnten Waldspaziergänge als bestes Heilmittel: sie wirkten stets beruhigend und gaben ihm sein inneres Gleichgewicht zurück. Tschaikowski liebte übrigens nicht nur sonnige, sondern auch trübe, graue Tage. Damals war es Anfang Herbst, der in seinem Reiz für den Komponisten nur mit dem Frühling vergleichbar war. »Der September mit seiner sanft melancholischen

Färbung der Natur« erfüllte die Seele »mit stillen und frohen Empfindungen«.

»Vor einer Stunde gab es eine Minute«, berichtete Tschaikowski seinem Bruder Modest voller Begeisterung, »in der ich inmitten des an den Garten grenzenden Weizenfeldes von der Schönheit der Natur so überwältigt war, daß ich auf die Knie fiel und Gott für die ganze Tiefe der empfundenen Glückseligkeit dankte. Ich befand mich auf einer kleinen Anhöhe. Nicht weit von mir war mein aus dichtem Grün hervorschauendes kleines Haus zu sehen. In der Ferne erstreckten sich von allen Seiten her Wälder, die sich über Hügel ausbreiteten. Hinter dem Fluß lag das Dorf, von wo liebliche ländliche Klänge, bestehend aus Kinderstimmen, dem Blöken von Schafen und dem Brüllen heimkehrender Kühe zu mir drangen. Im Westen ging prachtvoll die Sonne unter, und auf der entgegengesetzten Seite war schon Vollmond. Überall umgab mich Schönheit und Weite! Ach, was gibt es im Leben doch für Augenblicke – um ihretwillen kann man alles vergessen! ...«

Plötzlich traf ein Telegramm seines Bruders Anatoli ein: »Wegen unliebsamer dienstlicher Vorkommnisse trete ich in den Ruhestand. Ich möchte Dich sobald als möglich sehen. Ich bin gesund.« Tschaikowski beschloß unverzüglich abzureisen. In Petersburg traf er seinen alten Vater und besuchte seine Nichte Tasja Dawydowa, die in einem Mädchenpensionat lebte und unter der Trennung von ihrer Mutter und der Familie litt. Die Probleme des Bruders Anatoli konnten geregelt werden. Nunmehr bot sich für Tschaikowski auch Gelegenheit, einen lang gehegten Wunsch zu verwirklichen: den Bruder Modest in Granski zu besuchen und danach zu seiner Schwester nach Kamenka zu fahren, um sich nach der acht Monate währenden Arbeit an der *Jungfrau von Orleans* ein wenig Ruhe zu gönnen. Seine Gedanken schweiften zurück, und er erinnerte sich, wie die ersten Tage, an denen er an der

Oper arbeitete, »in ungemein starkem Schaffensfieber« vergangen waren und wie er damals seinem Bruder Modest geschrieben hatte: »Ich habe die Arbeit an der ›Jungfrau von Orleans‹ aufgenommen, und Du kannst Dir nicht vorstellen, wie schwer mir das gefallen ist. Die Schwierigkeit lag nicht in mangelnder Inspiration, sondern, im Gegenteil, in einer zu starken Anhäufung von Ideen. (Ich hoffe, daß Du mir keine Prahlerei vorwerfen wirst.) Mich hat eine Art Raserei gepackt: ich habe mich ganze drei Tage lang geplagt und gequält, daß es so viel an Material gibt und so wenig an menschlicher Kraft und Zeit! ... Als ich das Buch über Jeanne d'Arc[54] las ... und zum Prozeß der Abjuration[55] (Abschwörung – d. Ü.) und zur Hinrichtung selbst gelangt war (sie schrie die ganze Zeit fürchterlich, als man sie zur Hinrichtung führte, und bat flehentlich, man solle ihr den Kopf abschlagen, sie aber nicht verbrennen), war ich zu Tränen gerührt. Mich überkam plötzlich ein solcher Jammer, ein solches Mitleid mit der ganzen Menschheit, und mich ergriff eine unsagbare Wehmut!«

Bei der Komposition der *Jungfrau von Orleans* war Tschaikowski – seiner Überzeugung getreu, daß »von allen Gattungen der Musik die Oper eigentlich jene Musik sein soll, die in besonderem Maße allgemeinverständlich ist« – darauf bedacht, den Hörer nicht durch ein Übermaß an Details, komplizierte harmonische Strukturen und fehlendes Maßgefühl für Orchestereffekte zu ermüden, Merkmale, die er in seinen ersten Opern als Mängel betrachtete. Ihm ging es hier vor allem um einen einfachen und greifbaren Stil sowie eine leicht verständliche Form. Deshalb unterscheidet sich diese Oper in mannigfacher Hinsicht von den vorangegangenen Opern *Der Leibwächter, Wakula der Schmied* und *Eugen Onegin*: neben ausgesprochen psychologisch fundierten Szenen und Arien finden sich in der *Jungfrau von Orleans* Bilder, die in prägnanter, betont dekorativer Art und Weise gestaltet sind. »Der Opernstil muß sich vom sinfonischen und kammermusikalischen Stil ebenso abheben wie die dekorative Malerei von der akademischen«, formulierte er seine Gedanken. »Daraus resultiert freilich nicht, daß die Opernmusik banaler und vulgärer als jene andere sein soll. Nein! Es geht nicht um die Qualität der musikalischen Gedanken, sondern um den Stil, die Art der Darlegung.«

Die neuen Ideen und künstlerischen Aufgabenstellungen führten zu einer veränderten Intonationssprache des Werkes. Der deklamatorische Stil der Musik erlangte pathetisch-gehobene Züge, und die lyrischen Episoden wurden mit romantischem Pathos versehen.

Als Tschaikowski die Oper abgeschlossen hatte, war er mit seiner Arbeit zufrieden und versprach sich viel von der bevorstehenden Uraufführung. Er hatte das Gefühl, daß gerade eine Bühnenaufführung des Werkes seine Überzeugung von der Richtigkeit der für dieses Genre gewählten Gestaltungsweise und Ausdrucksmittel – der Übereinstimmung von Form und Inhalt – bestätigen werde. »Wenn sich indes herausstellen sollte, daß die ›Jungfrau von Orleans‹ trotzdem nicht den Belangen des Opernstils entspricht, dann wird es für mich klar sein«, so sagte er sich, »daß diejenigen, die behaupten, daß ich meiner Natur nach ausschließlich Sinfoniker sei, der es nicht nötig habe, auf die Bühne zu klettern, recht haben. Dann werde ich für immer auf neue Versuche verzichten, Opern zu schreiben.«

Das Leben bestätigte, daß der Komponist recht hatte. Gleichzeitig stellten sich aber dem Bühnenerfolg der Oper Hindernisse in den Weg. Schon bei den Proben für die Petersburger Uraufführung des Werkes stellte Tschaikowski fest, daß zwar die meisten Sänger und Instrumentalmusiker sich ihrer Arbeit mit Einfühlungsvermögen und Hingabe widmeten, die Theaterverwaltung aber alles tat, um einen Erfolg der Oper zu verhindern. Für die Inszenierung standen keine ausreichenden Mittel zur Verfügung, und man verwendete alte Dekorationen und Kostüme. Die Direktion der Kaiserlichen Theater behinderte mit allen möglichen Intrigen die normale Arbeit der Sänger. Nichtsdestoweniger verhalfen die handelnden heroischen Gestalten, die ausdrucksstarke, melodisch geprägte Musik und die grandiosen Massenszenen der Oper bei ihrer Uraufführung am 13. Februar 1881 im Petersburger Marientheater zu einem großen Erfolg. Die Oper wurde von Eduard Napravník, dem Tschaikowski das Werk gewidmet hatte, als Benefizvorstellung dirigiert. Bei der Aufführung wirkten namhafte russische Sängerinnen und Sänger wie Maria Kamenskaja (Johanna), Ippolit Prjanischnikow (Lyonel), Fjodor Strawinski[56] (Dunois), Wilhelmine Raab (Agnes), Michail Korjakin (Thibaut), M. Wassiljew III. (Karl VII.), Fjodor Sokolow (Raimond) und W. Maiboroda (Kardinal) mit.

Die Aufführung fand beim Publikum breite Zustimmung: Vierundzwanzigmal wurde der Komponist am Ende der Vorstellung vor den Vorhang gerufen. Tschaikowski war indes mit der Inszenierung unzufrieden und konnte nur mit Schmerz an sie denken. Obwohl er sich einzureden suchte, daß es ein wirklicher Erfolg gewesen sei, hatte er ständig das Gefühl, daß er ein Fiasko erlitten habe. Die Nörgeleien der Zensurbehörde waren in seinem Gedächtnis noch allzu frisch, und die abgetragenen Kostüme sowie die aus anderen Operninszenierungen entlehnten Dekorationen hinterließen bei ihm ein niederdrückendes Gefühl.

Nach der Uraufführung der Oper reiste Tschaikowski ins Ausland. In einer unterwegs, in Wien, gekauften Zeitung las er mit einem gewissen bitteren Empfinden eine Depesche aus Petersburg, daß die *Jungfrau von Orleans* großen Erfolg errungen habe, aber . . . nichtsdestoweniger schlecht, langweilig und monoton sei. Er begriff, daß die negativen Pressestimmen für die weitere Bühnenexistenz des Werkes eine ungünstige Atmosphäre schufen. Tatsächlich wurde die Oper schon ab Januar des folgenden Jahres vom Spielplan abgesetzt. Im Herbst unterbreitete die Theaterdirektion dem Komponisten den Vorschlag, die Sopranpartie der Johanna für Mezzosopran umzuarbeiten. In der Neufassung, in der nicht nur die Vokalpartie der Titelheldin umgearbeitet, sondern auch eine Reihe von Nummern verändert worden war, hielt sich die Inszenierung der Petersburger Bühne lediglich noch eine Spielzeit.

1882 wurde die *Jungfrau von Orleans* am Prager National-theater inszeniert (es war die erste Inszenierung dieser Oper Tschaikowskis im Ausland, was dem Komponisten natürlich Freude bereitete) und 1886 in Tiflis aufgeführt.

Im Laufe der nächsten Jahre trug sich Tschaikowski mit dem Gedanken, im dritten und vierten Akt der Oper Änderungen vorzunehmen. (Die Erstaufführung der Oper in Moskau erlebte der Komponist nicht mehr, da diese erst am 3. Februar 1899 in der sogenannten Privatoper von Sawwa Mamontow stattfand. Bei dieser Aufführung sang Jelena Zwetkowa die Partie der Johanna, Pjotr Olenin den Dunois, Wassili Schkafer Karl VII. und Ippolit Prjanischnikow den Lyonel. Die musikalische Leitung hatte Tschaikowskis junger Freund Michail Ippolitow-Iwanow. »Auf ein solches Werk könnte jede beliebige europäische Musikliteratur stolz sein«, schrieb der Musik-kritiker Nikolai Kaschkin in einer Besprechung dieser Aufführung.)

Italienische Impressionen. Den Jahreswechsel 1879/1880 feierte Tschaikowski in Rom. Gemeinsam mit seinem Bruder Modest und dessen taubstummem Zögling Kolja Konradi verbrachte er in der italienischen Metropole noch zwei Monate. Zu dritt unternahmen sie Spaziergänge und besichtigten die Sehenswürdigkeiten Roms und der angrenzenden Ortschaften. Tschaikowski betrachtete die »ewige« Stadt als eine gute Schule für die Entwicklung des künstlerischen Geschmacks und wollte die Meisterwerke der italienischen Malerei, Bildhauerei und Architektur eingehend studieren und kennenlernen. Er besuchte mehrmals das Kolosseum, das Kapitol, die Peterskirche und den Dom, wo er die Fresken und Statuen der großen Künstler bewunderte. Besonders beeindruckt war er von Michelangelos berühmter Sitzfigur des Moses. Mit Befriedigung stellte der Komponist fest, daß er Michelangelos Kunst zu verstehen begann, und er verneigte sich vor der kraftvollen Schönheit dieses Meisterwerkes. Die vollkommenen klassischen Formen, in die der geniale Bildhauer die künstlerisch ausdrucksvolle Gestalt des grandiosen Werkes gemeißelt hat, harmonierten mit dem künstlerischen Empfinden des Komponisten. Des öfteren vertiefte sich Tschaikowski längere Zeit in den Anblick dieser Statue und war zunehmend von Ehrfurcht vor diesem Kunstwerk durchdrungen.

Nachdem er die Pinakothek[57], die Stanzen[58], die Loggien[59] und die Sixtinische Kapelle im Vatikan besucht hatte, wurde er von einem noch nie erlebten Empfinden ergriffen: »Ein Wunder ist geschehen. Ich empfand fast erstmals im Leben wirkliche künstlerische Begeisterung (von der Malerei). Was heißt sich allmählich an die Malerei gewöhnen!« In der Galerie der Villa Borghese war Tschaikowski von den Gemälden Raffaels, den er als »Mozart der Malerei« bezeichnete, sehr stark beeindruckt.

Mehrmals weilte der Komponist in Tivoli, einem Vorort Roms, »in diesem wunderschönen Winkel, wo sich die Reize der bergigen Natur so wunderbar mit der Schönheit alter Ruinen und Wasserfälle verbinden«. Hier besuchte er die berühmte Villa d'Este, in der Franz Liszt des öfteren Entspannung gefunden und unter dem Eindruck der malerischen Landschaft einige bekannte Klavierstücke komponiert hatte. Um die unvergängliche Schönheit und Kostbarkeit all dessen, was er gesehen hatte, noch vollständiger und tiefer zu erfassen, las Tschaikowski damals Goethes *Italienische Reise* sowie Jean Jacques Ampères Buch über die römischen Kaiser.

Aufmerksam hörte der Komponist zu, wenn Straßensänger italienische Volksmusik zu Gehör brachten. In seinem Gedächtnis blieb besonders der lebensprühende, farbenprächtige Karneval haften, der mehrere Tage dauerte (und durch seinen Lärm und seine Ausgelassenheit freilich auch ziemlich ermüdete). Unter dem Eindruck dieses Karnevals beschloß Tschaikowski, etwas in der Art der spanischen Ouvertüren Glinkas zu komponieren – eine Fantasie über Volksliedthemen für sinfonisches Orchester – das *Capriccio Italien*. Mit diesem heiteren Stück wollte er die Lebensfreude, die Lust zu tanzen und fröhlich zu sein, wecken.

Eröffnet wird diese einsätzige Komposition durch Fanfarenklänge – ein Signal, das Tschaikowski in Rom tagtäglich aus den unweit seines Hotels gelegenen Kasernen hörte. Nach der langsamen Einleitung folgen in ständigem Wechsel Episoden mit kontrastierendem Stimmungscharakter: schwermütig-traurig, festlich gehoben, heiter, liedhaft und tänzerisch. Eine feurige Tarantella beschließt das Capriccio: aufs neue gestaltete Tschaikowski sein Lieblingsthema – »Leid in der Einsamkeit und Freude in der Gemeinschaft« (wie es der sowjetische Musikforscher Dolshanski formulierte).

Die musikalischen Themen, die italienischen Volksliedsammlungen entnommen sind bzw. von Tschaikowski persönlich nach dem Gesang von Straßensängern aufgezeichnet wurden, gefielen ihm sehr, und er arbeitete eifrig an dem neuen Werk. In der Tat schildert das *Capriccio* in sehr lebendiger Weise die Atmosphäre fröhlichen Karnevalstreibens, sprühenden Frohsinns und optimistischer Lebenseinstellung.

Die Uraufführung des Werkes (die am 6. Dezember 1880 unter der Leitung von Nikolai Rubinstein erfolgte) sowie weitere Aufführungen in Moskau, die auf Wunsch des Publikums stattfanden, gestalteten sich zu Erfolgen. »Hier pulsiert sprühendes Leben, das wie auf einem Bild den sogenannten ›warmen‹ Hintergrund bildet, vor dem le dolce canzone (die süßen Lieder − d. Ü.) Italiens funkeln und strahlen. Die reizvolle Orchestrierung, die prächtigen und markanten Motive und die charakteristischen Rhythmen − all das stellt im ganzen ein bezauberndes musikalisches Bild dar«, schrieb ein Korrespondent der *Moskauer Nachrichten*.

Später, als Tschaikowski zahlreichen Aufführungen seines Werkes in Rußland wie auch im Ausland beiwohnte, überzeugte er sich von dessen nachhaltigem Erfolg beim Publikum. Anziehend auf die Hörer wirkte der allgemein verständliche Charakter des Stückes, die vom Geist des Volksliedes durchdrungene Intonationsstruktur der Musik sowie die glänzende Aufstellung und Entwicklung des Themenmaterials im Orchester. Wie so viele andere Werke Tschaikowskis wurde die Fantasie, um eine Äußerung Glinkas zu gebrauchen, dem Kenner und dem einfachen Publikum gleichermaßen lieb und vertraut.

Ende Februar 1880 erreichte den Komponisten eine traurige Nachricht aus Petersburg: am 9. Januar war sein Vater verstorben. Die Nachricht von der Krankheit und vom Ableben seines Vaters kam für Tschaikowski völlig überraschend. Es fiel ihm schwer, sich an den Gedanken zu gewöhnen, daß er seinen teuren, lieben »alten Herrn mit der wunderbaren Engelsseele« nie mehr wiedersehen werde. Um die Angehörigen aufzusuchen, ihnen zu helfen und Trost zu spenden, fuhr er nach Rußland zurück.

Nach seiner Ankunft in Petersburg suchte Tschaikowski seine Stiefmutter, Jelisaweta Tschaikowskaja, auf, die unter dem Verlust ihres Mannes schwer litt. Er war von ihrer Anhänglichkeit und Liebe zu dem verstorbenen Vater tief gerührt. Es verstand sich von selbst, daß er auch das Grab des Vaters besuchte.

Bald danach begab sich der Komponist nach Moskau, wo er mit Freunden vom Konservatorium zusammentraf. Wie üblich, kam es zu offiziellen Besuchen und Empfängen, die ihn ungemein anstrengten. Er erlebte hier ein seltsames Gefühl, eine Art moralischen Schmerz: »Die Liebe zu dieser trotz aller Mängel alten, lieben Stadt ist durchaus nicht geringer geworden, im Gegenteil – sie ist ausgeprägter und stärker geworden, hat jedoch einen gewissen krankhaften Charakter angenommen.« Er hatte das Gefühl, »daß all das, was früher einmal war, in die Tiefe des Vergessens entschwunden ist«, daß er nunmehr »ein ganz anderer Mensch ist, der aus einer anderen Welt und einer anderen Zeit stammt«. Deshalb reiste Tschaikowski nach kurzem Aufenthalt in der Metropole an der Moskwa weiter nach Kamenka. Dort arbeitete er an der Instrumentierung seines *Zweiten Konzertes für Klavier und Orchester* und befaßte sich eingehend mit zwei Opern – *Kalaschnikow* von Anton Rubinstein und *Jean de Nivelle* von Léo Delibes, wobei er das letztgenannte Werk frisch, elegant und in höchstem Maße gelungen fand. Er kümmerte sich um Kolja Konradi, den Zögling seines Bruders Modest, als dieser sich unpäßlich fühlte, widmete sich seinen Neffen Wladimir und Juri Dawydow und blieb bei ihnen, als seine Schwester verreiste.

In Kamenka schrieb der Komponist in der Zeit von Juni bis August sechs Lieder für zwei Singstimmen und Klavier auf Verse von Alexej Tolstoi, Iwan Surikow und Fjodor Tjutschew und widmete diese Lieder seiner Lieblingsnichte Tatjana Dawydowa.

Als »unerschöpfliche Quelle von Texten für Musik«, als einen Dichter, der ihm besonders sympathisch war, betrachtete der Komponist Alexej Tolstoi. Auf Verse dieses russischen Dichters hat Tschaikowski eine ganze Reihe von Liedern komponiert, darunter »Ich segne euch, Wälder«, »Auf gelben Fluren«, »Glaub nicht, mein Freund«, »Ach, wenn Du könntest«, »Don Juans Serenade«, »Im erregenden Tanze« u. a. Als »echten« Dichter betrachtete Tschaikowski auch Surikow. Auf dessen von »echtem Gefühl« durchdrungene Verse schuf er Duette und Lieder, darunter das Kinderlied »Die Schwalbe«. Viele dieser Vokalstücke – lyrische Poeme, dramatische Monologe und feinsinnige Miniaturen – wurden bald weithin bekannt. Sie erklangen nicht nur in den Konzertsälen Petersburgs, Moskaus und anderer russischer Großstädte, sondern wurden von Musikfreunden auch in abgelegenen Provinzorten gesungen.

Von Kamenka begab sich Tschaikowski nach Brailow. Dort fand er in der Bibliothek der Besitzerin des Gutes, Frau von Meck, seine sämtlichen Werke vor. »Mein Gott, wieviel habe ich schon komponiert, aber all das ist noch nicht vollkommen, ist schwach, nicht meisterhaft gestaltet. Und wie ungenau ist ein Großteil meiner Sachen gedruckt! – scheußlich,« äußerte er gegenüber seinem Bruder Modest ganz entsetzt. »Ich habe beschlossen, eine Zeitlang nichts mehr zu komponieren und mich lediglich mit der Korrektur und Neuausgabe alles früher Geschriebenen zu befassen.« Abends musizierte der Komponist: auf dem Klavier spielte er Alexander Serows Oper *Judith* (wobei er sich mit großem Vergnügen an seine jugendliche Begeisterung über dieses Werk erinnerte) sowie die Opern *Le roi s'amuse* von Léo Delibes, *Die Makkabäer* von Anton Rubinstein und vieles andere.

Nachdem er eine Woche in Brailow verbracht hatte, fuhr Tschaikowski nach Simaki, wo er die Korrektur der

Partitur der *Jungfrau von Orleans* beendete. Als er die Partitur nach Moskau abgeschickt hatte, spielte er, um »sich zu entspannen«, Georges Bizets Oper *Carmen* von Anfang bis zum Schluß durch und »war erneut von dieser wunderbaren Oper hingerissen«. In seiner Begeisterung drängte es ihn, einen Artikel zu schreiben, daß dies »wohl das bedeutendste lyrisch-dramatische Werk unserer Epoche ist«, daß *Carmen* schon in zehn Jahren als absolutes Meisterwerk gelten und »den musikalischen Geschmack und die Bestrebungen einer ganzen Epoche in höchstem Grade widerspiegeln wird«.

Ende Juli reiste Tschaikowski sehr ungern aus Simaki ab, wo er noch einige Lieder komponiert hatte. Persönlich gefiel ihm besonders eines dieser Vokalstücke mit dem Titel »Die Dämmerung sank auf die Erde nieder« auf (seiner Aussage nach »herrliche«) Verse des polnischen Dichters Adam Mickiewicz. Dieses Lied zählte zu den Lieblingswerken des Komponisten. Er hatte jedoch das Gefühl, daß niemals jemand das Lied so vortragen wird, wie ihm das selbst vorschwebte: »Man darf es nicht singen, sondern muß es vielmehr deklamieren, und zwar mit größtmöglichem Engagement.«

In Mickiewicz' Gedicht »Morgen und Abend« (in der russischen Textfassung von N. Berg) hat der Komponist die letzte Zeile verändert und durch die Gegenüberstellung von Unruhe und Einsamkeit mit dem klaren Morgen das dramatische Moment hervorgehoben.

Verhält es sich mit dem Schluß der Briefszene Tatjanas in der Oper *Eugen Onegin* nicht ebenso? Der Tag bricht an. Die hell aufgehende Sonne kontrastiert mit der seelischen Verwirrung, Erregtheit und Unruhe des Mädchens:

> Vorbei die Nacht, alles ist nun erwacht,
> hell steigt die Sonne auf;
> der Hirte spielt . . . alles ist still
> Doch ich! doch ich!

Abgesehen von dem Lied »Die Dämmerung sank auf die Erde nieder« und einem weiteren Vokalstück gehören zu diesem Opus noch die Vokalstücke: »Wenn ich wüßte« (ein dramatischer Vokal-Monolog in der Art eines russischen Volksliedes), »Ich stand im Felde, doch war ich kein Gräslein« (ein getragenes Lied, das in seiner Intonationsstruktur ebenfalls dem russischen Volkslied nahesteht und dem Komponisten »sehr am Herzen lag«), »Der Tag herrscht« (eine begeisterte, von Sonnenlicht funkelnde Hymne an die Liebe, welche die Fülle des klaren, überwältigenden Gefühls und dessen belebende und inspirierende Kraft besingt; sicher ist es kein Zufall, daß das Anfangsmotiv des Liedes in seiner Intonationsstruktur mit dem appellartigen Motiv der Einleitung des *Ersten Klavierkonzerts* von Tschaikowski übereinstimmt) und »Ich segne euch, Wälder« (ein Lied-Monolog, eine imposante Hymne, die die Macht der Natur, das erhabene Gefühl tiefer Ehrfurcht vor ihr und den Traum von der Brüderlichkeit der ganzen Menschheit verherrlicht). Tschaikowski widmete diese Vokalstücke der Sängerin Anna Panajewa-Karzowa, einer großen Verehrerin seines Schaffens, die viele seiner Lieder zu Gehör brachte und auch die Partie der Tatjana in der Oper *Eugen Onegin* sang.

Den Herbst 1880 verbrachte Tschaikowski wiederum in Kamenka. Obwohl er sich vorgenommen hatte, eine Zeitlang auf das Komponieren zu verzichten und sich mit der Neuausgabe seiner Werke zu befassen, konnte er vom Komponieren nicht ablassen und begann erneut zu arbeiten. Zunächst schwebte ihm eine Sinfonie oder Suite vor, er wählte dann aber ein für ihn neues musikalisches Genre – ein Werk für Streichorchester – und schrieb für diese Besetzung eine Serenade.

Dem Gedenken an einen großen Künstler. Kaum waren einige Monate vergangen, als Tschaikowski ein weiterer schwerer

Schicksalsschlag traf: Nikolai Rubinstein starb. Im März 1881 war dieser aus Moskau ins Ausland gereist, um sich in Nizza einer ärztlichen Behandlung zu unterziehen. Aber unterwegs, in Paris, hatte ihn der Tod ereilt. Tschaikowski kam, um von Rubinstein Abschied zu nehmen. Für den Komponisten kamen schmerzliche Tage des Grübelns und der Erinnerung. »Ich habe Nikolai Rubinstein als Künstler immer sehr hoch geschätzt, aber (namentlich in letzter Zeit) zu ihm als Mensch keine innere Bindung empfunden. Jetzt ist selbstverständlich alles vergessen, außer seinen guten Seiten, und davon gab es mehr als schwache Seiten. Von seiner Bedeutung im öffentlichen Leben will ich gar nicht reden. Bei dem Gedanken an seine Unersetzbarkeit erfaßt mich einfach Traurigkeit«, schrieb Tschaikowski an seinen Bruder Anatoli.

In seinen musikalischen Feuilletons und Besprechungen hatte sich der Komponist häufig bewundernd über das Können, die virtuose Vollendung und das ausgezeichnete Spiel des Pianisten Rubinstein geäußert, ein Spiel, das durch ungewöhnliche Kraft, Schwung und stimmungsvolle Vortragsweise gekennzeichnet war. Tschaikowski hatte Rubinstein auch als hinreißenden Dirigenten charakterisiert und hervorgehoben, daß die Russische Musikgesellschaft in ihm nicht nur einen vorzüglichen Pianisten und Kapellmeister, sondern auch einen erfahrenen Organisator und Pädagogen besitzt. Der verstorbene Freund und Mitstreiter war ein hervorragender Musiker – ein glänzender Pianist und Dirigent, dessen unermüdlicher Tatkraft es zu danken war, daß die der Russischen Musikgesellschaft angeschlossenen Musikklassen und später das Moskauer Konservatorium eröffnet wurden. Rubinstein hatte das Konzertleben der Moskauer Sektion der Russischen Musikgesellschaft geleitet. Als Dirigent und Pianist ebnete er Tschaikowskis Werken den Weg in die musikalische Öffentlichkeit und brachte als erster fast alle Werke,

die der Komponist nach seiner Ankunft in Moskau geschaffen hatte, zur Aufführung. Tschaikowski widmete
Nikolai Rubinstein seine erste Sinfonie *Winterträume*, zwei
Stücke für Klavier, ein Lied für Singstimme und Klavier
sowie das *Zweite Konzert für Klavier und Orchester*. 1872 komponierte er zu Rubinsteins Namenstag eine *Serenade für
sinfonisches Orchester*.

Vieles, was beide Musiker im Leben durch künstlerische
und freundschaftliche Beziehungen verbunden hatte und
jetzt in Tschaikowskis Erinnerung auftauchte, verhüllte
sich in einem Schleier der Wehmut. Der Komponist erinnerte sich an einen Ausflug, den er wenige Tage nach
der Erstaufführung des *Schneeflöckchens* gemeinsam mit
Freunden vom Konservatorium auf die Sperlingsberge[60]
unternommen hatte. Über diesen Ausflug berichtete später
der Musikkritiker Nikolai Kaschkin in seinen Erinnerungen: »Es war ein wundervoller Frühlingstag. Die Gärten
des Dorfes Worobjowo schimmerten weiß von der Blütenpracht. Unter dem Eindruck des Frühlings und des *Schneeflöckchens* waren alle in ungemein froher, glücklicher Stimmung. Bauern und Bäuerinnen kamen herbei, um sich die
schmausenden Herrschaften anzusehen, die sich im Freien,
direkt auf dem Gras versammelt hatten, Rubinstein
arrangierte ein ganzes Dorffest, indem er für die Bauern
Wein und Süßigkeiten kaufte, die es beim Dorfkrämer gab.
Rubinstein hatte echte Volkslieder sehr gern und bat deshalb die Bauern, solche zu singen. Diese ließen sich natürlich nicht lange bitten und begannen mit ihren Liedern
und Reigentänzen.«

Die Melodie eines jener Lieder, die Tschaikowski
damals gehört hatte, legte er dem Thema des letzten Satzes
des *Trios für Klavier, Violine und Violoncello* zugrunde –
einem Werk, das der Komponist »dem Gedenken an einen
großen Künstler« – Nikolai Rubinstein – widmete. Intonationen und Rhythmen dieses Liedes sind auch im

Hauptthema des ersten Satzes dieses Werkes zu erkennen. Tschaikowski wandte sich diesem Genre der Kammermusik erstmals zu. Bei der Arbeit an dem neuen Werk bemühte er sich, daß die Musik nicht nur »dem Trio angepaßt«, sondern direkt darauf zugeschnitten ist. Das Trio weist eine eigenständige Form auf: es ist zweisätzig angelegt und nicht – wie traditionell üblich – dreisätzig. Das Neuartige des Werkes liegt indes nicht nur in der besonderen Form. Es ist vor allem in der Bedeutsamkeit seiner inhaltlichen Aussage zu sehen, in der durchgängigen Entwicklung des künstlerischen Bildes und des dramatischen Geschehens sowie in der philosophischen Tiefe (mit Recht hat man das Trio als »Sinfonie für Instrumente« bezeichnet).

In der Musik dieses Werkes wollte der Komponist seiner Klage über den Tod Nikolai Rubinsteins Ausdruck geben. Er verlieh deshalb dieser Musik den Charakter tief empfundenen Schmerzes und gestaltete künstlerisch eindringlich und stimmungsvoll das Gefühl des Verlustes eines ihm nahestehenden Menschen. Das Hauptthema des ersten Satzes (»Elegisches Stück«) klingt wie ein ausgesprochenes Trauerlied, ein Klagegesang oder ein Opernarioso. Es entfaltet sich allmählich im Rahmen einer komplizierten Entwicklung und erreicht dabei auf seinem Höhepunkt eine stark ausgeprägte tragische Spannung. Das wird dadurch unterstrichen, daß dem Hauptthema zwei andere, freundlich gestimmte und mit ungestümer Energie vorandrängende Themen als Kontrast gegenübergestellt werden. Das abschließende vierte Thema kontrastiert ebenfalls mit dem Hauptthema. Es ist erfüllt von leidenschaftlichem Pathos des Jubels und der Lebensbejahung. Die Themen des ersten Satzes sind zwar ihrem Charakter nach verschieden, in ihrer Intonationsstruktur jedoch alle dem russischen Volkslied bzw. dem im städtischen Milieu verbreiteten Lied verwandt und deshalb ausgesprochen sanglich, leicht einprägsam und allgemein verständlich. In ihrer Entwicklung, Gegenüberstellung und Verknüpfung, in der ganzen komplizierten musikalischen Anlage des »Elegischen Stückes« hat der Komponist ein Lebensbild des großen Künstlers Rubinstein mit all seinen widersprüchlichen Seiten, seinem rastlosen Wirken und seinem Ableben geschaffen.

Den zweiten Satz des Klaviertrios gestaltete Tschaikowski als Thema mit Variationen. In seinem Stimmungscharakter kontrastiert dieser Satz auffallend mit dem ersten: als Herausforderung an den unerbittlichen Tod kommen Optimismus und Lebensmut zum Zuge. Das Thema des Finalsatzes wird in elf Variationen verarbeitet. Feinsinnig gearbeitete Episoden für die drei Instrumente, ein Scherzo, ein polyphon angelegtes Stück, ein pastorales Zwischenspiel, ein eleganter Walzer, eine feierliche Prozession, eine Fuge, ein wehmütig gestimmter rezitativartiger Monolog, der vom Sterbegeläut unterbrochen wird, eine rhythmisch federnde, strahlende Musik und eine zarte lyrische Melodie lösen einander ab. Im Schlußteil (der Coda) führt der Komponist das Hauptthema des ersten Satzes erneut an. Dieses Thema, das nunmehr besonders feierlich und pathetisch schmerzvoll klingt, bildet den tragischen Epilog des gesamten Werkes.

Die Uraufführung des Klaviertrios fand genau ein Jahr nach Rubinsteins Tod – am 11. März 1882 – statt. Die Interpreten des Werkes waren Sergej Tanejew (Klavier), Jan Hřimalý (Violine) und Wilhelm Fitzenhagen (Violoncello).

Am 18. Mai erklang bereits ein weiteres neues Werk Tschaikowskis, das Nikolai Rubinstein gewidmet war – das *Zweite Klavierkonzert* –, unter der Leitung von Anton Rubinstein. Den Solopart spielte Sergej Tanejew. In der Presse wurde darauf hingewiesen, daß dieses Werk nicht weniger interessant sei als Tschaikowskis *Erstes Klavier-*

konzert: »Von seinen drei Sätzen stechen die letzten in glänzender Weise hervor. Das Andante ist schön und das Finale besonders gelungen. Sein erstes Thema ist eigenständig, und der ganze Satz strahlt Leben und Glanz aus. Das Konzert weist einen durchweg russischen Charakter auf, obwohl Tschaikowski dazu keine russischen Volkslieder heranzieht. Ich glaube«, so schloß der hier zitierte Musikkritiker, »daß das Konzert unter den Pianisten ebenso populär werden wird wie das Erste.«

Tschaikowski selbst dirigierte sein *Zweites Klavierkonzert* erst sechs Jahre später. Zusammen mit dem Pianisten Wassili Sapelnikow brachte er es in Petersburg, Moskau und Prag zu Gehör.

Nach Nikolai Rubinsteins Tod drängte die Direktion der Russischen Musikgesellschaft energisch darauf, daß Tschaikowski die Leitung des Moskauer Konservatoriums und der Moskauer Sektion der Gesellschaft übernehmen solle. Mit diesem Anliegen wandte sich auch Sergej Tanejew an den Komponisten. Für Tschaikowski kam ein solches Ansinnen jedoch nicht mehr in Frage, war er doch fest entschlossen, künftig kein Amt mehr zu übernehmen. »Mit blutendem Herzen denke ich an die Zukunft des Konservatoriums! Mitunter quält mich der Gedanke, daß ich mich auf ein Mitgefühl rein platonischen Charakters beschränke – aber nichtsdestoweniger kann ich ihm (dem Konservatorium – *d. Ü.*) in der Sache einstweilen noch keine tätige Hilfe leisten«, schrieb er an Tanejew.

Ende Dezember 1882 reiste Tschaikowski nach Paris. Ebenso wie Rom war diese Stadt einer jener Orte im Ausland, wo er die Einsamkeit »ohne Sehnsucht und Furcht« ertragen und ungestört intensiv arbeiten konnte. Vor ihm stand die Aufgabe, die Oper *Mazeppa* zu instrumentieren.

Schnell spielte sich ein genau geregelter Tagesablauf ein. In dieser Hinsicht betrachtete sich Tschaikowski durchaus nicht als »Künstler«, zumal er Nachlässigkeit bei der Einteilung seiner Zeit haßte und für das Arbeiten eine »regelmäßige, gleichmäßige und wirksame« Ordnung als nötig erachtete. Um acht Uhr früh stand er auf, heizte den Ofen, trank Tee und las die Zeitung. Von halb zehn bis zwölf Uhr arbeitete er, dann aß er etwas, wonach er bis halb drei spazierenging. Interessiert beobachtete er das Leben in den verschiedenen Stadtbezirken der französischen Metropole. Wenn er heimgekehrt war, arbeitete er erneut, und zwar bis sechs Uhr; nach einer warmen Mahlzeit besuchte er gewöhnlich eine Theatervorstellung. Er weilte sowohl in der »Comédie française«, wo ihm Alfred de Mussets Komödie *Man spielt nicht mit der Liebe*[61] großes Vergnügen bereitete, als auch im »Vaudeville«-Theater. In letzterem sah er Victorien Sardous Drama *Phädra*, in dem die berühmte Sarah Bernhardt seiner Meinung nach »überaus genial« spielte. In der »Opéra comique« bereitete ihm *Figaros Hochzeit* »großen musikalischen Genuß«. Unter dem Eindruck dieser Mozart-Oper schrieb er an Frau von Meck von seinem Entzücken über die majestätische Schönheit dieser zu Herzen gehenden Musik: »Liegt es nicht daran, daß ›Don Giovanni‹ die erste Oper war, die meinem musikalischen Empfinden einen Impuls gab und mir einen ganzen, bis dahin unbekannten Horizont höchster musikalischer Schönheit erschlossen hat? Mozart überwältigt und erschüttert mich nicht – aber er bezaubert, erfreut und erwärmt. Wenn ich seine Musik höre, dann vollbringe ich gleichsam ein gutes Werk. Es läßt sich schwer sagen, worin seine wohltuende Wirkung auf mich besteht, aber sie ist zweifelsohne wohltuend, und je länger ich lebe und je näher ich ihn kennenlerne, desto mehr liebe ich ihn.«

Tschaikowski besuchte auch andere Aufführungen der »Opéra comique« – darunter die Oper *Der schwarze Domino*[62] von Daniel François Auber. Völlig unerwartet für ihn bereitete ihm Charles Gounods Oper *Romeo und*

Julia großen Genuß. »Übrigens muß ich sagen«, bemerkte der Komponist in einem Brief an Sergej Tanejew, »daß Gounod zu den wenigen zählt, die heutzutage nicht in Ausübung vorgefaßter Theorien komponieren, sondern nach Eingebung des Gefühls. Außerdem ist er ein leidenschaftlicher Verehrer Mozarts, und dies beweist die Integrität und Lauterkeit seiner musikalischen Natur.«

Am 13. Februar 1883 starb Richard Wagner. In allen Konzerten, die in Paris stattfanden (unter der Leitung von Jules-Etienne Pasdeloup, Edouard Colonne und Charles Lamoureux) wurden Werke des deutschen Komponisten gespielt. »Was für äußerst seltsame Leute sind doch diese Franzosen«, schrieb er für sich. »Solange Wagner lebte, wollten sie von ihm nichts wissen, und jetzt ist ganz Paris versessen auf Wagner ... Man muß erst sterben, um das Interesse von Paris zu gewinnen.«

»*Für das Heimatland* ...«. Im März sah sich Tschaikowski gezwungen, die Instrumentierung der Oper *Mazeppa* zu verschieben, da neue Aufgaben auf ihn warteten: ein Festmarsch und die Kantate *Moskwa* – beides Auftragswerke. Der von Apollon Maikow verfaßte Text für die Kantate fesselte den Komponisten durch seinen frischen und aufrichtigen Ton und erwies sich als gelungen und stimmungsvoll, tief empfunden und zugleich originell (reimlose Textzeilen im Geist des russischen Epos). Darum sollte auch die Musik »ihren Teil an Gefühl« ausstrahlen.

> Für das Heimatland bin ich zu allem bereit,
> bin bereit, Feuer und Leid zu ertragen,
> denn teuer ist mir nicht irdisches Wohl,
> nicht irdisches Wohl, sondern des Vaterlands Ehre ...

Die ausgesprochen patriotische Haltung, die nicht nur aus diesen Worten, sondern aus dem gesamten Werk des

Dichters spricht, sowie die Lobpreisung Moskaus als Symbol des russischen Staates fanden in Tschaikowskis Denken und Fühlen starke Resonanz. In der Musik der Kantate brachte er Empfindungen zum Ausdruck, die hervorgerufen worden waren durch den Eindruck der grenzenlosen Weite Rußlands, seiner Felder und Wiesen, und von der Majestät russischer Flüsse, insbesondere der Wolga.

Imposant, gesetzt und feierlich erklingt die Orchestereinleitung zum ersten Satz der Kantate (Chor »Aus winziger Quelle«), die in ihrer Intonationsstruktur an die getragenen russischen Volkslieder erinnert. Durch die Entwicklung eines Themas, das den Charakter einer Byline[63] trägt, läßt der Komponist das Klangvolumen allmählich anwachsen und verstärkt dadurch gleichsam räumlich den Eindruck der Weite. Das an den Chor anschließende Mezzosopran-Solo »Das ist kein Sternlein« (gewissermaßen ein Vorbote des Ariosos der Gevatterin aus Tschaikowskis Oper *Die Zauberin*) steht ebenfalls dem getragenen russischen Volkslied nahe. Es wird abgelöst von einem im Bewegungscharakter kontrastierenden Chor auf die Worte »Die Stunde hat geschlagen« – einem schnellen, lebhaften Satz. Danach erklingt wiederum ein langsamer Satz, ein Monolog der Baritonstimme, gefolgt von einem Chor. Dessen Thema, das als epische Erzählung beginnt, gewinnt zunehmend einen dramatisch verdichteten Charakter. Der lyrische Höhepunkt der Kantate – das Mezzosopran-Arioso »Soll ich, o Herr« – bringt eine Stimmung innerer Konzentration und heroischer Haltung in das Werk. Der letzte Satz beginnt mit einem Bariton-Solo, dem der Chor »Durch Rußland ging« folgt. Abgeschlossen wird das Werk von einer feierlichen, festlich strahlenden Coda, in der sich Solostimmen und Chor vereinen: »Heil Dir, Moskau, du Stadt aus weißem Stein!«

Am 15. Mai 1883 wurde die Kantate vom Chor und Orchester des Bolschoi-Theaters unter der Leitung von Eduard Napravník im Facettenpalast des Moskauer Kremls uraufgeführt. Als Solisten wirkten Jelisaweta Lawrowskaja und Iwan Melnikow mit. Einzelne Nummern des Werkes wurden bald danach von zahlreichen Sängern in ihr Konzertrepertoire aufgenommen.

Nachdem Tschaikowski die Kantate und den Festmarsch beendet hatte, arbeitete er intensiv an der Oper *Mazeppa* weiter: Er wollte die gesamte Partitur möglichst schnell abschließen, das fertige Werk nach Rußland mitnehmen und erhoffte sich dessen Aufführung in der kommenden Spielzeit. Am 16. April war die Partitur fertiggestellt. Jetzt konnte die Bearbeitung für Klavier vorgenommen werden.

Seinen 43. Geburtstag feierte Tschaikowski fern der Heimat in Paris, wo er fünf Monate in ständiger Sorge um seine Nichte Tatjana Dawydowa lebte, die ein Kind erwartete. Erst als die Nichte wieder zu Kräften gekommen war, konnte er schließlich die französische Metropole verlassen.

Nach seiner Rückkehr in die Heimat befaßte sich Tschaikowski erneut eifrig mit Angelegenheiten des öffentlichen Musiklebens. Nach wie vor bewegte ihn die Lage am Moskauer Konservatorium. Die Unstimmigkeiten unter den Mitgliedern des Künstlerischen Rates des Konservatoriums dauerten an. Zwischen der Direktion der Russischen Musikgesellschaft und dem Künstlerischen Rat des Konservatoriums gab es Konflikte. Nikolai Hubert, den man nach Nikolai Rubinsteins Tod zum Direktor des Konservatoriums ernannt hatte, war von seinem Amt zurückgetreten und hatte auch seine Professur zur Verfügung gestellt. Tschaikowski richtete jetzt ein ausführliches und dringliches Schreiben an ihn, worin er ihm zuredete, an das Konservatorium zurückzukehren. Außerdem arrangierte er eine Beratung der leitenden Kräfte des Konservatoriums.

Nicht weniger beunruhigte den Komponisten die Zukunft des Musikkritikers Laroche, dessen musikpublizistische Tätigkeit eine gewisse Krise erkennen ließ. Tschaikowski wandte sich an den Direktor des Petersburger Konservatoriums, Karl Dawydow, mit der Bitte, Laroche am Konservatorium als Lehrkraft einzustellen. Dawydow kam dieser Bitte nach, und bereits ab Herbst 1883 unterrichtete Laroche am Petersburger Konservatorium musiktheoretische Fächer. Um den Freund zu musikpublizistischer Tätigkeit anzuregen und ihm dabei zu helfen, schrieb Tschaikowski bei seinen Begegnungen mit Laroche häufig nach dessen Diktat Artikel für Zeitungen und Zeitschriften auf.

Der Musikdramatiker. Im Januar 1884 begannen am Moskauer Bolschoi-Theater die Proben zur Uraufführung der Oper *Mazeppa*. Tschaikowski war bei den Proben ständig im Theater. Auf dem Klavier begleitete er die Sänger, die mit großem Eifer ihre Partien einstudierten. Besonderes Engagement zeigte Emilia Pawlowskaja, die die Rolle der Maria übernommen hatte. Bei der Generalprobe überraschte den Komponisten jedoch die ausgesprochen kühle Aufnahme der Oper seitens des Publikums. Tschaikowski war sehr deprimiert und nervlich stark mitgenommen, obwohl man ihm wie auch den Darstellern viele Ovationen bereitet hatte. Deshalb faßte er sofort nach der Uraufführung, die am 3. Februar stattgefunden hatte, den unabänderlichen Entschluß, ins Ausland zu reisen, um sich dort zu erholen, ohne die Erstaufführung seiner neuen *(Zweiten) Suite* abzuwarten, die für den folgenden Tag angesetzt war. Vor seiner Abreise schrieb er Dankesbriefe an die Mitwirkenden der Moskauer Uraufführung der Oper – an den Dirigenten Ippolit Altani, die Sängerin Emilia Pawlowskaja und die Sänger Bogomir Korsow und P. Borissow – und dankte für ihr Wohlwollen und ihre wunderbare Gestaltung der Rollen. Dem Dirigenten Eduard Napravník teilte er mit, daß er auf Grund seines Gesundheitszustandes nicht zur Petersburger Erstaufführung der Oper *Mazeppa* kommen könne, die am 6. Februar stattfinden sollte.

In Berlin erwartete den Komponisten ein Telegramm seines Bruders Modest mit der Nachricht, daß die Erstaufführung des Werkes in Petersburg erfolgreich verlaufen sei. Von Berlin reiste Tschaikowski nach Paris. Hier mußte er nun sorgenvolle Augenblicke durchmachen: Er erhielt einen Brief des Musikverlegers Jürgenson mit der Nachricht über den Mißerfolg der Oper *Mazeppa* im Petersburger Marientheater, in dem er bedauerte, daß der Komponist bei der Erstaufführung nicht zugegen war. Jetzt begriff er, daß sein Bruder ihn einfach nicht mißmutig stimmen wollte und verfiel in düstere Schwermut. »Glaubst Du wirklich«, antwortete er Jürgenson, »daß ich nicht selbst besser als jeder andere begreife, um wie vieles ich mich bringe und wie ich alle meine Erfolge durch meine unselige Gemütsart lahmlege? ... Nichts kann mich so in Wut bringen wie die Phrase ›du selbst bist schuld‹. Natürlich bin ich es ›selbst‹, aber bin ich daran schuld, daß ich so bin, wie ich bin und nicht anders?« Wie dankbar war er jetzt dem Bruder für dessen Telegramm: »Du hast recht daran getan, daß Du gelogen hast, denn mit der Wahrheit hätte man mich wahrlich erschlagen können . . .«, schrieb er seinem Bruder Modest.

Nach seiner Rückkehr nach Petersburg gewann Tschaikowski die Überzeugung, daß er sein Mißgeschick viel zu pessimistisch gesehen hatte: »›Mazeppa‹ hat hier trotzdem gefallen, und es hat keinerlei Blamage gegeben (wie mir das aus der Ferne schien). Es besteht auch kein Zweifel, daß die hiesige Kritik (die meine arme Oper einstimmig in den Schmutz gezogen hat) nicht die öffentliche Meinung widerspiegelt und daß es trotz allem auch hier nicht

›wenige Leute gibt, die mir sehr viel Wohlwollen entgegenbringen«, berichtete er Frau von Meck. Im Zusammenhang mit der Petersburger Inszenierung der Oper machten sich jedoch in einer Reihe von Szenen gewisse Kürzungen notwendig. Als Tschaikowski diese Arbeit in Angriff nahm, stellte er fest, daß die Änderungen umfassender sein mußten, als es zunächst geplant war. Er ging daran, den Chor im ersten Bild des ersten Aktes, die Szene Mazeppas und Marias im zweiten Bild des zweiten Aktes und die letzte Nummer des dritten Aktes zu kürzen sowie neue Episoden in der Partie der Maria samt ihrem Wiegenlied, mit dem das Werk jetzt abschloß, zu komponieren.

Gegenüber Tschaikowskis vorangehenden Opern zeichnet sich seine siebente Oper durch ihren bedeutsamen musikdramatischen Inhalt aus. Zunächst hatte den Komponisten das »intime Drama« gefesselt – die Tragödie der jungen, zu dem Kosakenhetman Mazeppa in Liebe entbrannten Maria Kotschubej, ihre Leidenschaft, die Anlaß für den Zwist zwischen Marias Vater und Mazeppa bildet. Doch dann diente als Grundlage des Konflikts und der musikalischen Gestaltung des Werkes auch das vielschichtige historische Thema – eines der bedeutendsten Ereignisse im Leben des russischen Volkes im Kampf für die Freiheit seiner Heimat –, sowohl der Sieg unter der Führung des Zaren Peter I. über die schwedischen Eroberer, der in der Zwischenaktmusik »Die Schlacht von Poltawa« prägnanten Ausdruck gefunden hat, als auch die politische Rivalität zwischen Mazeppa und Kotschubej, die zur grausamen Abrechnung mit Marias Vater führt.

In der Oper *Mazeppa* hat der Komponist die Ebene des lyrisch-psychologischen Dramas und die des historischen Dramas organisch verknüpft und dabei eine gründliche Kenntnis der Gesetze der musikalischen Bühnendramaturgie bewiesen. Tschaikowski hatte ein feines Gespür für die Genres der Tragödie und Komödie im Bereich der

Sprechbühne. Er studierte die klassischen Vorbilder auf dem Gebiet der Literatur und Musik und befaßte sich eingehend mit Werken zeitgenössischer Autoren, indem er jede sich bietende Gelegenheit für einen Theaterbesuch nutzte. Das, was er dort optisch und akustisch mit wachen Sinnen aufgenommen hatte, deutete er für seinen Zweck um und ließ es in seinem eigenen Schaffen Gestalt werden. Daher folgt er in der Oper *Mazeppa* den Prinzipien des musikdramatischen Aufbaus und den Prinzipien der Hörerrezeption mit solch ungewöhnlicher Ausdruckskraft.

Ähnlich wie im Leben, wo Tragisches und Komisches direkt nebeneinander liegen, Lustiges und Trauriges einander ablösen und das Neue an die Stelle des Vergänglichen tritt, so bilden gegensätzliche Elemente auch in der künstlerischen Gestaltungsweise des dem Realismus verpflichteten Komponisten das Wesen der Handlungsentwicklung, der Entwicklung der handelnden Personen und ihrer Charakterisierung. So folgen beispielsweise auf die von Zartheit, Leidenschaft und Sehnsucht erfüllten Liebesszenen ausgesprochen dramatisch verdichtete Episoden: etwa die Szene Marias mit ihrer Mutter (in der die Tochter von der bevorstehenden Hinrichtung des Vaters auf Beschluß ihres Geliebten erfährt) und danach die tragische Szene der öffentlichen Hinrichtung Kotschubejs. Diese Episode entwickelt sich zügig zu einer Massenszene mit genial konzipierter Kontrastwirkung im Ausdruck der Tragödie, was durch das ausgelassene Lied eines betrunkenen Kosaken hervorgehoben wird.

Das Neuartige im Schaffen des Komponisten, dem es darum ging, der Oper ebenso wie dem Ballett eine echt sinfonische Entwicklung zuteil werden zu lassen, wird besonders in der Hinrichtungsszene deutlich. Im Wechsel und Aufeinanderprall scharf konturierter Situationen wird hier eine ungemein differenzierte Skala von Empfindungen und Stimmungen wiedergegeben: der feierliche Einzug

Mazeppas und seines Gefolges auf den Platz, das Warten auf die Hinrichtung, das Erscheinen des Henkers, das Gebet Kotschubejs und Iskras[64], der Auftritt Marias und ihrer Mutter auf dem Platz während des Vollzugs der Hinrichtung, die Rufe der erschütterten Menge und Marias Wahnsinnsanfall. Die gesamte Szene vollzieht sich an Hand der Entwicklung des Themas in einen pompösen Marsch, der in seinem Gestus ganz verschiedene Charaktere erlangt und zum Schluß drohend düster ausklingt. Das Neuartige im Schaffen des Komponisten kommt auch in der letzten Szene des Werkes zum Tragen, die ein für eine Oper ungewöhnliches Finale bildet. Es ist eine im wahrsten Sinne des Wortes tragische Szene: Die wahnsinnig gewordene Maria singt friedlich für den von Mazeppa getöteten Andrej ein zartes Wiegenlied. (Wie der sowjetische Musikforscher Boris Assafjew treffend bemerkt hat, verallgemeinert diese Finalszene »den ganzen schrecklichen Sinn der Oper«: »Die unschuldige, heitere und reine Seele diese Mädchens hat man frech und zynisch vergewaltigt, umhergeworfen, beschmutzt, mit übermenschlichen Schrecken und Heimsuchungen gequält und zum Wahnsinn getrieben, aber man hat nicht vermocht, ihr neben dem Verstand auch das weibliche Fühlen und Denken, die weibliche Anhänglichkeit und das zärtliche ›Ruhe, Ruhe du‹ wegzunehmen.«)

Solcherart treffend und feinsinnig gestaltete Situationen hat Tschaikowski mitunter auch im Widerspruch zu den Wünschen und Absichten der Librettisten in seine musikalischen Bühnenwerke eingefügt und die Notwendigkeit solcher Situationen verteidigt (das gilt sowohl für die Oper *Die Zauberin* als auch für die Oper *Pique Dame*, die beide später entstanden). Zur musikalischen Charakterisierung Mazeppas verwendete der Komponist lyrische Momente, die für die Gestalt des Kosakenhetmans auf den ersten Blick scheinbar völlig unzutreffend sind. Die zarte Liebeserklärung, die in Mazeppas Arioso »O Maria, Maria« zum Ausdruck kommt, das durch seine hinreißende Leidenschaft und sein poesievolles Empfinden bezaubert, unterstreicht indes die Grausamkeit des Despoten nur noch schärfer.

Im musikalischen Aufbau der Oper *Mazeppa* hat Tschaikowski den Volksszenen einen gewichtigen Platz zugewiesen. Die Mädchen- und Frauenchöre des ersten Aktes (der lyrische Chor »Duft'ge Blumen wind' ich heut in mein Kränzlein« und der von Trauer erfüllte Chor »Ziehen trübe im Herbstwind die Wolken hin«, die in ihrer Intonationsstruktur dem ukrainischen Volkslied nahestehen), den in seinem ungestümen Drang unheilkündenden ukrainischen Tanz Hopak sowie die große Massenszene bei dem Vollzug der Hinrichtung im zweiten Akt – dies alles hat der Komponist in das große Ganze der musikalischen Dramaturgie der Oper eingefügt und dadurch das Konfliktelement innerhalb der szenischen Situationen und in der Entwicklung der Handlung verstärkt.

In größerem Maße als in seinen anderen Opern hat Tschaikowski die Oper *Mazeppa* mit selbständigen sinfonischen Episoden versehen. Die breit angelegte Introduktion stellt der Vorstellung des Komponisten zufolge Mazeppa und »den berühmten rasenden Galopp auf dem Pferde« dar. Besonders bedeutsam sind die Einleitung zum ersten Bild des zweiten Aktes (Szene im Gefängnis, in dem der zum Tode verurteilte Kotschubej sitzt), die zum zweiten Bild des zweiten Aktes (Bild einer ukrainischen Nacht) und schließlich die zu Beginn des dritten Aktes (»Schlacht von Poltawa«).

Nach Beendigung der Oper *Mazeppa* und der *Zweiten Suite* faßte Tschaikowski die Komposition eines neuen sinfonischen Werkes ins Auge und begann dafür Material zu sammeln. Zunächst hatte er noch keine klare Vorstellung, ob es eine Sinfonie oder wiederum eine Suite werden sollte. Das Genre der Suite war ihm besonders sympathisch geworden, und zwar wegen der Freiheit, welche dieses Genre dem Komponisten gewährt – brauchte er hier doch auf Traditionen und konventionsgebundene Mittel und Regeln keine Rücksicht zu nehmen und sich nicht beengt zu fühlen. Ende des Monats stand die Form des Werkes fest: es wurde eine viersätzige Suite, deren Finalsatz ein Thema mit Vatiationen bildet.

Als Tschaikowski im Juli die Partitur der Suite abgeschlossen hatte, nahm er unverzüglich die Arbeit an einer Konzertfantasie für Klavier und Orchester auf. Mitte September war das neue Werk fertig. Bis zum Jahresende komponierte er dann noch weitere Werke: eine Zwischenspielmusik für Streichorchester unter dem Titel *Dankesgruß* zur Feier des fünfzigjährigen Bühnenjubiläums des bekannten russischen Schauspielers I. Samarin sowie eine Liedersammlung, in die er folgende Vokalstücke aufnahm: »Sag' worüber im Schatten der Zweige« (auf Verse von Wladimir Sollogub), »Auf gelben Fluren« (auf Verse von Alexej Tolstoi), »Frag nicht« (auf Verse von Alexander Strugowschstikow), »Schlaf' ein!«, »Der Tod« (auf Verse von Dmitri Mereshkowski) und »Nur du allein« (auf Verse von Alexej Pleschtschejew).

DER KÜNSTLER
IM DIENST SEINER HEIMAT

Der Musiker als Persönlichkeit des öffentlichen Lebens. Nach seiner Wahl in die Direktion der Moskauer Sektion der Russischen Musikgesellschaft und anschließend als Ehrenmitglied des Moskauer Konservatoriums nahm Tschaikowski in noch stärkerem Maße als zuvor Anteil am öffentlichen Musikleben der zweiten russischen Hauptstadt[65] und an den Belangen ihrer musikalischen Bildungsstätte. Ab 1885 war er bei den Abschlußprüfungen ständig dabei, beteiligte sich an der Diskussion verschiedener Fragen, die mit verwaltungstechnischen Dingen zusammenhingen, und setzte sich dafür ein, daß Sergej Tanejew zum neuen Direktor des Moskauer Konservatoriums ernannt wurde, dem er dann mit Rat und Tat zur Seite stand. Um die Autorität seines ehemaligen Schülers zu unterstützen, übernahm Tschaikowski, ohne dafür eine Vergütung zu beanspruchen, eine Meisterklasse für Komposition (mußte jedoch bald danach auf die Professur verzichten, da laut Statut der Russischen Musikgesellschaft eine Verbindung von pädagogischer Tätigkeit und Leitungsfunktion nicht zulässig war). Tschaikowski vertrat die Meinung, daß Tanejew als Direktor sowohl der Öffentlichkeit als auch dem Konservatorium mehr dienlich sein könne. Studenten des Konservatoriums zahlte er aus eigener Tasche Stipendien, beteiligte sich an der Aufstellung von Konzertprogrammen, führte Gespräche und Schriftwechsel mit Sängern und Instrumentalisten über ihre Auftritte in Moskau und verhandelte mit namhaften Pädagogen über die Aufnahme einer Lehrtätigkeit am Konservatorium (darunter auch mit dem Pianisten Wassili Safonow, der zunächst Professor und später Direktor der Musikhochschule wurde). Das Niveau des »Studienbetriebs« am Konservatorium war in diesen Jahren sehr beachtlich. Mit Befriedigung konnte Tschaikowski feststellen, daß »trotz des unersetzbaren Verlustes Rubinsteins das Konservatorium nicht nur existiert, sondern, dem im Vergleich zum früheren Stand gestiegenen Niveau der Begabungen nach zu urteilen, einem tatsächlich vorhandenen Bedürfnis nach einer solchen Institution entspricht«.

Bei einer Sitzung des Direktoriums der Moskauer Sektion der Russischen Musikgesellschaft, die der Vorbereitung der nächsten Konzertsaison (1889/90) diente, unterbreitete Tschaikowski den Vorschlag, einen neuen Dirigenten – irgendeinen berühmten Musiker – sowie für jedes Konzert namhafte Interpreten einzuladen, um somit eine größere Zahl von Musikfreunden an die gehobene Kunst heranzuführen. Da Tschaikowski mit vielen Musikern in Verbindung stand, engagierte er diese für Konzerte. So konzertierten in Moskau auf seine Initiative hin Musiker aus verschiedenen Ländern: tschechische Künstler wie der Komponist Antonín Dvořák, die

Sängerin Bertha Foerstrová-Lautererová, der Sänger L. Florianski, der Geiger Carl Halíř und der Cellist Hanus Wihan; deutsche Musiker wie der Geiger Willy Burmester (den Tschaikowski auch Bülow und Colonne empfahl) und die Pianistin Sophie Menter; französische Musiker wie der Dirigent Edouard Colonne und der Flötist Claude Paul Taffanel sowie der schottische Pianist Frederic Lamond und andere.

Als Vertreter des Direktoriums der Moskauer Sektion der Russischen Musikgesellschaft reiste Tschaikowski nach Smolensk, um an der Enthüllung eines Glinka-Denkmals teilzunehmen, das der Bildhauer A. Bok geschaffen hatte. Der feierliche Akt, der am 20. Mai 1885 stattfand und alle prominenten russischen Musiker zusammenführte, gestaltete sich zu einem Musikfest mit landesweiter Bedeutung.

Dem unermüdlich tätigen, seiner Umwelt gegenüber stets aufgeschlossenen Komponisten, der jederzeit mit großer Anteilnahme auf menschliches Leid und Armut reagierte, konnte das Schicksal der Menschen, die um ihn lebten, nicht gleichgültig sein. Nachdem er im Februar 1885 in dem Dorf Maidanowo bei Klin[66] seinen Wohnsitz genommen hatte (dies war der erste Ort, wo er wirklich »ansässig« wurde), unternahm er nach alter Gewohnheit ständig längere Spaziergänge in die Umgebung des Ortes, wobei sich ihm natürlich Gelegenheit bot, das Leben der bäuerlichen Bevölkerung voller Mitgefühl zu beobachten. »Die Bauernhütten im hiesigen Dorf sind ganz armselig, klein und dunkel. Die stickige Luft darin muß schrecklich sein, und wenn man bedenkt, daß die Bauern dazu verurteilt sind, acht Monate in dieser Dunkelheit und Enge zu verbringen – dann wird einem ganz weh ums Herz. Ich weiß nicht, weshalb das so ist, aber die Leute sind hier besonders arm. Das Land, das ihnen nach der Aufteilung des Bodens von der Gutsbesitzerin zugeteilt wurde, ist schlecht und unfruchtbar – reiner Sand. Es gibt keinen Wald und keinerlei Erwerbsmöglichkeiten, so daß die meisten Leute Not leiden. Um so erstaunlicher ist es, daß alle – sowohl die alten Leute und die Erwachsenen als auch die Kinder – glücklich und zufrieden aussehen: sie klagen nicht über ihr trauriges Los, und je weniger sie Unzufriedenheit über ihr Leben äußern, desto mehr Mitleid habe ich mit ihnen und bin gerührt über die Demut und Geduld des einfachen russischen Menschen. Bei den Kindern findet man viele sympathische Gesichter. Eine Schule existiert nicht. Die nächste Schule liegt sechs Werst entfernt. Es jammert einen, diese Kinder zu sehen, die dazu verurteilt sind, materiell und geistig zu verkümmern. Man möchte etwas tun und fühlt die eigene Machtlosigkeit«, schrieb Tschaikowski an Frau von Meck. Dann führte er mit dem Priester von Maidanowo, J. Bogoljubski, Gespräche über die Einrichtung einer Schule, für deren Unterhalt er sich verpflichtete, jährlich die notwendige Summe zu spenden. Nach anfänglichen Schwierigkeiten wurde dafür die Genehmigung erteilt und am 20. Januar 1886 in einem an der Kirche gelegenen Wächterhäuschen in Maidanowo eine Schule eröffnet. 28 Jungen und Mädchen fanden sich ein. Tschaikowski nahm an den ersten Unterrichtsstunden teil, um zu sehen, wie der Unterricht verläuft. Auch später interessierte er sich für den Unterricht, den die Schüler an »seiner« Schule genossen.

Die wichtigsten größeren Werke, die in den ersten zwei Jahren seines Aufenthalts in Maidanowo entstanden, waren die Oper *Die Pantöffelchen* – die zweite Fassung seiner Oper *Wakula der Schmied* –, die Sinfonie *Manfred* und die Oper *Die Zauberin*. Von den anderen Kompositionen, die damals entstanden, wurden das Klavierstück »Dumka« (russische ländliche Szene) sowie eine Reihe von Liedern populär: »Die Nachtigall« (auf Verse von Alexander Puschkin), »Ich werd' Dir nichts sagen« (auf Verse von

Afanassi Feth), »Oh, wenn ihr wüßtet« und »Uns glänzten milde Sterne« (auf Verse von Alexej Plestschejew) sowie »Die Nacht« (»Weshalb lieb' ich dich, helle Nacht«) und »Hinterm Fenster im Schatten schimmert« (auf Verse von Jakow Polonski).

Die Tragödie des zeitgenössischen Helden. Das Programm für die *Manfred-Sinfonie* hatte Mili Balakirew (dem das Werk auch gewidmet ist) nach dem gleichnamigen dramatischen Poem von George Byron zusammengestellt und Tschaikowski übergeben. Dieser fühlte sich vom Schicksal des Byronschen Helden gefesselt: von dessen Kampf auf Leben und Tod, dessen Drang nach Glück und Freiheit trotz des unvermeidlichen tragischen Ausgangs und dessen Untergang beim Zusammenprall mit unerbittlichen Mächten. Gegenüber Goethes *Faust* gab Tschaikowski dem Helden Byrons den Vorzug. »Manfred ist kein gewöhnlicher Mensch«, erläuterte er seine Interpretation über den Helden des englischen Dichters in einem seiner Briefe. »In ihm hat Byron, wie mir scheint, mit erstaunlicher Kraft und Tiefe die ganze Tragik des Kampfes unserer Nichtigkeit mit dem Streben nach Erkenntnis der schicksalshaften Fragen des Seins personifiziert . . . Man sagt, daß Goethe Byron beneidet habe (dem er übrigens vorwarf, daß die Idee des ›Manfred‹ die gleiche sei, wie in dem zuvor gedichteten ›Faust‹) und geäußert habe, daß Manfreds Vorzug gegenüber seinem (d. h. Goethes – *d. Ü.*) Helden darin bestehe, daß ersterer sich im Kampf mit dem Teufel diesem nicht unterworfen habe, während Faust sich ihm mit Haut und Haar ergeben hat.«

Der musikalische Kerngedanke des Werkes ist mit dem Thema Manfreds (genauer gesagt mit dem Leitthema) verbunden, das aus zwei Episoden besteht. Die erste dieser Episoden trägt mutig-konzentrierten Charakter (sie wird gewöhnlich »Thema der Gedanken Manfreds« genannt).

Die zweite Episode ist von verzweifelten Rufen erfüllt und von Leid gezeichnet (»Thema der Beschwörung«). Indem der Komponist das Leitthema entwickelt, bietet er eine ununterbrochen durchgehende Charakterisierung der Gestalt des rastlosen, leidenden, kämpfenden und liebenden Helden. Der Gestalt Manfreds ist die Gestalt der Astarte gegenübergestellt. Sie ist die Verkörperung des ewig Weiblichen und Schönen in seiner Zartheit und alles verzeihenden Liebe. Auf Astartes Thema wie auch auf viele andere lyrische Themen Tschaikowskis könnte man Puschkins Ausspruch beziehen: »Meine Trauer ist licht.« Aus dem angsterfüllten Beben ihrer Melodie sprechen sowohl Trauer und Klage als auch leidenschaftlicher Drang nach Glück.

Tschaikowski hat *Manfred* als Sinfonie bezeichnet. Im Aufbau des viersätzigen Werkes (vier Bilder) ist er jedoch vom traditionellen Weg der sinfonischen Gestaltung abgewichen. Im ersten Satz werden an Stelle der üblichen Form des Sonatenhauptsatzes zwei große Abschnitte gegenübergestellt und ein kurzer Schlußteil, ein Epilog, hinzugefügt, der auf dem Hauptthema des ersten Abschnitts basiert. Typisch für eine Sinfonie sind lediglich die Mittelsätze (der zweite – ein Scherzo und der dritte – ein Pastorale), obwohl auch diese in der Gesamtstruktur des Werkes gewissermaßen ein Ganzes darstellen und den Mittelabschnitt der Form bilden (das Finale, das thematisch an den ersten Satz anklingt, steht in derselben Tonart und dient im wesentlichen als allgemeiner Abschluß des Werkes). Somit spannt sich vom ersten Satz zum Finale gleichsam ein Bogen, und es zeichnet sich im ganzen eine dreiteilige Form ab. Deshalb stellen alle vier Sätze ungeachtet ihrer selbständigen Anlage in ihrer organischen Einheit ein geschlossenes Ganzes dar. Eine weitere spezifische Besonderheit dieses sinfonischen Poems ist in der bühnenartigen Plastik der Klangbilder im Finale zu sehen

– in der geradezu »visuell wahrnehmbaren Prägnanz« der musikalischen Charakterisierungen und einzelnen Episoden aus dem Leben des Helden.

Die Uraufführung des *Manfred* fand am 11. März 1886, dem 5. Todestag Nikolai Rubinsteins, unter der Leitung von Max Erdmannsdörfer in Moskau statt. Im gleichen Jahr erklang das Werk in Pawlowsk und Petersburg unter der Leitung von Anton Rubinstein, in Tiflis (unter Leitung von Michail Ippolitow-Iwanow) sowie in New York (dirigiert von Theodore Thomas).

Sofort nach den ersten Aufführungen fand das Werk hohe Anerkennung. In der »Musikalischen Rundschau« las der Komponist einen begeisterten Artikel von César Cui, der sich über Tschaikowski selten so wohlwollend geäußert hatte. Cui wies auf die tiefschürfende künstlerische Idee und die Einheit von Themenverarbeitung, meisterhafter Satztechnik und Instrumentierung hin und hob hervor, daß die neue Sinfonie einen weiteren wertvollen Beitrag des Komponisten zur russischen sinfonischen Musik darstellt. Ihre Bewunderung für das Werk brachten auch die Mitglieder des Orchesters während der Probe und nach dem Konzert zum Ausdruck. Kurze Zeit später erhielt Tschaikowski einen Brief des Komponisten Alexander Glasunow, der über die in dem Werk verwendeten neuen Mittel der Orchestrierung und die Einbeziehung relativ selten erklingender Musikinstrumente des Lobes voll war. Doch nicht nur die meisterhafte Orchestrierung bestimmte die künstlerische Qualität dieser Sinfonie. *Manfred* bildet einen Markstein auf Tschaikowskis künstlerischem Weg zu den Gipfeln seines Schaffens – der Oper *Pique Dame* und der *Sechsten Sinfonie*. Schon in *Manfred* machte sich sowohl der konzentrierte Ausdruck der Idee des Tragischen in der Person des realen zeitgenössischen Helden als auch das Problem Leben und Schaffen sowie die künstlerische Gestaltung dieser Idee in neuer Form geltend.

Das musikalische Volksdrama. Die Oper *Die Zauberin* wurde viele Jahre nach ihrer Entstehung als »erster wahrer Roman auf der russischen Musikbühne« bezeichnet. Die Handlung der Oper spielt im 15. Jahrhundert. In der Nähe von Nishni Nowgorod[67], an einer Fähre über die Oka, liegt ein Wirtshaus. Die Wirtin – die junge Witwe Nastasja, genannt Gevatterin – gilt im Volk aufgrund ihrer Schönheit und ihrer Güte als Zauberin. Sie hat den alten Fürsten Kurljatjew, den Statthalter in Nishni Nowgorod, und auch den Fürstensohn Juri bezaubert, selbst aber nur den letzteren liebgewonnen. In einem Racheakt für den Fürsten und das ganze Fürstengeschlecht vergiftet die hochmütige alte Fürstin die junge Nastasja, während der eifersüchtige Vater den Sohn tötet.

Als Tschaikowski I. Schpashinskis Drama *Die Zauberin* kennenlernte, das im Moskauer Kleinen Theater gegeben wurde, überraschte ihn vor allem die latente Kraft sittlicher Schönheit bei der Heldin, was seinem »Grundbedürfnis« entgegenkam, in der Musik »das ewig Weibliche« (Goethe) zu offenbaren. Die Umgestaltung des Dramas zu einem Opernlibretto nahm der Komponist sogleich gerade unter diesem Gesichtspunkt vor.

Als Tschaikowski der Sängerin Emilia Pawlowskaja, der späteren ersten Darstellerin der Titelpartie den Inhalt der Oper erzählte, beschrieb er ihr eingehend, wie er diese Gestalt auffaßte: »Im tiefsten Inneren dieses in schlechtem Rufe stehenden Frauenzimmers ruht sittliche Kraft und Schönheit, der sich bislang nur keine Gelegenheit bot, sich zu äußern. Diese Kraft liegt in der Liebe. Nastasja ist eine starke weibliche Natur, die nur ein für allemal zu lieben und dieser Liebe alles zu opfern vermag ... Der Umstand, daß die kraftvolle Schönheit des Weiblichen sich bei Nastasja sehr lange unter dem Mantel des lockeren Frauenzimmers verbirgt, verstärkt eher noch die szenische Attraktivität dieser Gestalt.

Weshalb lieben Sie die Rolle der Traviata? Weshalb müssen Sie die Carmen lieben? Aus dem Grunde, weil man in diesen Gestalten unter der rauhen Schale Schönheit und Kraft fühlt.« (Jahre später, bereits nach Entstehung der Opern *Pique Dame* und *Jolanthe*, während der Arbeit an seiner *Sechsten Sinfonie*, wandte sich Tschaikowski an seinen Bruder Modest mit der Bitte, das Libretto für eine künftige Oper ausfindig zu machen, wobei er erneut an die ihn fesselnde Gestalt der Carmen dachte: »Suche oder erfinde ein Sujet . . . etwas in der Art der ›Carmen‹ oder der ›Cavalleria rusticana‹[68].«)

Die Tragödie der Nastasja – einer einfachen Frau aus dem Volk mit stolzem, freiheitsliebendem Charakter – faßte der Komponist als soziale Tragödie auf (in diesem Sinne knüpft die *Zauberin* an Tschaikowskis Oper *Der Leibwächter* an) und komponierte diese Oper als Volksdrama, als Bild aus dem Volksleben. Heldin und Volk sind hier nicht voneinander zu trennen. »Die Leute würden nicht zulassen, daß ich gekränkt werde«, sagt sie zu dem Fürstensohn Juri, und in der Tat sind die Leute bereit, die Gevatterin vor dem Zorn des Statthalters zu schützen. Die Leute warnen die junge Frau vor der drohenden Gefahr (die Fürstin hat ihren Sohn geschickt, um Nastasja zu töten) und helfen ihr, mit dem Geliebten zu fliehen.

(Einer treffenden Bemerkung J. Rosanowas zufolge verknüpft die musikalische Gestalt der Nastasja Tiefe und Kraft »des Lyrischen mit epischer Würde, die aus dem volksverbundenen Wesen dieser Gestalt resultiert. Leidenschaftlichkeit und Integrität des Naturells verbindet die Gevatterin mit anderen Heldinnen des Komponisten – mit Maria, Jeanne d'Arc und Natascha im ›Leibwächter‹ –, doch treten die volkshaften Züge bei keiner der genannten Gestalten so offen und unmittelbar in Erscheinung wie bei der Nastasja.«)

Bei der mit I. Schpashinski gemeinsam durchgeführten Arbeit am Libretto war Tschaikowski darauf bedacht, das Volk in die Handlung aktiv eingreifen zu lassen. Zwecks Ergänzung des Geschehens fügte der Komponist persönlich die Szene des Volksaufruhrs gegen die Bedrückung und Unterjochung seitens des Statthalters ein (zweiter Akt). Tschaikowski wollte die Tragödie als »Sache des ganzen Volkes« schließen lassen, wollte, daß das Volk Zeuge der vom Fürsten und dessen Frau begangenen Verbrechen wird. Diese Absicht des Komponisten konnte der Librettist indes nur teilweise erfüllen. (Nebenbei gesagt ist es Tschaikowski nicht gelungen, von Schpashinski die im Unterschied zu einem Drama für eine Oper unabdingbare »Gedrängtheit und Zügigkeit des Handlungsverlaufs« zu fordern und Wortschwall sowie Überdehnungen zu vermeiden.)

Die vier Akte der *Zauberin* hat Tschaikowski nicht in Bilder gegliedert. Er bietet vielmehr eine fortlaufende Entwicklung der Handlung: Massenszenen wechseln mit Ensemble- oder Soloszenen. Insbesondere hervorzuheben ist die eindrucksvolle Szene Nastasjas und des Fürstensohns Juri (im dritten Akt), in der es zum Aufeinandertreffen und Kampf zweier Charaktere mit jeweils kompliziertem und vielfachem Wechsel der Gefühle sowie feinsten Stimmungsnuancen und Verhaltensweisen der Helden kommt: Zorn und Drohungen, Spott und Ironie, flehentliches Bitten, innere Bewegung und aufkeimende Liebe, scheues Liebesgeständnis und leidenschaftliches Empfinden lösen einander ab und kuliminieren in einem Glücksrausch.

Ein besonders charakteristisches Merkmal der musikalischen Dramaturgie der *Zauberin*, welches das Leben des Volkes widerspiegelt, ist die liedhafte Anlage. In den breit ausgebauten Volkschorszenen des ersten Aktes verwendet Tschaikowski mit Vorliebe charakteristische Genres der russischen Volksmusik: das Reigenlied, das Preislied, das lyrische und das Tanzlied und sogar die sogenannte Tschastuschka[69]. Mit dem Genre des getragenen lyrischen Liedes verbindet der Komponist den ersten Auftritt der Protagonistin auf der Bühne und ihre Arie, die den Mittelpunkt des ersten Aktes bildet:

>»Wenn vom Hügel dort
>in das Tal ihr schaut,
>wo die Wolga fließt, unser Mütterlein,
>und mit ihrem Arm liebevoll umfaßt
>unsern Oka-Fluß, hier vor unserm Haus,
>schwindet wie von selbst alles Ungemach!
>Was euch schwer bedrückt,
>das fällt ab von euch.
>Euer Blick umfaßt die Unendlichkeit!
>Und ihr schaut entzückt,
>so weit das Auge reicht!
>Euer Herz wird weit, euer Atem frei!
>Wie der Aar sich kühn
>auf zur Sonne schwingt,
>sehnt die Seele sich in die weite Ferne!
>von der Erde losgelöst,
>steht ihr kühn,
>harret sehnsuchtsvoll
>und erwartungsbang
>auf das Wunder!«

Breit und ungebunden wirkt die endlos fließende Melodie dieser Arie (eine Melodie, die schon zuvor in der Ouvertüre zur Oper erklungen ist). In der hinreißenden Musik mit ihrem erhabenen, poetisch verdichteten Stimmungsgehalt und der Verwandtschaft dieser schönen Melodie mit russischen Volksliedern gelang es dem Komponisten auch seiner eigenen Begeisterung Ausdruck zu verleihen, die er beim Anblick der russischen Natur empfand, als er eine Fahrt auf der Wolga unternahm: »In der Tat, ›Mütterchen Wolga‹ ist etwas Grandioses, Majestätisch-Poetisches. Das rechte Ufer ist bergig und bildet häufig sehr schöne Landschaften . . . Aber nicht die Berge machen das Schöne aus, sondern diese grenzenlose Weite . . .« Mit liedhaften Elementen stattet der Komponist auch in den folgenden Akten der Oper alle Chor-, Ensemble- und Solonummern aus und erreicht den Höhepunkt liedhafter Gestaltung in Nastasjas Arie »Bist mir fern, mein Geliebter?« (im letzten Akt), wobei er eine authentische russische Volksweise verwendet.

Die Uraufführung der Oper fand am 20. Oktober 1887 im Petersburger Marientheater statt. Die ersten vier Vorstellungen dirigierte der Komponist selbst. Bei der Aufführung wirkten bekannte russische Sänger und Sängerinnen jener Zeit mit – so Emilia Pawlowskaja als Zauberin, Iwan Melnikow als Fürst, M. Wassiljew III. als Fürstensohn, Maria Slawina als Fürstin und Fjodor Strawinski als Mamyrow. Im gleichen Jahr wurde die *Zauberin* auch in Tiflis gegeben und drei Jahre später erstmals am Moskauer Bolschoi-Theater inszeniert.

Die alte Zeit in neuzeitlicher Bearbeitung. Im Sommer 1887 setzte Tschaikowski eine schon seit längerer Zeit gehegte Absicht in die Tat um – er schrieb eine Suite auf Themen von Mozart. Die Erstausgabe der Partitur des neuen Werkes versah er mit folgendem Vorwort: »Eine große Zahl ganz vortrefflicher kleinerer Kompositionen Mozarts sind aus unerklärlichem Grunde nicht nur dem Publikum, sondern auch den meisten Musikern völlig unbekannt geblieben.

Der Arrangeur der ›Mozartiana‹ benannten Suite hatte die Absicht, für eine häufigere Darbietung dieser Perlen des Musikschaffens, die ihrer Form nach anspruchslos sind, aber mit unermeßlichen Schönheiten aufwarten, neuen Anlaß zu geben.«

Für die aus vier Sätzen bestehende Suite wählte Tschaikowski solche Themen, die die alte Zeit besonders sinnfällig kennzeichnen sollten. Der erste Satz ist eine schnelle, zügig ablaufende Gigue, der zweite – ein schwebendes Menuett, der dritte – ein »Gebet« (auf das Thema eines geistlichen Chorsatzes von Mozart) und der vierte – ein Thema mit Variationen [dabei handelt es sich um eine Bearbeitung von Variationen über ein Thema aus Christoph Willibald Glucks Singspiel *La rencontre imprévue* (»Die unerwartete Begegnung«)]. Die alte Zeit wollte der Komponist jedoch *in neuzeitlicher Bearbeitung* präsentieren und stellte sie deshalb nicht nur mit den Mitteln der Orchestertechnik, die ihm seine eigene Epoche in die Hand gab, vor, sondern auch durch eine Anordnung der Sätze, die nicht der Tradition folgt. So setzte er die Gigue, die gewöhnlich am Schluß einer Suite steht, an den Anfang, was dem ganzen Werk sogleich einen lebhaften, festlichen Stimmungscharakter verleiht.

Die Uraufführung der *Mozartiana*, die im November 1887 in Moskau erfolgte, dirigierte Tschaikowski selbst. Die Suite wurde von den Hörern mit Beifall aufgenommen. Auf Verlangen des Publikums wiederholte der Dirigent den dritten Satz. Wenig später brachte Tschaikowski sein neues Werk auch in Petersburg zur Aufführung. (Jahre danach schrieb Edvard Grieg: »Der russische Komponist Tschaikowski hat mit feinem Geschick und mit großem Takt einen Teil mehr oder weniger bekannter Chor- und Klavierstücke Mozarts in einer Orchestersuite zusammengeschlossen und mit einer modernen Instrumentation versehen ... Gegen eine solche Modernisierung eines alten Meisters, die zum Ausdruck des Entzückens vorgenommen ist, läßt sich absolut nichts einwenden.«)

Ende der achtziger Jahre des 19. Jahrhunderts konnte sich Tschaikowski mehrfach davon überzeugen, daß sein Name weltweit bekannt geworden war, und zwar nicht nur in Musikerkreisen, sondern auch in breiten Schichten der Gebildeten. Eine Bestätigung dafür waren die Ovationen, die ihm bei Konzerten und Bühnenvorstellungen zuteil wurden, in denen seine Werke zur Aufführung gelangten. Seinen hohen künstlerischen Ruf bezeugen auch Briefe, die der Komponist von namhaften Musikern, Schriftstellern, Dichtern und anderen führenden Repräsentanten der Literatur und Kunst erhielt. Nicht minder wertvoll für Tschaikowski waren aber auch entsprechende Äußerungen von Verehrern seines Schaffens unter der russischen Intelligenz, die aus einfachen Kreisen stammten. »Ich setze mich hin und wieder ans Klavier und lasse mich weit, weit von der Jurisprudenz und den argen mißlichen Umständen des derzeitigen öffentlichen Lebens forttragen«, schrieb ihm voll Dankbarkeit Anton Gerke, sein alter Studienkamerad an der Petersburger Rechtsschule. »Dank sei auch denen, und darunter an erster Stelle Dir, die es durch ihre Werke möglich gemacht haben, daß ein russischer Werktätiger, der die Musik liebt, in ›russischer Musik‹ Kraft und Trost finden kann.«

Tschaikowski wußte allerdings nicht, daß der russische Schriftsteller Iwan Turgenjew bereits im Jahre 1878 Lew Tolstoi in einem Brief aus Paris berichtet hatte, wie bekannt der russische Komponist im Ausland ist: »Tschaikowskis Name hat hier nach den russischen Konzerten im Trocadéro[70] sehr an Bedeutung zugenommen. In Deutschland findet er längst, wenn nicht Hochschätzung, so doch Aufmerksamkeit. In Cambridge sagte mir ein Engländer, ein Musikprofessor, allen Ernstes, daß Tschaikowski die bedeutendste musikalische Persönlichkeit der Gegenwart sei.«

Im Laufe der Jahre verstärkte sich die Autorität des Komponisten. Immer häufiger erhielt er Einladungen, bei

Konzerten, in denen seine Werke gespielt wurden, dabeizusein oder als Dirigent mitzuwirken. 1887 begann eine neue Etappe seines künstlerischen Wirkens – seine Tätigkeit als Dirigent.

Der Dirigent als Wegbereiter russischer Musik. In Tschaikowskis Dirigententätigkeit trat eine weitere Seite seines musikalischen Talents zutage. Er war nicht nur ein Komponist, der ans Pult trat, damit unter seiner Leitung ein eigenes Werk erklingt, sondern er war einer jener Interpreten, die ihr Amt sowohl fachkundig als auch mit hoher Begabung ausübten. Nachdem er sich schon in seiner Jugend als Dirigent erprobt hatte, gewann er zunehmend die Überzeugung, daß trotz Lampenfieber und Angst vor dem Publikum in ihm eine interpretatorische Gabe steckt. Tschaikowski beschloß, diesen psychologisch zwar schwierigen, wegen seiner verantwortungsvollen Aufgabe aber anziehenden Weg zu gehen, auf dem er zur Verbreitung der Musik seines Landes beitragen konnte: »Wenn ich der Vergrößerung des Ruhmes der russischen Musik dienlich sein kann – ist es da nicht geradezu meine Pflicht, alles stehen- und liegenzulassen . . . und dorthin zu eilen, wo ich für meine Kunst und mein Land nützlich sein kann.«

Von Probe zu Probe, Konzert zu Konzert und Aufführung zu Aufführung wurde der Komponist sicherer und ruhiger. Nach seinen Auftritten im Moskauer Bolschoi-Theater als Dirigent der Oper *Die Pantöffelchen* (am 19., 23. und 27. Januar 1887) stellte er mit Zufriedenheit fest, daß ihm das Dirigieren zwar gewisse Mühe mache und die Anspannung des ganzen Nervensystems erfordere, gleichwohl aber auch beträchtliche Freude bereite: »Erstens ist es mir angenehm, mit dem Bewußtsein zu leben, daß ich meine angeborene krankhafte Schüchternheit bezwungen habe. Zweitens ist es für den Schöpfer einer neuen Oper außerordentlich wohltuend, den Ablauf seines Werkes selbst zu leiten und nicht gezwungen zu sein, immerfort an den Dirigenten heranzutreten, um ihn zu bitten, diesen oder jenen Fehler zu korrigieren, und drittens sehe ich auf Schritt und Tritt von allen Beteiligten solch aufrichtige Bekundungen der Sympathie gegenüber meiner Person, daß ich davon tief gerührt und bewegt bin.«

Nach dem ersten Dirigat in Petersburg, das 1887 stattfand, schrieb Tschaikowski an Frau von Meck, daß er »vor dem Auftritt natürlich sehr aufgeregt war, dies jedoch keine Angst war, sondern eher ein Vorgenuß jener tiefen künstlerischen Begeisterung, die ein Komponist empfindet, der an der Spitze eines vorzüglichen Orchesters steht, das sein Werk mit Liebe und Hingabe aufführt. Ein Genuß dieser Art war mir bis vor kurzem unbekannt. Er ist so stark und so ungewöhnlich, daß man ihn mit Worten gar nicht beschreiben kann. Wenn meine Dirigierversuche auch einen enormen, schweren Kampf von mir selbst abverlangen und einige Jahre meines Lebens rauben sollten, so bedaure ich das nicht. Ich habe Minuten voll absolutem Glück und Seligkeit erlebt. Publikum und Künstler drückten mir während des Konzertes mehrfach ihre herzliche Sympathie aus, und überhaupt wird der Abend des fünften März für mich auf ewig eine sehr angenehme Erinnerung bleiben.«

Über dieses Konzert brachten viele Petersburger Zeitungen beifällige Artikel. In der Presse wurde hervorgehoben, daß das Konzert »eines der besten der laufenden Saison und in musikalischer Hinsicht ungemein interessant war« und daß der Komponist sich als ausgezeichneter Kapellmeister erwiesen habe. »Das Orchester spielte nicht nur rhythmisch genau, sondern auch mit bemerkenswerter Energie, Begeisterung und Effekt. Herr Tschaikowski ist ein ganz ausgezeichneter Musiker, ein Künstler mit feinem Geschmack und wäre ein geeigneter Dirigent für die Konzerte der Russischen Musikgesellschaft.«

Nach diesem denkwürdigen Konzertabend erhielt Tschaikowski auch von anderen Musikinstitutionen Einladungen zum Dirigieren. So erklang am 17. Dezember 1888 in einem der »Russischen Sinfoniekonzerte«, die von dem Mäzen und Musikverleger Mitrofan Beljajew in Petersburg veranstaltet wurden, unter der Leitung Tschaikowskis die sinfonische Fantasie *Der Sturm* (dem Auftreten in diesem Konzert maß der Komponist besondere Bedeutung bei, da er auf diese Weise seine Hochachtung und Liebe für die Vertreter der »Neuen russischen Musikschule« – auch »Mächtiges Häuflein« genannt –, an deren Spitze Balakirew und Rimski-Korsakow standen, öffentlich zum Ausdruck bringen wollte). Tschaikowski dirigierte sowohl sinfonische Werke als auch Opernvorstellungen. Viele Uraufführungen neuer Werke des Komponisten fanden jetzt unter seiner eigenen Leitung statt: Neben den Opern *Die Pantöffelchen* und *Die Zauberin* sowie der Suite *Mozartiana* waren dies die *Fünfte* und die *Sechste Sinfonie*, die Serenade für Streichorchester, die sinfonische Ballade *Der Wojewode*, die Fantasie-Ouvertüre *Hamlet*, die Suite aus dem Ballett *Der Nußknacker* sowie das Stück *Pezzo Capriccioso* für Violoncello und Orchester (mit Anatoli Brandukow als Solist). In die Programme seiner Konzerte nahm Tschaikowski aber auch Werke anderer Meister auf – Kompositionen von Michail Glinka und Anton Rubinstein, Ludwig van Beethoven und Wolfgang Amadeus Mozart, Giuseppe Verdi und Charles Gounod, Edvard Grieg und Heinrich Ernst[71] sowie Uraufführungen von Ouvertüren von Hermann Laroche und Sergej Tanejew.

Mitunter trat Tschaikowski in Wohltätigkeits- und öffentlichen Konzerten auf, wobei das Dirigieren vor einer Hörerschaft aus breiten Schichten des Volkes für ihn nicht minder wichtig war als die Auftritte in den Sälen, wo sich der Adel traf, in den Salons der Mäzene sowie auf bekannten westeuropäischen oder amerikanischen Konzertpodien.

In den öffentlichen Konzerten, für welche die Eintrittskarten zu ermäßigten Preisen verkauft wurden, nahm die Zahl der Hörer ständig zu. Über eines dieser Konzerte (eine Matinee, die am 15. November 1887 stattfand) schrieb die Sängerin Emilia Pawlowskaja in ihren »Erinnerungen«: »Der Saal war brechend voll, und das Publikum – größtenteils kleine Angestellte, Handwerker und Arbeiter – bereitete Tschaikowski einen herzlichen Empfang. Trotz boshafter Behauptungen, daß ein solcher Menschenhaufen dem Begreifen ernster Musik angeblich nicht gewachsen sei, daß man über das »wirkliche« Publikum so nicht spotten dürfe, das angeblich mit der »Menge« nicht gemeinsam anwesend sein könne, daß das Konzert von vornherein zum Mißerfolg verurteilt sei und ähnlicher unsinniger Prophezeiungen (Emilia Pawlowskaja hatte hier die Informationen eines Moskauer Korrespondenten in der Petersburger Zeitung *Nowosti* im Auge – *G. P.*), verlief das Konzert so erfolgreich, daß es bald darauf sogar wiederholt wurde ... Tschaikowski äußerte mir gegenüber, daß ihn der Erfolg dieser Konzerte besonders erfreut habe, und zwar weniger wegen der persönlichen Genugtuung als vielmehr wegen der Blamage böswilliger Kritiker, die von den Stimmungen und dem Geschmack des Volkes keine Ahnung hätten und nicht begriffen, daß die Kunst stets den rechten Weg zum Herzen und zur Seele des Volkes finden wird.«

In einem Schreiben über dieses Konzert (in dem folgende Stücke zur Aufführung gelangten: *Francesca da Rimini, Mozartiana*, Fantasie für Klavier und Orchester – Solist Sergej Tanejew –, Ouvertüre *Das Jahr 1812*, Arioso der Gevatterin aus der Oper *Die Zauberin* und Lieder – vorgetragen von der Sängerin Anna Skompskaja) teilte der Komponist seinen Angehörigen mit, daß er »derartige Begeisterung und Triumph« noch nie erlebt habe und daß »das einfache Publikum sich sehr nett benommen, aufmerksam zugehört und keinen Lärm gemacht hat«.

Die zwei ersten großen Konzertreisen, die den Komponisten Ende 1887 und Anfang 1888 sowie in der ersten Hälfte des Jahres 1889 in Städte Mittel- und Westeuropas führten, wurden nicht nur für Tschaikowski persönlich zu einem bedeutenden Ereignis. Sie trugen überall dort, wo der Komponist auftrat, zum Ruhm der gesamten russischen Musik bei: in Leipzig, Dresden, Hamburg, Köln, Frankfurt, Berlin, Genf, Prag, Paris und London. Tschaikowski war ja, wie der russische Musikkritiker Kaschkin damals in einer Konzertbesprechung schrieb, »wohl der einzige lebende Komponist, der mit dem Schatz seiner Werke und dem Dirigentenstab in der Hand an jedem beliebigen Ort in Europa erscheinen und überall begeisterte, von tiefer Achtung getragene Aufmerksamkeit finden konnte«. Nach den Auftritten Michail Glinkas, der 1845 in Paris ein Konzert gegeben hatte, und nach den Auslandskonzerten des Pianisten und Komponisten Anton Rubinstein war es Tschaikowski als erstem russischem Komponisten beschieden, den Hörern in Mittel- und Westeuropa seine Werke persönlich vorzustellen. Tschaikowski betrachtete solche künstlerischen Auftritte als patriotische Mission. Er war fest davon überzeugt, daß er dadurch seinem Vaterland Nutzen bringt und daß in seiner Person die ganze russische Musik und russische Kunst geehrt wird: »Meine Person spielt hierbei überhaupt keine Rolle. Das russische Publikum soll wissen, daß ein russischer Musiker, wer immer es auch sei, das Banner der vaterländischen Kunst in den großen Zentren Europas mit Achtung und Ehre hochgehalten hat.«

Bei seinen ersten Auftritten als Dirigent vor ausländischen Hörern brachte der Komponist eigene Werke zu Gehör — die *Vierte* und *Fünfte Sinfonie*, die *Erste* und *Dritte Suite, Romeo und Julia, Francesca da Rimini*, die Ouver-

Pjotr Tschaikowski und der Pianist Wassili Sapelnikow vor dem Schloß
Itter in Tirol, wo Sophie Menter lebte.
Aufnahme aus dem Jahre 1892

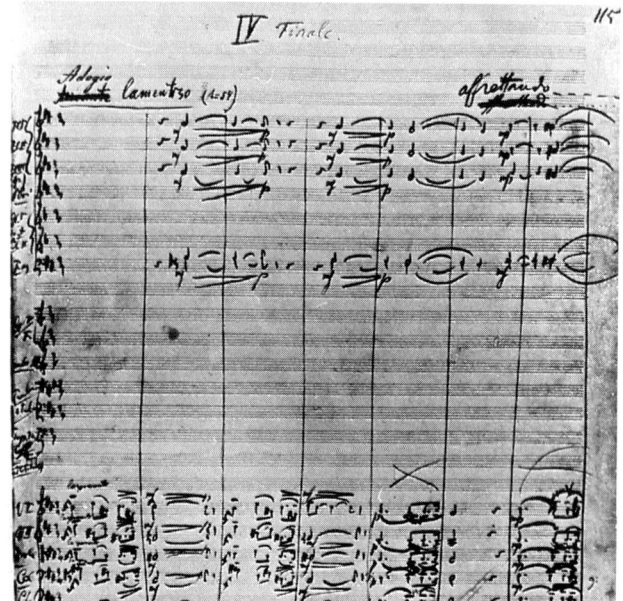

Skizzenblatt zur Sechsten Sinfonie

ИМПЕРАТОРСКОЕ
РУССКОЕ МУЗЫКАЛЬНОЕ ОБЩЕСТВО

С.-ПЕТЕРБУРГСКОЕ ОТДѢЛЕНІЕ.

XXXV сезонъ, 18⁹³/₉₄ года.

ПЕРВОЕ СИМФОНИЧЕСКОЕ СОБРАНІЕ

ПРИ УЧАСТІИ:

Г-жи **Аусъ-деръ-Оэ** и оркестра подъ управленіемъ
П. И. Чайковскаго

въ Субботу, 16 Октября 1893 года.

ПРОГРАММА.

1. Шестая симфонія h-moll . . . . . . *П. Чайковскаго.*
   (въ первый разъ).

   I. Adagio.
   II. Allegro con grazia.
   III. Allegro molto vivace.
   IV. Adagio lamentoso.

Антрактъ 10 минутъ.

---

2. Увертюра къ неоконченной оперѣ
   „Кармозина" . . . . *Г. Лароша.*

Партіи фортепіано исп. Гг. **Блуменфельдъ**
и **Лавровъ.**

Сюжетъ оперы заимствованъ изъ комедіи
того же имени Альфреда де Мюссе. Увер-

Programmzettel eines Konzertes der Petersburger Sektion der Russischen
Musikgesellschaft aus dem Jahre 1893

Pjotr Tschaikowskis Begräbnis in Petersburg am 27. Oktober 1893
»Das Volk stand dicht gedrängt längs der Straße Spalier, und in dem
Maße, wie sich der Leichenwagen vorwärts bewegte, folgten ihm die
Menschen, was ein grandioses Bild bot. Als ich den Leichenwagen am
Gebäude der Öffentlichen Bibliothek einholte, hörte ich plötzlich den Ruf:
›Da trägt man einen Unvergessenen‹. Die Stimme erklang von oben. Ich
hob den Kopf und erblickte an der Nische eines blinden Eckfensters einige
einfache Arbeiter, die auf dem Fensterbrett standen . . .«

A. Panajewa-Karzowa

Antonina Neshdanowa und Nikolai Golowanow bei einer musikalischen
Veranstaltung im Tschaikowski-Museum in Klin im Jahre 1943

Igor Strawinski
Er dirigierte Werke von Tschaikowski und komponierte auf dessen
Themen das Ballett »Der Kuß der Fee«.

Arthur Nikisch
Der deutsche Dirigent ungarischer Herkunft brachte sinfonische Werke
Tschaikowskis zur Aufführung und trug damit zur Verbreitung der Musik
des russischen Meisters in verschiedenen Ländern bei. Er dirigierte auch
die Oper »Eugen Onegin«.

Leonid Sobinow als Lenski in der Oper »Eugen Onegin« in einer
Inszenierung des Moskauer Bolschoi-Theaters vom Jahre 1898

Sergej Lemeschew, der erste Interpret sämtlicher Lieder des Komponisten
in dem Zyklus »100 Lieder Tschaikowskis«

Szene aus dem ersten Akt der Oper »Eugen Onegin« in der Inszenierung
von Konstantin Stanislawski

Antonina Neshdanowa als Tatjana in der Oper »Eugen Onegin« in einer
Inszenierung des Moskauer Bolschoi-Theaters vom Jahre 1911
»Von wenigen Ausnahmen abgesehen ›spielen‹ die Sängerinnen die
Tatjana. Die Neshdanowa indes sang sie und tat das so kunstvoll und
talentiert, daß der Gesang sich als Grundlage, als wesentlichstes Element
des Spiels erwies, denn das Wesen der Puschkinschen Tatjana ist in
Tschaikowskis Musik präzis und umfassend ausgedrückt, und ein von
Begeisterung getragenes Eindringen in die Rolle läßt die Gestalt voll-
kommen erstehen.« *G. Poljanowski*

Jelena Zwetkowa als Gevatterin in der Oper »Die Zauberin« in der
Inszenierung der Russischen Privatoper in Moskau vom Jahre 1900

Maxim Michailow als Tschub in der Oper »Die Pantöffelchen« in einer
Inszenierung des Bolschoi-Theaters Moskau

Szene aus dem Ballett »Dornröschen« in der Inszenierung des Bolschoi-
Theaters Moskau
»Tschaikowski begleitet mein ganzes Leben. In seiner Musik bin ich auf-
gewachsen. Sie ist ein Teil meiner Seele.«   *G. Ulanowa*

Eröffnung des Ersten Internationalen Tschaikowski-Wettbewerbs in Moskau. Großer Saal des Konservatoriums 1958

Tschaikowski-Denkmal vor dem Gebäude des Moskauer Konservatoriums

türe *Das Jahr 1812*, das *Erste Klavierkonzert* (mit Alexander Siloti bzw. Emil Sauer als Solist), das *Zweite Klavierkonzert* (mit Wassili Sapelnikow als Solist) sowie das »Andante cantabile« aus dem *Ersten Streichquartett* in einer Bearbeitung für Streichorchester.

In Prag dirigierte Tschaikowski seine Oper *Eugen Onegin* und Konzerte. Die Bewunderung, die man ihm hier zollte, die Ovationen und die Dankbarkeit des Publikums und der Künstler des Opernhauses und des Orchesters wußte er zu schätzen, maß aber aufrichtig einen Großteil der ihm erwiesenen Sympathie nicht seiner Musik zu, sondern der Zugehörigkeit zum russischen Volk. Darüber äußerte sich der Komponist nicht nur anläßlich einer Rede auf einem Bankett, das ihm zu Ehren veranstaltet wurde, sondern auch im Gespräch mit sich selbst – in seinem Tagebuch: »Im ganzen ist das natürlich einer der denkwürdigsten Tage meines Lebens. Ich habe diese guten Tschechen sehr ins Herz geschlossen. Und ich weiß auch genau warum!!! Mein Gott! Welche Begeisterung kam auf, und all das galt gar nicht mir, sondern dem Mütterchen Rußland.«

Ebenso wie in Prag wurden auch in allen anderen Städten, in denen Tschaikowski dirigierte, ihm zu Ehren spezielle Festveranstaltungen durchgeführt: Konzerte mit sinfonischen oder Kammermusikwerken des Komponisten, musikalische Matineen, Soireen usw. In Leipzig wurde Tschaikowski einmal durch Klänge eines Blasorchesters geweckt: Unter dem Fenster seines Zimmers hatten sich Musiker versammelt, um den russischen Musiker durch eine improvisierte »Serenade« aus einigen seiner Stücke zu begrüßen. Die ausländische Presse brachte lobenswerte Artikel mit biographischen Angaben über den Komponisten und einer Analyse seiner Werke. Man hob den Erfolg des Komponisten als Dirigent hervor und druckte Interviews ab, die er gegeben hatte.

Tschaikowskis Konzertreisen ins Ausland trugen wesentlich zur Festigung der künstlerischen und freundschaftlichen Beziehungen zwischen Musikern und Musikfreunden Rußlands und jener Länder Mittel- und Westeuropas (sowie in der Folgezeit auch Amerikas) bei, in denen er sich aufhielt. Auf seine Initiative hin konzertierten in Böhmen die russischen Pianisten Alexander Siloti und Wassili Sapelnikow sowie die Sopranistin Maria Klimentowa-Muromzewa und der Bariton Pawel Chochlow. In Frankreich gastierte der Geiger Julius Konjus (der später auf Tschaikowskis Empfehlung hin als Konzertmeister des New Yorker Sinfonieorchesters tätig war und dem Brodski-Quartett angehörte), in England konzertierten Wassili Sapelnikow sowie andere russische Musiker.

Tschaikowskis Leben im Ausland war ausgefüllt mit Proben, Auftritten, zahlreichen Besuchen bei Freunden und Bekannten, der Besichtigung von Sehenswürdigkeiten, dem Besuch von Konzerten namhafter Musiker (ein besonders denkwürdiges Ereignis für Tschaikowski bildete die Aufführung von Beethovens *Eroica* durch den Dirigenten Hans von Bülow, von der er begeistert war) und Opernaufführungen (darunter Wagners *Tannhäuser* und *Die Meistersinger von Nürnberg*, die unter der Leitung von Arthur Nikisch eigens für den russischen Komponisten gespielt wurden, sowie *Othello*, ein Werk, das Verdi gerade abgeschlossen hatte). Tschaikowski traf sich mit berühmten Musikern, von denen er viele schon von früheren Auslandsreisen her kannte. Besondere Freude bereitete ihm der freundschaftliche Umgang mit dem norwegischen Komponisten Edvard Grieg und dessen Frau, der Sängerin Nina Hagerup, mit dem französischen Komponisten Léo Delibes und der Sängerin Pauline Viardot (die seine Lieder vortrug), mit dem jungen italienischen Komponisten und Pianisten Feruccio Busoni, der in Deutschland gelebt und studiert hatte (und von 1890 bis 1891 als Professor am Moskauer Konservatorium wirkte), sowie mit dem tschechischen Komponisten und Dirigenten Antonín Dvořák. Enge Freundschaft schloß Tschaikowski damals mit seinen Landsleuten Adolf Brodski und Alexander Siloti, die eifrige Wegbereiter seiner Musik waren.

Alle Aufregung, Hast und Unruhe des Komponisten während solcher Konzertreisen wurde durch eine tiefe Befriedigung kompensiert, die sich immer dann einstellte, wenn er vor dem Publikum eigene Werke dirigierte und sich dadurch zusehends ruhiger und sicherer fühlte. Freude bereitete ihm auch das Wohlwollen, ja geradezu begeisterte Verhalten der Musiker – sowohl der Orchestermusiker als auch der Komponisten und Interpreten, die an den Proben und Konzerten teilnahmen.

Widmung an »die Ersehnte«. Bei einem Bankett zu Ehren Tschaikowskis, das in Berlin stattfand, begegnete der Komponist Désirée Artôt, die jetzt in der deutschen Hauptstadt lebte und Gesangstunden gab. »Ich habe mich unsagbar gefreut, sie zu sehen«, beschrieb er seinen Angehörigen dieses unerwartete Zusammentreffen. »Wir schlossen unverzüglich Freundschaft, ohne auch nur mit einem Wort die Vergangenheit zu berühren . . . Die alte Dame ist noch ebenso bezaubernd wie vor zwanzig Jahren.« Deshalb schrieb Tschaikowski gleich nach seiner Rückkehr in das heimatliche Frolowskoje an Désirée: »Betrachten Sie es nicht als banale Schmeichelei, wenn ich Ihnen sage, daß die Erinnerung an den wunderbaren Abend in der Landgrafenstraße 17 in meinem Gedächtnis für ewig mit goldenen Lettern eingeprägt ist und daß ich sehr hoffe, in der kommenden Saison erneut dorthin zu kommen . . . Nochmals danke ich Ihnen für alle Bekundungen Ihrer kostbaren Freundschaft mir gegenüber.«

Während des folgenden Aufenthalts in Deutschland traf sich Tschaikowski erneut mit Désirée Artôt. Sie verstand es, sein Leben im Ausland zu verschönen – ein Leben fern der Heimat, wo er ständig Heimweh hatte und darunter litt, daß er fortwährend unter fremden Menschen leben mußte und keine Möglichkeit zum Arbeiten fand. »Der einzige Trost ist die Artôt, die man überall mit mir zusammen einlädt und die ich schrecklich gern habe«, schrieb der Komponist seinem Bruder Modest. Vor Tschaikowskis Abreise in seine Heimat bat Désirée ihn, für sie ein Lied zu komponieren, doch sie erhielt aus Rußland einen ganzen, ihr gewidmeten Liederzyklus – sechs Lieder auf Verse französischer Dichter. »Ich wollte nur ein Lied. Sie aber haben mir großmütig deren sechs komponiert. Es heißt: ›freigebig wie ein König‹ – aber man vergaß hinzuzufügen ›und wie ein Künstler‹«, bedankte sich die Sängerin bei dem Komponisten, und dieser antwortete: »Ich habe mich bemüht, Ihnen, gnädige Frau, einen Gefallen zu tun, und ich nehme an, daß Sie alle sechs Lieder singen können, d. h. daß sie dem jetzigen Umfang ihrer Stimme entsprechen. Ich wünsche von Herzen, daß diese Lieder für Sie ein angenehmes Geschenk darstellen, habe jedoch in dieser Hinsicht leider nicht die geringste Gewißheit. Ich muß Ihnen gestehen, daß ich in letzter Zeit ziemlich viel arbeite, und es ist durchaus möglich, daß meine neuen Kompositionen eher die Frucht guter Absicht als wirklicher Inspiration sind. Außerdem wird einem etwas bange, wenn man für eine Sängerin komponiert, die man als die größte der größten betrachtet.«

Ob die Auswahl der Verse, aus denen dieses Opus besteht, zufällig erfolgte (die einstige Geliebte hatte ihn ja nur gebeten, ein Lied zu komponieren!) oder ob in dem Zyklus die Geschichte ihrer Liebe erzählt werden sollte – die Hoffnungen, Freuden, der Trennungsschmerz, die Einsamkeit und die Erinnerungen? Gleichgültig, wie die Antwort auf diese Fragen ausfallen mag, ist die Musik jedes dieser Lieder, die in ihrer Intonationsstruktur miteinander verbunden sind, von ungewöhlicher Wärme und aufrichtig-innigem Empfinden erfüllt.

In seiner Besprechung der Lieder, die der »unvergleichlichen Sängerin« gewidmet sind, betonte der Musikkritiker Hermann Laroche, daß sie »die ganze Welt des dramatischen Pathos, der sie ihre Eingebung verdanken«, wiedergeben. Laroche hob besonders das letzte Lied des Zyklus mit dem Titel »Die Zauberin« hervor, dessen »graziöse Musik den Worten ebenso intim angepaßt ist, wie die Worte die Künstlerin ausgezeichnet charakterisieren«:

> Du verkörperst die Kraft des Zaubers
> und Wunders:
> Freude, Glück und Sehnsucht kommen
> von Dir und Du weißt es,
> doch all denen, die du bezauberst,
> ist die Kette der Sklaverei leicht.

»Der französische Dichter hatte nicht Frau Artôt im Sinne, als er diese Verse schrieb«, fuhr Laroche fort, »aber es ergab sich, daß sie jenen feinen Zauber, der in jeder Note und in jeder Bewegung der genialen Künstlerin lag, ausgezeichnet wiedergeben. Ist nicht auch dem Komponisten etwas Ähnliches widerfahren?«

Bei einer musikalischen Soiree in Paris Anfang 1890 sang Désirée Artôt die ihr gewidmeten Lieder (im gleichen Konzert trug sie zusammen mit der Sopranistin Maria Klimentowa-Muromzewa, mit der sie auf Tschaikowskis Empfehlung hin zusammenarbeitete, auch dessen Duett »Morgendämmerung« vor). Bald darauf teilte Frau Artôt Tschaikowski mit, daß sie diese Lieder immer mehr liebgewinne und diese Gesänge bereits populär würden. Als Antwort sandte Tschaikowski der von ihm verehrten Sängerin einen Brief, in dem er seine aufrichtige Dankbarkeit zum Ausdruck brachte.

Für immer mit Rußland. Die Begegnungen mit der einstigen Braut waren für Tschaikowski Anlaß zu großer Freude. Genugtuung brachten ihm auch seine Auftritte im Ausland. Der Triumph bezeugte, daß er seine patriotische Pflicht als russischer Bürger ehrenvoll erfüllt hatte. Doch zugleich festigte sich bei ihm die Überzeugung, daß, sobald er aus seinem ländlichen Wohnsitz abgereist war und in den Metropolen und großen Städten lebte, Freude sich mit Verdruß mischte und Widersprüche das Herz »zerrissen«. Die ständige Verpflichtung, an zahllosen Festveranstaltungen teilzunehmen, bei denen viele Menschen zugegen waren, fiel ihm zur Last. Wenn er nicht komponieren konnte, betrachtete er dies als verlorene Zeit (»Die Zeitvergeudung ist das Unsinnigste«, äußerte er einmal gegenüber seinem Bruder Modest).

Wenn es für Tschaikowski keine Möglichkeit gab, sich einmal zurückzuziehen oder nur im Kreise seiner nächsten Angehörigen und Freunde zu leben, d. h. wenn eine Atmosphäre fehlte, wo er arbeiten, sich entspannen und ganz er selbst sein konnte, dann geriet er stets in Verzweiflung. Nur seine Freunde begriffen die wahre Ursache dieses Strebens nach Zurückgezogenheit. »Er war völlig vom musikalischen Element in Anspruch genommen. Dieses nahm ihn auch dann in Anspruch, wenn er sich mit *fremder* Musik befaßte, beispielsweise als er 1889 Werke von Anton Rubinstein einstudierte, da er sich vorgenommen hatte, Konzerte zu dirigieren, die zur Feier von Rubinsteins 60. Geburtstag stattfinden sollten. Sämtliche fremde Musik zusammengenommen (einschließlich des Besuchs von Opern- und Ballettaufführungen sowie Konzertveranstaltungen in Moskau und Petersburg oder im Ausland) bildete lediglich eine Episode, die er manchmal als angenehm und anregend, mitunter aber auch als lästig empfand und notgedrungen ertragen mußte. Das dominierende Element hingegen, der wesentliche, um nicht zu sagen der einzige Inhalt seines Lebens auf dem Lande wie in der Stadt, in Europa wie in Amerika, ob er allein war oder unter Freunden weilte, bestand in eigenen Kompositionen, genauer gesagt im Kompositionsprozeß, ja im *Schaffensprozeß* weitaus mehr als in fertigen Werken, denen gegenüber sein Interesse häufig abkühlte und die er mitunter sogar feindselig betrachtete.

. . . Akkurat und haushälterisch in der Nutzung der Zeit widmete er der eigentlichen Arbeit, d. h. dem Notenschreiben, täglich fünf Stunden. Die übrige Zeit galt anderen Dingen, Zerstreuungen und der Erholung. Die Erholung bestand hauptsächlich in Spaziergängen, die je nach den Umständen nicht immer ohne Begleitung erfolgten, die aber für ihn jeden Wert und jeglichen Sinn verloren, sobald er dabei nicht für sich allein war: Bei diesen Spaziergängen schmiedete der Komponist seine schöpferischen Pläne, skizzierte er in Gedanken seine Vorhaben, ergänzte er seine Werke, rundete sie ab und gestaltete sie um. Aus gleichem Grunde, so scheint mir, räumte er, der die Abgeschiedenheit über alles liebte, nach dieser der *vielköpfigen* Menge den Vorrang ein. Hier konnte er sich unbemerkt seinen Gedanken hingeben, inmitten des allgemeinen Geplauders schweigen und der in ihm klingenden Musik lauschen. Am wenigsten ertrug er ein länger dauerndes Tête-à-tête: hier mußte er sich von seinen musikalischen Träumen trennen und dem Alltag zuwenden, mußte zuhören und antworten.«

Jedes Mal, wenn er von einer Auslandsreise nach Rußland zurückkehrte, wo er nie die ihn überkommende Schwermut und qualvolles Leid hatte überwinden können, empfand Tschaikowski unsagbare Freude. Dies fühlte er besonders jetzt, da er sich ein eigenes Heim geschaffen hatte, wenngleich die Häuser, die er mietete, nicht sonderlich komfortabel und bequem eingerichtet waren (nach den langen Jahren des Umherziehens, des Lebens auf den

Landsitzen seiner Verwandten und Freunde, konnte ihm wahrscheinlich allein das Haus in Klin zu einem wirklichen Heim werden). Aber selbst als er in Frolowskoje und Maidanowo lebte, gewann Tschaikowski die feste Überzeugung, daß sein Traum, sich »für die restliche Zeit des Jahrhunderts in einem russischen Dorf« niederzulassen, keine vorübergehende Laune, sondern ein »echtes Bedürfnis« seiner Natur war. Nur inmitten der russischen »demütigen Natur« fühlte er einen »unsagbaren geistigen Aufschwung«. »Welchen Genuß mir Italien auch geschenkt hat und welch segensreichen Einfluß es auch jetzt auf mich ausübt – so bleibe ich doch Rußland treu und werde ihm für immer die Treue halten«, gestand er einmal. »Ich bin keinem Menschen begegnet, der mehr als ich Mütterchen Rußland allgemein und im besonderen dessen großrussische Gebiete liebgewonnen hat ... Vergebens habe ich versucht, dieses Verliebtsein durch diese oder jene Eigenschaften des russischen Volkes erklären zu wollen. Solche sind natürlich vorhanden, aber ein verliebter Mensch liebt nicht deshalb, weil der Gegenstand seiner Liebe ihn durch seine Tugenden gefesselt hat, er liebt vielmehr deshalb, weil das seine Natur ist, weil er ohne Liebe nicht leben kann. Deshalb empören mich jene Herrschaften zutiefst, die bereit sind, in irgendeinem Winkel von Paris den Hungertod zu erleiden, die mit einer gewissen Wollust auf alles Russische schimpfen und die, ohne das geringste Bedauern zu empfinden, ihr ganzes Leben im Ausland verbringen, und zwar mit der Begründung, daß es in Rußland weniger Bequemlichkeiten und Komfort gäbe. Diese Leute sind mir verhaßt. Sie ziehen das in den Schmutz, war mir unsagbar teuer und heilig ist.«

Wenn Tschaikowski »zu sich« nach Hause kam, konnte er sich mit Genuß seiner »eigentlichen Sache« widmen, dann konnte er arbeiten, arbeiten und nochmals arbeiten.

Nach angespannter, intensiver Tätigkeit verstand er es aber auch, sich zu entspannen: Er spielte gern mit seinem vergötterten Neffen Bob, wenn dieser bei ihm zu Besuch war. Ausgelassen und selbst wie ein Kind baute er Wasserleitungen und Kanäle für Schmelzwasser. Oder er züchtete Blumen: Aus Moskau hatte er nach Florowskoje viele Blumen mitgebracht, die er selbst in Blumenrabatten pflanzte und deren Blütenpracht und -duft er bereits im voraus genoß. Danach kümmerte er sich »liebe- und teilnahmsvoll« um die »bedauernswerten« Pflanzen, die unter dem schlechten Wetter gelitten hatten. Abends pflegte er eifrig zu lesen, musizierte allein oder tat das mit Freunden, die aus Moskau gekommen waren. Wenn der Musikkritiker Hermann Laroche bei ihm weilte, bat Tschaikowski ihn, aus Nikolai Gogols Roman *Die toten Seelen* vorzulesen, obwohl er ganze Seiten des Werkes auswendig kannte: Er liebte es ungemein, Gogol immer wieder von neuem zu lesen und zu hören!

Mit der düsteren Wirklichkeit und dem sinnlosen, stumpfsinnigen und grausamen Wirken der zaristischen Behörden war Tschaikowski bereits als junger Mann in Berührung gekommen bei seiner Tätigkeit in einer Abteilung des russischen Justizministeriums, wo er hauptsächlich Eingaben von Bauern zu bearbeiten hatte, die sich mit der Bitte um Inschutznahme vor Übergriffen von Gutsbesitzern an das Ministerium gewandt hatten (die Leibeigenschaft war in Rußland nämlich erst 1861 aufgehoben worden). Eine ähnliche Situation traf er auch jetzt noch an. Niemals aber hörte er auf, über die Geduld, die Standhaftigkeit und den unerschütterlichen Geist seines Volkes zu staunen und diese Eigenschaften zu bewundern. Jene Standhaftigkeit des russischen Nationalcharakters, über die sich Gogol äußerte, inspirierte ihn ständig und überraschte ihn zugleich bei den Bauern und deren Kindern, denen er täglich begegnete. Vielleicht hörte der Komponist auch aus den von Trauer erfüllten Liedern des ihm teuren Rußlands den Drang in die Zukunft, den Glauben an das Schöne? »Rußland! Rußland! ich sehe dich, aus meiner herrlichen, schönen Ferne sehe ich dich: arm, zerschlissen und unwirtlich siehst du aus ... Aber welch unbegreifliche, geheime Kraft zieht mich zu dir hin? Weshalb ist dein wehmütiges, auf deiner ganzen Länge und Breite, von Meer zu Meer ertönendes Lied zu hören und klingt ständig im Ohr? Was birgt dieses Lied? Was ruft und schluchzt und greift ans Herz? Welche Töne berühren schmerzlich, drängen in die Seele und ranken sich um mein Herz?«

»Der Herold seiner Epoche«. Im Mai 1888 begann Tschaikowski die Arbeit an einer neuen Sinfonie, deren Idee bereits auf dem Wege nach Moskau gereift war, als er aus dem Ausland nach Rußland zurückgekehrt war, aber noch einen kurzen Abstecher nach Tiflis gemacht hatte, um seinen Bruder Anatoli und dessen Familie zu besuchen. In seinem Notizbuch formulierte er damals neben Notenskizzen das Programm des ersten Satzes der Sinfonie:

»Introduktion. Völlige Ergebung in das Schicksal, oder, was dasselbe ist, in den unergründlichen Ratschluß der Vorsehung.

Allegro I) Murren, Zweifel, Klagen und Vorwürfe an ...
        II) Sollte man sich nicht dem *Glauben* in die Arme werfen???

Ein wunderbares Programm, das es nur zu realisieren gilt.«

Selbst wenn es diese ganz allgemeine Erläuterung des Inhalts allein des ersten Satzes des Werkes nicht gäbe, bestünde an dem autobiographischen Charakter der *Fünften Sinfonie* wie auch der vorangehenden *Vierten* (und später der *Sechsten*) kein Zweifel. Die Sphäre des Autobiographischen – die Gestaltung eigener Überlegungen und Empfindungen – geht indes bei Tschaikowski über den Rahmen der Person eines einzelnen hinaus. Als genialer realistischer Künstler hat der Komponist Gedanken und Gefühle von Menschen seiner Zeit und seines Volkes ausgedrückt. Tschaikowski war sich dessen ganz klar bewußt: »In meinen Kompositionen bin ich der, zu dem mich . . . Erziehung, Umstände und Eigenschaften jenes Jahrhunderts und jenes Landes gemacht haben, in dem ich lebe und wirke.« (Nicht von ungefähr standen in der Musik seiner Zeit mit Tschaikowskis Schaffen Werke im Einklang, in denen er einen Widerhall »jener geheimnisvoll tiefen Prozesse unseres geistigen Lebens, jener Zweifel, Verzweiflung und jenes impulsiven Drängens zu einem Ideal« fand, »die das Herz des Menschen unserer Zeit packen«.)

Tschaikowskis Sensibilität für den Zeitgeist ist von seinen Freunden und Bekannten hervorgehoben worden. Der Musikkritiker Wassili Jastrebzew, der sich über die Werke des russischen Meisters geäußert hat und sich bei ihm über Fragen der Komposition Rat holte, wies darauf hin, daß »Tschaikowski als Komponist zweifelsohne einer der begabtesten Künder seiner Epoche gewesen ist. In dem zeitbezogenen Charakter seiner Musik steckt, wie ich meine, auch der Hauptgrund und wahrscheinlich sogar das Geheimnis seiner enormen Popularität . . . Tschaikowski war vom Geist seiner Zeit ganz und gar durchdrungen und reagierte auf dessen Ruf mit der ganzen nervösen Aktivität und dem Eifer seiner feinfühligen und für Eindrücke empfänglichen Natur, und so blieb er, auch wenn er Bilder aus der Vergangenheit in Tönen gestaltete – die Epoche unserer Großväter und Urgroßväter –, immer sich selbst treu, und vielleicht ohne dies selbst zu bemerken, ›stellte er lediglich uns selbst dar‹ mit unseren ungelösten Zweifeln, unserem Kummer und unseren Freuden.«

Tschaikowski hat nicht bestritten, daß er »als Mensch seines Jahrhunderts« »angeknackst und moralisch angekränkelt war«. Eben deshalb trachtete er, seinen Worten zufolge, so intensiv nach allem Schönen und Lichten, besonders in der Kunst, nach dem, was die »Freuden des Lebens« ausdrückt, die »von einer gesunden, nicht von der Reflexion zersetzten Natur« empfunden werden, und in seinem Schaffen hielt er diese »Freuden des Lebens« fest, komponierte er Werke, die eine uneingeschränkte Liebe zur Natur, zu Vielfalt und Schönheit der Empfindungen ausdrücken. Deshalb schuf er neben der *Fünften* und *Sechsten Sinfonie*, die beiden tragischen Charakter besitzen, sowie der Oper *Pique Dame* auch solche Werke, in denen freundliche, lyrische Empfindungen noch prägnanter und umfassender zum Tragen kamen als in seinen früher entstandenen Kompositionen. Das trifft nicht nur für lyrisch geprägte Themen oder einzelne Sätze von Werken zu, sondern gibt solchen hell strahlenden, lebensbejahenden Werken wie dem Ballett *Dornröschen* und der Oper *Jolanthe* das Gepräge, welche die selbstlose und alles besiegende Liebe und das Glück verherrlichen.

In der Periode, die der Entstehung der *Fünften Sinfonie* voranging, trafen Tschaikowski mehrere schwere Schicksalsschläge: Völlig unerwartet starb seine junge Nichte Tatjana Dawydowa, die ihm sehr ans Herz gewachsen war. Der Tod ereilte auch seinen alten Freund Nikolai Kondratjew (Tschaikowski hatte sich längere Zeit um den Kranken gekümmert und darunter seelisch schwer gelitten). Ferner wirkten sich die Vorkommnisse um die Aufführung seiner Oper *Die Zauberin* nervenzerrüttend auf ihn aus. Nach einigen Vorstellungen des Werkes, die von beleidigenden Ausfällen der Presse gegen den Komponisten persönlich und gegen die Oper begleitet waren, teilte Tschaikowski dem Direktor des Petersburger Marientheaters Iwan Wsewoloshski mit, daß er »den Mißerfolg der Oper« schwer ertrage und »ungemein bedauert, daß sie die Hoffnungen nicht erfüllt hat, obwohl sie nicht nur mit Liebe, sondern auch mit großer Sorgfalt komponiert ist«. In anderen Briefen beklagte sich der Komponist über das mangelnde Verständnis des Publikums und der Musiker für die Oper, an der er zwei Jahre lang gearbeitet habe und die als groß angelegtes Werk konzipiert sei. Dabei hob er hervor, daß er die *Zauberin* nach wie vor als beste Oper betrachte, die er bislang geschaffen habe. Es war ihm unbegreiflich, weshalb sich in den zehn Jahren nach der Entstehung der *Vierten Sinfonie*, des *Eugen Onegin* sowie des *Klavier-* und des *Violinkonzertes* die Situation so wenig geändert hatte und er nach wie vor auf eine ungerechte Beurteilung seines künstlerischen Wirkens stieß. Als außerordentlich kränkend empfand er »die Schadenfreude und den triumphierenden Ton« der Presse, deren »Hohn und einhellige Mißgunst« sowie deren Versuche, den Lesern den Grad des Erfolges der Oper zu verheimlichen. In dieser »Schimpferei« sah der Komponist die Ursache für die allmählich zurückgehende Besucherzahl bei Aufführungen des Werkes im Petersburger Marientheater.

All diese widrigen Umstände, die quälenden Widersprüche und der hartnäckige Kampf gegen die Hürden des Lebens, aber auch die Liebe zum Leben und der Lebensdurst, die tiefe Ehrfurcht vor der Schönheit und Poesie der Natur sowie der Größe und Erhabenheit der Liebe als kostbarste aller menschlichen Empfindungen haben in der neuen, der *Fünften Sinfonie*, einem groß angelegten, ausgesprochen psychologisch konzipierten lyrischen Instrumentalmusikdrama, teilweise ihre Widerspiegelung gefunden. Die echt humanistische Idee des Werkes brachte Tschaikowski insofern zum Ausdruck, als der Held alle Hindernisse überwindet, Tapferkeit beweist und über sich selbst den Sieg erringt. Den Konflikt des Helden bestimmt hier der tragische Kampf seiner »Nichtigkeit mit dem

Streben nach Erkenntnis der schicksalhaften Fragen des Seins«, wie der Komponist in einem seiner Briefe erläuterte. (Als sich Tschaikowski einmal über das tragische Schicksal eines jungen Menschen äußerte, wies er darauf hin, daß der ganze Konflikt deshalb entstehe, weil Begabung, Verstand, Fähigkeiten und Neigungen dieses Menschen nicht mit der realen Wirklichkeit übereinstimmen.)

Den ersten Satz der *Fünften Sinfonie* beginnt der Komponist mit einer tragisch-strengen, düsteren Einleitung. Dies ist das Fatum, dem man sich nicht widersetzen kann: »völlige Ergebung in das Schicksal« (wie es im Programm heißt). Das Schicksals-Thema, das den Helden ständig verfolgt, zieht sich durch das gesamte Werk. In den musikalischen Abläufen des ersten Satzes gestaltet Tschaikowski ein grandioses Bild menschlichen Lebens, voll von schmerzlichen Gedanken an Widersprüche und Kampf, von »Murren, Zweifeln, Klagen und Vorwürfen an . . .« und »von heißem Gefühl für die unwiederbringliche Vergangenheit« (Hauptthema) sowie von poetischer Lyrik, die von der herrlichen Welt der beseelten Natur inspiriert ist (Seitenthema). Zum lyrischen Zentrum und Höhepunkt der ganzen Sinfonie macht der Komponist den zweiten Satz des Werkes – das berühmte Andante. Dieses Andante ist »so herrlich und von solch aufrichtigem, tiefem Gefühl durchdrungen, daß es für sich allein ein Meisterwerk darstellt«, hob der Musikkritiker Nikolai Kaschkin in einer Besprechung der Sinfonie hervor. In unendlichem Fluß strömt die Kantilene der melodischen Linien in den vergeistigten Themen dieses Satzes. Was hat der Komponist in diesen Themen ausdrücken wollen? Ging es ihm darum, die Schönheit der heimatlichen Natur mit ihren unermeßlichen Weiten und Fernen zu verherrlichen, die Begegnung mit einem idealen Traum zu schildern oder die ganze Fülle des Gefühls der Liebe und der Lebensfreude wiederzugeben? Von lichter Trauer erfüllt bilden sie einen starken Kontrast zu den tragisch getönten Klangbildern des ersten Satzes und verstärken den konflikthaften Charakter des dramatischen Geschehens der ganzen Sinfonie. Auch wenn plötzlich das Thema der Einleitung (Fatum) auftaucht und den Glücksrausch erbarmungslos unterbricht, wird gleichwohl die Sphäre lyrischer Klangbilder nicht gänzlich zerstört: Am Schluß des zweiten Satzes kehrt dessen grundlegendes herrliches Kantilene-Thema zurück. Wie schwer die Verluste auch sein mögen – bekräftigt der Komponist –, so siegt doch die Liebe zum Leben, und die Träume von unvergänglicher Schönheit währen ewig.

Bei der Komposition des dritten Satzes – eines stimmungsvollen Walzers – ist Tschaikowski von der durch die Tradition bestimmten Satzfolge innerhalb eines sinfonischen Werkes abgewichen und hat auf das übliche Scherzo verzichtet. Die eleganten lyrischen Themen (»eine gewisse wohltätige, freundliche, menschliche Gestalt«, oder eher Träume davon) werden erneut durch das Auftauchen des »Schicksals-Themas« der Einleitung unterbrochen.

Der letzte Satz des Werkes – die Vollendung der Tragödie – beginnt mit einer langsamen Einleitung: das »Schicksals-Thema« erklingt hymnisch-feierlich wie eine imposante Prozession, aber nicht mehr wie zuvor in Moll, sondern in Dur. Im Finale führt der Komponist das Thema mehrfach an, wobei er ihm Züge unterschiedlichen Charakters verleiht: sowohl einen pathetisch-schmerzerfüllten, einen tragischen als auch einen heroisch-lebensbejahenden Charakter.

Die Uraufführung der *Fünften Sinfonie* fand am 5. November 1888 in Petersburg in einem Konzert der Philharmonischen Gesellschaft statt, in dem Werke Tschaikowskis zum Vortrag gelangten. Der Komponist dirigierte das Konzert persönlich. Unter seiner Leitung erklang die Sinfonie im gleichen Monat in einem Sinfoniekonzert der Petersburger Sektion der Russischen Musikgesellschaft und später in Moskau und in Prag. Alle Aufführungen des Werkes hatten großen Erfolg. In Musikerkreisen gab es indes geteilte Meinungen zu dem Werk. Der Komponist freute sich, daß Tanejew und Kaschkin das Werk sehr positiv beurteilten, und dies um so mehr, als er selbst mit der Sinfonie nicht recht zufrieden war. Aber schon im folgenden Jahr – bei der Aufführung der *Fünften Sinfonie* in Hamburg – sah der Komponist ein, daß seine schlechte Meinung von dem Werk unbegründet war, und er schloß es erneut in sein Herz. Mit Befriedigung stellte er fest, daß »die Sinfonie den Musikern von Mal zu Mal besser gefiel. Bei der Generalprobe herrschte wahre Begeisterung, es gab einen Tusch usw. Das Konzert verlief ebenfalls ausgezeichnet.«

Ein französisches Märchen auf russische Art. Zu der Zeit, als Tschaikowski mit der Arbeit an der *Fünften Sinfonie* begonnen hatte, erhielt er von dem Direktor des Petersburger Marientheaters Iwan Wsewoloshski einen Brief mit dem Angebot, ein Ballett »Dornröschen« zu komponieren. Im August lag das Szenarium des künftigen Balletts, das Wsewoloshski selbst zusammengestellt hatte, bereits fertig vor.

Das Sujet des Märchens, das der französische Schriftsteller Charles Perrault vor fast zweihundert Jahren geschrieben hat, erschien dem Komponisten »so stimmungsvoll und für Musik so dankbar«, daß er nach seiner Ankunft in Petersburg Anfang November (im Zusammenhang mit der vorgesehenen Konzertveranstaltung mit eigenen Werken) sogleich zwecks einschlägiger Gespräche mit Wsewoloshski zusammentraf und wenig später eifrig an dem neuen Werk zu arbeiten begann.

An dieser phantastischen Märchenwelt fesselte Tschaikowski vor allem die Möglichkeit, erneut ein ewiges Problem des realen Lebens musikalisch zu gestalten: den Kampf des Guten mit dem Bösen und den Sieg der lichten

Ideale der Schönheit, Freude und Liebe. Die einander bekämpfenden Elemente, die in den musikalisch gegensätzlichen Gestalten der Fee Sireni und der Fee Karabos verkörpert sind, bilden den Ausgangspunkt der konfliktreichen musikalischen Dramaturgie und sinfonischen Entwicklung des Balletts. Mit der Gegenüberstellung zweier kontrastierender Themen (von denen das erste unheilkündend, kantig-scharf und grotesk klingt, während das zweite zart, freundlich und plastisch geformt ist und allmählich zu einer jubelnden Hymne an die Freude anwächst), welche die Gestalten der beiden Feen charakterisieren, beginnt der Komponist die Introduktion zum Ballett. Die Konfrontation dieser Gestalten erfolgt im Laufe des ganzen Werkes in konsequenter Weise: im Prolog zum Ballett werden sie gegenübergestellt; im ersten Akt kommt es zu einem scharfen Zusammenprall; im zweiten Akt, in dem die Kraft der Fee Karabos ihren Nimbus einbüßt, verliert die musikalische Gestalt der schrecklichen Hexe ihre böse Macht, und das Thema der Fee Sireni »blüht« voll auf.

Die Uraufführung des Balletts im Petersburger Marientheater gestaltete sich zu einem triumphalen Erfolg. Die Regie führte Marius Petipa, die Kostüme hatte Iwan Wsewoloshski entworfen. In den Besprechungen des neuen Balletts wurde darauf hingewiesen, daß *Dornröschen* »ein hochbedeutsames Ereignis auf dem Gebiet des Musiktheaters ist«. Einige Kritiker warfen dem Komponisten eine »übermäßige sinfonische Durchdringung« der Musik vor. Hermann Laroche schrieb in seiner Besprechung, daß die Aufführung des Balletts *Dornröschen* »eine der Perlen« des Theaters darstellt und die Musik »eine der Perlen im Schaffen Tschaikowskis bildet«. Unter Bezugnahme auf den deutlich ausgeprägten nationalen Charakter des Balletts bezeichnete er es als ein »französisches Märchen«, das »auf russische Art« gestaltet ist.

»Eine beispiellose Tat«. »Gegenwärtig vollbringe ich eine beispiellose Tat: Vor sechs Wochen bin ich mit einem Opernlibretto in der Tasche hier angekommen, und in zwei Monaten muß alles abgeschlossen sein. Ich bin mit Leidenschaft und unendlichem Vergnügen bei der Arbeit, da das Sujet mir gefällt. Ich bin in Arbeitsstimmung . . .«, schrieb Tschaikowski am 25. Februar 1890 aus Florenz an Désirée Artôt.

»Der heroische Entschluß«, in außerordentlich kurzer Zeit eine Oper zu schreiben, war im Dezember des vorangehenden Jahres gefaßt worden, als Iwan Wsewoloshski den Komponisten zu sich gebeten und Modest Tschaikowski in Gegenwart leitender Mitarbeiter des Petersburger Marientheaters sein Libretto für die Oper *Pique Dame* nach Alexander Puschkins gleichnamiger Novelle vorgelesen hatte. Nach Erörterung aller bühnenspezifischen Vorzüge und Mängel des Librettos erwiesen sich lediglich die zwei ersten Bilder als bereits geeignet. Alle übrigen sollte Modest Tschaikowski sogleich nach deren Fertigstellung seinem Bruder übergeben, damit die Arbeit an der Oper nicht aufgehalten werde.

Nach den längeren Konzertreisen der letzten drei Jahre empfand Tschaikowski das »dringende Bedürfnis, sich als Erholung mit seiner eigentlichen Sache, das heißt mit dem Komponieren zu befassen«. So fuhr er einen Tag nach der Uraufführung des Balletts *Dornröschen* von Petersburg nach Florenz. Auf diese Weise wollte er fern von allen Ablenkungen in der Newa-Metropole möglichst rasch mit der Arbeit an dem neuen Werk beginnen.

Bei der mit seinem Bruder Modest gemeinsam durchgeführten Arbeit am Textbuch legte Tschaikowski besonderen Wert auf eine kurze, lakonische Diktion und bemühte sich, Wortschwall zu vermeiden. Von sich aus fügte er in das Libretto ganz bewußt bestimmte Episoden ein, die seiner Meinung nach unbedingt notwendig waren (so bestand er auf der Szene Lisas am Kanal beim Winterpalais: »Es ist notwendig, daß der Zuschauer weiß, was mit Lisa geschehen ist«), und verfaßte die Texte einzelner Nummern (der Arie des Fürsten Jeletzki, des Finales des dritten Bildes und der Arie Lisas »Ach, dieses Sehnen und Bangen!«).

Den Hauptunterschied zwischen dem Opernlibretto und Puschkins Novelle hat Modest Tschaikowski erläutert und dabei auf zwei Momente hingewiesen: »die Verlegung der Zeit der Handlung in die Epoche Katharinas sowie die Einfügung eines dramatisch zugespitzten Liebeselements«. Das Wesentliche lag freilich nicht nur darin. Durch seine Änderung verschärfte der Komponist erheblich den psychologischen Hintergrund der Novelle, den dramatischen Grundkonflikt, indem er die Idee der sozialen Ungleichheit unterstrich, welche diesen Konflikt bewirkt hat. Bei Puschkin ist Hermann ein Ingenieur, bei Tschaikowski ein Husarenoffizier. Bei Puschkin ist Lisa ein armes Mädchen, das ein Gnadenbrot empfängt und nach Hermanns Tod bereit ist, einen ungeliebten Mann zu heiraten. Bei Tschaikowski ist Lisa eine reiche Erbin, die Enkelin einer Gräfin, ein Mädchen mit willensstarkem Charakter, eine leidenschaftliche Natur, die, nachdem sie heiß und hingebungsvoll geliebt hat, nach Hermanns Tod nicht weiterleben konnte. Um für den verliebten armen Offizier die Konfliktsituation zuzuspitzen, führte der Komponist die Gestalt des Fürsten Jeletzki als Lisas Bräutigam ein. Außerdem besteht noch folgender Unterschied zwischen Puschkins Novelle und dem Opernlibretto: Während Hermann in der Novelle nur heuchelt, verliebt zu sein, liebt Hermann in Tschaikowskis Oper selbstlos, und der Reichtum bildet für ihn lediglich ein Mittel, um sich mit der Geliebten zu verbinden. Gerade die wahnsinnige Leidenschaft führt bei ihm zu wirklichem Wahnsinn – zu geistiger Verwirrung, und erst danach wird aus dem der Bereicherung dienenden Mittel ein Ziel.

Tschaikowski hat *Pique Dame* als Mono-Oper geschaffen: Durch die Gestalt Hermanns – des Helden des Dramas – läßt er alle Ereignisse und die Entwicklung der Handlung wie durch ein Prisma »ablaufen«. In der Musik hat der Komponist Sinn und Hintergrund dessen erschlossen, was nicht nur auf der Bühne, sondern auch im Inneren jeder handelnden Person der Oper vorgeht. Ähnlich wie in seinen Sinfonien verarbeitete Tschaikowski in diesem Bühnenwerk zwei Grundthemen. Eines davon, das mit dem Geheimnis der drei Karten zusammenhängt, setzt sich aus zwei Motiven zusammen, aus deren Intonationen zahlreiche Themen der Oper erwachsen. Das andere Grundthema ist das Liebesthema. Auf der Verarbeitung dieser Themen basiert die musikalische Dramaturgie des ganzen Werkes.

In der kurzen Introduktion, mit der die Oper beginnt, hat der Komponist den musikdramatischen Grundkonflikt des Werkes konzentriert: Tragische Klangbilder stehen lyrischen gegenüber, und die Themen, die in dieser Einleitung erklingen, werden zur Grundlage der durchgehenden Entwicklung des musikalischen Geschehens.

Eine von pulsierendem Leben erfüllte Szene im Petersburger Sommergarten eröffnet das erste Bild. Die Stimmung unbeschwerter Heiterkeit und Freude, die im Chor der mit Kindern spazierengehenden Kinderfrauen, Ammen und Gouvernanten sowie im Kindermarsch zum Ausdruck kommt, schwächt die spannungsgeladene Dramatik der Orchestereinleitung und der anschließenden Szenen ab. Der im Sommergarten erscheinende Hermann ist in düsterer Verfassung und in Gedanken versunken. Von zarter Melancholie und träumerischen Vorstellungen ist sein erstes Arioso »Ach könnte ich den Namen nennen!« erfüllt – eine heimliche Erklärung als Antwort auf die Frage seiner Freunde (der Offiziere Tschekalinski und Surin sowie des Grafen Tomski), worin denn die Ursache seines Kummers liege. Das Arioso wird von leidenschaftlichen, emotional geprägten, hastig vorgetragenen melodischen Phrasen abgelöst: »Ich leide, sterbe – liebe sie!« Als Kontrast zu dieser Szene dient der darauf folgende Chor der Spaziergänger im Sommergarten, dessen Musik erneut unbeschwert-frohes Treiben zum Ausdruck bringt. Nun erscheint der Fürst Jeletzki. Er nimmt die Glückwünsche anläßlich seiner bevorstehenden Hochzeit entgegen. Seine Braut ist Lisa, die in diesem Augenblick zusammen mit ihrer Großmutter den Garten betritt. Hermann erkennt seine Geliebte. Alle, die sich unvermutet im Sommergarten getroffen haben, erfaßt eine merkwürdige, unheilvolle Vorahnung. »Wie seltsam! Bang ist mir!«, äußern Lisa und die Gräfin, Hermann, Tomski und Jeletzki. Unruhe und Furcht kennzeichnen ihre Stimmen, die sich in einem komplizierten Ensemble verflechten – »einem unheimlichen statischen Moment« (wie sich der sowjetische Musikforscher Boris Assafjew ausdrückte) –, wobei die Musik nicht die Handlung, sondern den inneren Zustand jeder einzelnen Person offenbart. Nachdem sich Lisa und die Gräfin in Begleitung Jeletzkis entfernt haben, erzählt Tomski seinen Freunden, weshalb man dieser alten Frau den Beinamen »Pique Dame« gegeben hat (die Anekdote, daß die Gräfin das Geheimnis der drei glückbringenden Karten wisse, aber derjenige, dem sie ihr Geheimnis enthülle, ihr den Tod bringen werde). Tomskis breit angelegte Erzählung ist in Form einer Ballade aufgebaut. Die Intonationen der musikalischen Themen, die dieser Ballade zugrunde liegen, werden in der Entwicklung der musikalischen Dramaturgie der Oper zu Schlüsselelementen (Leitthemen). Das erste dieser Leitthemen ist der Beginn von Tomskis Erzählung »Es war in Versailles einst . . .« (das dann mit anderen Worten dreimal wiederholt wird); das zweite ist der Refrain: »Drei Karten!«

Die Schärfe des musikdramatischen Geschehens wird nunmehr begreiflich: Das erste Thema erklang in etwas veränderter Gestalt – in marschartigem Charakter – zu Beginn der Einleitung der Oper und dann im Orchester beim ersten Auftritt der Gräfin im Sommergarten und nach dem Quintett bei ihrem Abgang. Das zweite Thema bildete in einer elegischen Variante die Intonationsbasis der Orchesterepisode während Hermanns Auftritt, erschien im Orchester bei der Begleitung von Hermanns Rezitativ (Dialog mit seinen Freunden), danach in seinem Arioso »Ach, könnte ich den Namen nennen« und schließlich im Orchesterpart vor Tomskis Ballade. Beide Leitthemen spielen auch im weiteren Verlauf der Oper eine wichtige Rolle.

Graf Tomski erzählt den Offizieren Surin und Tschekalinski von dem Geheimnis der alten Gräfin. Im Scherz unterbreiten sie Hermann den Vorschlag, daraus Nutzen zu ziehen. Hermann indes reagiert darauf: »Was soll mir das! Selbst wenn ich das Geheimnis[72] erfahren könnte: Für mich ist alles aus . . .« Lisa ist nämlich die Braut eines reichen, angesehenen Fürsten. Der Gedanke an den Rivalen hat Hermann derart aus der Fassung gebracht, daß er nicht bemerkte, wie er im Sommergarten allein geblieben war: Inzwischen hat ein Gewitter eingesetzt, und alle sind auseinandergelaufen. Doch der Sturm schreckt ihn nicht. »Du lächerlicher Sturm! Was weißt du von dem Feuer, das wild in mir brennt! . . . Sie wird nur mir gehören, nur mir! Sonst bleibt mir nur der Tod!«, schwört er. Die dramatisch gestaltete Musik, die sowohl das tobende Gewitter als auch Hermanns ekstatisch-erregten Zustand schildert, steht in scharfem Kontrast zu der idyllisch-freundlichen Stimmung des anschließenden (zweiten) Bildes der Oper.

In Lisas Zimmer haben sich ihre Freundinnen eingefunden. Mit einer dieser Freundinnen, Polina, singt Lisa ein elegisches Duett »Die Nacht kommt. Freundlich liegt das Tal im Dämmerschein . . .« Auf Bitte der Mädchen singt Polina Lisas Lieblingslied »Wie schwer das Herz mir wird, seh' ich die Mägdelein beim Reigen auf der Wiese sich froh und sorglos drehen allesamt im Tanz«. In der Stimmung des Liedes gibt der Komponist sowohl die Unruhe wieder, die Lisa erfaßt hat, als auch die inneren Qualen, die ihr noch bevorstehen. Das Lied wird von einem übermütigen russischen Tanzlied abgelöst »Tanz doch, liebste Maschenka, laß uns heute fröhlich sein«. An der Fröhlichkeit der Freundinnen nimmt Lisa indes keinen Anteil. Eine Gouvernante unterbricht die Tänze: »Damen aus vornehmen Kreisen haben auf Anstand zu achten.« Die Freundinnen gehen ab. Allein geblieben, kann sich Lisa nicht mehr verstellen. Beklemmung und Zweifel kommen in ihrem Arioso »Woher nur diese Tränen?« zum

Ausdruck. Nein, sie liebt ihren vornehmen Bräutigam nicht, sie ist ganz und gar von einem tiefen Gefühl ergriffen. Im Rausch des Entzückens enthüllt Lisa ihr Geheimnis: »O hör mich, Nacht! Dir will ich das Geheimnis anvertrauen«. Plötzlich bricht ihr Arióso-Monolog ab: in der Balkontür erscheint Hermann. Er ist gekommen, um von der Geliebten Abschied zu nehmen. Leidenschaftlich erregt klingt sein flehendes Bitten, das sich zu einem flammenden Bekenntnis steigert: »Gib mir den Tod, er bringt mir die Erlösung! Ich sag' dir Dank! Denn ohne dich kann ich nicht länger leben, bin sterbenskrank!« Die von Leidenschaft und Beklommenheit erfüllte, äußerst ausdrucksstarke Melodie des Arioso, die bereits in der Einleitung zur Oper erklang, bildet das Liebesthema Lisas und Hermanns.

Lisa bittet Hermann zu gehen. Demut und Trauer klingt aus dessen Arioso »Verzeih, du himmlisch reines Wesen, daß ich den Frieden dir zerstört«. In seiner Intonationsstruktur hängt es mit dem hinreißenden Liebesthema zusammen, welches nunmehr einen feierlich-pathetischen Zug erlangt. Auf seinem Höhepunkt wird es von dem Thema des Geheimnisses der drei Karten unterbrochen. Die von dem Geräusch aufgeweckte Gräfin erscheint. Nachdem die Enkelin sie beruhigt hat, entfernt sie sich wieder. Hermann, der sich auf dem Balkon versteckt, ist von Angst gepackt. Er erinnert sich an die von Tomski erzählte Anekdote und kommt auf den Gedanken, sich des Geheimnisses zu bemächtigen, reich zu werden und sich mit der Geliebten zu vereinen. Doch die Furcht siegt: »Welch' eine Grabeskälte verbreitet dieses Weib! Gräßliche Larve, Tod, geh' fort, jetzt haß ich dich! . . .« Als Lisa, die die Großmutter aus dem Zimmer geleitet hat, zurückkehrt, kommt Hermann wieder zur Besinnung: Erneut ist er im Banne leidenschaftlich-flammenden Gefühls, dem Lisa nun nicht mehr zu widerstehen vermag. Das

Thema von Hermanns Arioso »Gib mir den Tod, er bringt mir die Erlösung!« erklingt im Orchester jubelnd wie eine begeisterte Liebeshymne, wenngleich der schwere, gemessene Schritt düsterer Akkorde, welche die Melodie begleiten, in das musikalische Geschehen ein unheilschwangeres Kolorit hineinträgt, das sozusagen den tragischen Ausgang der Oper ankündigt.

Das dritte Bild steht hinsichtlich seines Platzes in der Entwicklung des Handlungsablaufs gleichsam abseits von den dramatisch zugespitzten Ereignissen. (Es enthält das Intermezzo »Die standhafte Schäferin«, an dem Daphnis, Chloë und Plutus beteiligt sind. Die transparente, aparte und stilisierte Musik der Tanznummern, des Chors, des Duetts von Daphnis und Chloë »Ach liebster Schäfer mein« und anderer Ensembleszenen ist inspiriert von der Musik des von Tschaikowski vergötterten Mozart). Indes kommt es gerade in diesem Bild zu einem sehr wichtigen Ereignis in der Entwicklung des Dramas. Die Idee, das Geheimnis der drei Karten ergründen zu müssen, wird für Hermann zur Manie, wodurch sich in seiner Psyche nach und nach eine Wende vollzieht: das Mittel wird zum Ziel. Während Hermann zu Beginn dieses Bildes noch im Banne der Liebe zu Lisa gestanden und in Erwartung der Begegnung mit der Geliebten nur an sie gedacht hat (»Drei Karten! . . . Drei Karten nur – und ich bin reich! . . . Dann fliehen wir in eine Welt, die uns gehört . . . Zum Teufel! . . . Der Gedanke macht mich wahnsinnig«), so bestehen für ihn jetzt, als Lisa ihm den Schlüssel zum Gemach der Gräfin gibt, durch das er in Lisas Zimmer gelangen kann, bereits keine Zweifel mehr: »Jetzt hat das Schicksal meinen Weg entschieden, und bald weiß ich sie, die drei Karten.« Im Orchester erklingt immer nachdrücklicher das Thema des Geheimnisses der drei Karten, als ob die Idee, reich zu werden, endgültig Hermanns Phantasie ergriffen hätte.

Das vierte Bild bringt den Höhepunkt der von Dramatik erfüllten Liebe Hermanns und Lisas, die Kulmination der psychologischen Kollision. Diese Szene deckt sich nahezu vollständig mit dem Geschehen in der Puschkinschen Novelle: Hier herrschen der gleiche träge Fluß der Zeit des Wartens und das gleiche düstere und beängstigende Gefühl der Stille. Eröffnet wird das Bild durch eine Orchestereinleitung – den verhaltenen Klang der Bratschen, die ein und dieselbe »Seufzer«-Intonation wiederholen, welche erstmals in dem Quintett »Bang ist mir« im ersten Bild erklungen ist. Wie eine flehende Bitte, als ob es sich aus der Erstarrung loszureißen versucht, erklingt ein aufsteigendes Motiv, das in seiner Intonationsstruktur aus dem Thema des Refrains der Ballade »Drei Karten!« hervorgegangen ist (aber in jener Variante, die in der zweiten Phrase des Quintetts »Bang ist mir« begegnet und dem Thema von Lisas Arie »Woher nur diese Tränen?« nahesteht). Schwermut und Beklemmung sprechen aus der mehrfachen Wiederholung dieses zum Leitthema des vierten Bildes werdenden Motivs in den Violinen, das ständig und nachdrücklich vom Thema des Geheimnisses der Gräfin – einem gedämpften, kurzen, abgehackten Klang in den Celli und Kontrabässen – unterbrochen wird. Dieses aufsteigende Motiv erlangt nach und nach den Charakter des Verhängnisvollen, des unabwendbaren Schicksals. Aus dem Orchester gelangt es in Hermanns Vokalpart, und als Hermann im Gemach der Gräfin erscheint und deren an der Wand hängendes Porträt sieht (»Da ist sie ja, die ›Russische Venus‹! Durch unsichtbare Mächte bin ich an sie gekettet. Starr' mich nicht an! Du bringst mir noch den Tod, das fühle ich! Ja, von uns beiden stirbt der eine durch den anderen!«), gelangt das Motiv im Vokalpart des Helden zu voller Entfaltung und zu vollem Bedeutungsausdruck. Gerade in dieser Monologszene Hermanns tritt die Nähe des von Leid und Wahnsinn entstellten Liebesthemas zum »schicksalhaften« Leitthema »Drei Karten!« besonders sinnfällig zutage.

Jetzt sind Geräusche zu hören. Die Gräfin ist erschienen, begleitet von Zofen und Gesellschafterinnen, die liebedienerisch ihre Gönnerin in einem Chor begrüßen. Allein geblieben, gibt sich die Gräfin Erinnerungen an ihre Jugend hin und singt ein Lied auf eine Melodie aus Grétrys Oper *Richard Löwenherz*, eine Melodie, die in diesem schrecklichen, spannungsgeladenen Augenblick laut Boris Assafjew »wie eine unheimliche Stimme aus einer anderen Welt« ertönt. Das Lied klingt immer leiser. Die Gräfin ist eingeschlafen, wird aber bald darauf durch Hermann geweckt und erstarrt vor Schreck, der sie bis zu ihrem Tod nicht mehr verläßt. Die Todesangst der alten Frau wird durch den Klang des Orchesters wiedergegeben, während gleichzeitig der von rasender Leidenschaft erfaßte Hermann die Gräfin beschwört, ihm ihr Geheimnis zu enthüllen: flammend und nervös-erregt klingen sein Rezitativ und sein beschwörendes Arioso »Wenn Ihr es jemals erfahren, was Liebe vermag«. Sowohl im Orchester als auch im Vokalpart werden das Thema des Geheimnisses der Gräfin und das Thema der »Drei Karten!« vielfältig verarbeitet. Die Gräfin bleibt stumm. Hermann geht von flehentlichem Bitten zur Drohung über: Nunmehr fällt die alte Frau tot in ihren Sessel zurück. Hermann ist verzweifelt − mit ihrem Tod ist auch das Geheimnis verloren. Wiederum erklingt im Orchester das Leitthema des vierten Bildes, aber nunmehr erreicht dessen Ausdrucksintensität ein Höchstmaß an Spannung. Hermann denkt nur noch an die drei Karten. Lisa erscheint und schaudert bei dem Gedanken, daß ihr Geliebter nicht sie gewinnen, sondern das Geheimnis der glückbringenden drei Karten erfahren wollte. Mit der im Orchester erfolgenden Verarbeitung des Leitthemas des vierten Bildes und des Themas des Geheimnisses der Gräfin, die Verwirrung und Verzweiflung zum Ausdruck bringen, endet diese Szene.

Im fünften Bild (Szene in der Kaserne) schildert Tschaikowski die weitere Entwicklung von Hermanns psychischer Verfassung. Der Kampf mit seinem Gewissen und das Entsetzen über das, was er getan hat, haben Hermann seelisch aufgerieben. Auch die äußerlich rein darstellenden Episoden: die militärischen Trompetensignale, das Sturmgeheul und der Grabesgesang – stehen in unmittelbarer Beziehung zu dem leidenden, gequälten Mann. Nur im Zustand unheilschweren Alpdruckes konnte er den Geist der Gräfin erblicken, der vor ihm aufgetaucht ist, um zwecks Lisas Rettung das Geheimnis der drei Karten zu enthüllen: »Drei! Sieben! As!«

Das sechste Bild (Szene am Kanal) widmet der Komponist Lisa. Hermanns wahnwitzige Idee, reich werden zu wollen, hat zum tragischen Schluß nicht nur ihres Schicksals, sondern ihres ganzen Lebens geführt. Lisa hegt noch die Hoffnung, daß Hermann den Tod der Gräfin nur zufällig verursacht hat. Sie liebt ihn nach wie vor und schlägt ihm ein Wiedersehen vor. Wie eine wehmütige Klage oder ein getragenes russisches Volkslied erklingt ihr Arioso »Ach, dieses Sehnen und Bangen . . .« Aber Hermann ist nicht erschienen. In rasender Verzweiflung bricht aus ihr der Schrei: »Vorbei ist alles! Einem Mörder hab' ich mein Schicksal anvertraut!« (eine Tonfolge, die in ihrem Intonationscharakter aus dem Thema »Drei Karten!« erwächst). Schließlich kommt Hermann doch zu dem Treffen. Hell und froh erklingt das lyrische Duett: »Nun darf ich dich wieder umfangen, vergessen sind Sorgen und Leid . . .« Das Glück währt indes nur kurze Zeit: Hermann zieht es erneut in den Spielsaal. Er erkennt Lisa nicht mehr und eilt zum Kartentisch. Lisa muß sich eingestehen, daß Hermann verloren ist. Das bedeutet auch für sie den Tod: Sie läuft zur Kaimauer und stürzt sich in den Fluß.

Unbeschwerte Fröhlichkeit kennzeichnet die einleitende Szene des Schlußbildes der Oper, das einen Spielsaal zeigt. Der Chor »Kartenspiel ist Mannestugend! Trinkt und spielt mit eurem Glück!« wird abgelöst von Tomskis Scherzlied »Könnten Mädchen Flügel kriegen...« In düsterer Stimmung betritt Hermann den Spielsaal. Er steckt die Karten hintereinander, gewinnt und bringt, vom Erfolg berauscht, einen Trinkspruch aus: »Was ist das Leben? Ein Spiel! Ob gut, ob böse: alles Schein!« Indem er furchtlos die dritte Karte aufdeckt, nennt er sie, ohne hinzuschauen: »Mein As!« – »Nein!«, hört er, »Eure Dame schlag' ich!« Hermann hält Pique Dame in der Hand, doch ihm scheint, als sei dies der Geist der Gräfin. Diese Erschütterung geht über seine Kräfte, und er ersticht sich. Als er für einen Augenblick wieder zu Bewußtsein kommt, wendet er sich im Geist an Lisa: »Verzeih mir, bitte, eh' ich sterbe!...« Tragisch und schmerzerfüllt erklingt das helle, beseelte Liebesthema und bildet den krönenden Abschluß der Oper.

Tschaikowski hatte die Arbeit an *Pique Dame* am 19. Januar 1890 aufgenommen und konnte bereits nach 44 Tagen (am 3. März, d. h. nach ungewöhnlich kurzer Zeit!) die Entwürfe abschließen. Anschließend fertigte er im Laufe eines Monats den Klavierauszug an, und am 8. Juni war das ganze Werk instrumentiert. Vollendet wurde die Partitur daheim, in Frolowskoje. Obwohl Tschaikowskis Lieblingsort für ihn jetzt jeden Reiz verloren hatte: der Wald war abgeholzt worden, verschwunden waren alle schattigen, malerischen Winkel, und nirgends bot sich mehr Gelegenheit für einen Spaziergang, fühlte er sich in ausgezeichneter Stimmung. Für Wehmut und Trübsal war keine Zeit, da er in den Stunden, die für das Arbeiten vorgesehen waren, die Partitur schrieb und die übrige Zeit im Klavierauszug der Oper, der im Musikverlag Jürgenson erscheinen sollte, Korrektur las. Als schließlich Ende Juni Jürgenson, Kaschkin und A. Hubert nach Frolowskoje zu Besuch kamen, spielte Tschaikowski ihnen voller Stolz »die ganze Oper von A bis Z« vor. Seinem Bruder Anatoli schrieb er damals: »Offen gesagt, gefällt auch mir persönlich die Oper mehr als alle meine übrigen, und viele Stellen kann ich wegen des mich überströmenden Gefühls gar nicht so spielen, wie es sich gehört. Die Stimmung überwältigt einen, und man möchte weinen! Mein Gott, sollte ich mich täuschen?«

Im August wurde das gesamte Notenmaterial der Oper *Pique Dame* der Petersburger Theaterdirektion übergeben. Zusammen mit diesem Material brachte Tschaikowski noch eine Partitur mit nach Petersburg – das Streichsextett *Erinnerung an Florenz*, das er gleich nach Beendigung der Orchestrierung der Oper zu komponieren begonnen hatte.

Erinnerung an Florenz[73]. Das Sextett für Streichinstrumente (zwei Violinen, zwei Bratschen und zwei Celli) hatte Tschaikowski eigens der Petersburger Quartettvereinigung (der das Werk auch gewidmet ist) zu komponieren versprochen. Am Ende der Konzertsaison 1889/90 sollte das Sextett bereits erklingen. Die Uraufführung wurde jedoch um zwei Jahre verschoben: Als der Komponist und die Interpreten das Werk erstmals hörten, fanden sie die letzten zwei Sätze – Scherzo und Finale – wenig gelungen. Mit der Umarbeitung des Sextetts konnte sich der Komponist allerdings erst im Dezember 1891/Januar 1892 befassen. Ende 1892 gelangte das Werk zweimal in Petersburg (bei einem Quartettabend der Russischen Musikgesellschaft und im Verein für Kammermusik) sowie in Moskau zur Aufführung.

Mit dem Sextett *Erinnerung an Florenz* hat der Komponist erstmals ein Werk für eine Gruppe von sechs Streichinstrumenten geschrieben. Dieser Versuch, »aus dem Rahmen des Streichquartetts« herauszutreten, war ganz nach seinem Geschmack: »Welch herrliche Gruppierung ergibt sich im Sextett! Wie hat sich das als günstig und reich an Ressourcen erwiesen!« In der neuen musikalischen Form legte Tschaikowski darauf Wert, »nicht irgendwelche Musik zu komponieren und dann für sechs Instrumente einzurichten, sondern eben ein Sextett zu schaffen, das heißt ein Werk für sechs selbständige Stimmen, damit das nichts anderes als ein Sextett bildet«. Trotz der schwierigen Bedingung, vor die er sich gestellt sah, gelang es ihm, ein solches Werk zu schaffen. Mehr noch: Die Gestaltung jedes Instrumentalparts ist so kunstvoll und der Zusammenklang der Stimmen so reich, daß es zu einer Klangfülle kommt, als ob ein ganzes Streichorchester beteiligt sei. Das viersätzige Werk besteht aus einem dramatisch konzipierten ersten Satz, einem lyrisch-kantablen zweiten Satz, einem in Art einer Serenade komponierten elegisch-stimmungsvollen dritten Satz und einem schnellen, übermütig-heiteren Finale.

Nach der Fertigstellung der Oper und des Sextetts begab sich Tschaikowski zu seiner Schwester und zu seinen Brüdern, Nikolai, Modest, Ippolit und Anatoli, um sich zu erholen. Er fuhr zunächst nach Grankino und Kamenka und anschließend nach Taganrog und Tiflis. Wegen seiner malerischen Lage hatte ihn Tiflis schon bei der vorangehenden Reise zu seinem Bruder Anatoli im Jahre 1886 bezaubert. Die immergrünen Gewächse, die blühenden Obstbäume und das lebhafte Treiben in den kleinen, schmalen Gassen, die ihn an Venedig erinnerten – all das war für ihn unvermutet originell und interessant. Er unternahm viele herrliche Spaziergänge, besuchte das David-Kloster, in dem der russische Dichter Alexander Gribojedow begraben ist, und lauschte einheimischen Sängern, die georgische Volkslieder vortrugen. Tschaikowski war gerührt von der Liebe und Sympathie, welche ihm die Musiker von Tiflis entgegenbrachten. In seinem

Gedächtnis blieb insbesondere ein Konzert im Opernhaus der Stadt haften, das zu Ehren des berühmten Komponisten veranstaltet worden war und gänzlich aus Werken bestand, die er komponiert hatte. Die ganze Loge wie auch die Bühne waren von Blumen geschmückt und dem Komponisten wurden unzählige Blumensträuße überreicht und ein Silberkranz geschenkt. Tschaikowski lernte damals einen jungen Komponisten und Dirigenten kennen, der als Direktor des Tifliser Musikvereins und der dortigen Musikschule wirkte und sich um die Aufführung von Werken des Schöpfers der *Pique Dame* verdient gemacht hatte – Michail Ippolitow-Iwanow. Er schloß Freundschaft mit diesem Musiker und dessen Frau Warwara Sarudnaja, einer begabten Sängerin und Interpretin vieler seiner Lieder, der ersten Darstellerin der Tatjana in *Eugen Onegin* und der Maria in *Mazeppa* in der Tifliser Oper. (Die Freundschaft mit Ippolitow-Iwanow und dessen Frau währte bis zu Tschaikowskis Tod, und der Komponist brachte dem künstlerischen Wirken des Ehepaares großes Interesse entgegen.)

Am 20. Oktober dirigierte Tschaikowski in einem Sinfoniekonzert, das im Tifliser Opernhaus stattfand, eigene Werke. »Während des ganzen Konzertes kam es zu endlosen Ovationen für den verehrten Komponisten und Dirigenten. Mit dem Orchester war er sehr zufrieden«, schrieb Ippolitow-Iwanow in Erinnerung an diese Aufführung. Der Pianist Isaak Matkowski, der bei diesem Konzert mitgewirkt hatte, wies indes darauf hin, daß Tschaikowski, der gewöhnlich sanft und rücksichtsvoll, freundlich und entgegenkommend war, sich bei den Proben energisch und beharrlich zeigte: »Er gab sich so lange nicht zufrieden, bis das Orchester die notwendigen Nuancen erzielte.«

Während seines Aufenthalts in Tiflis erhielt Tschaikowski von Frau von Meck einen Brief mit der Nachricht, daß ihr Vermögen vor dem Zusammenbruch stehe und sie sich deshalb gezwungen sehe, die Geldzuwendungen für ihn einzustellen. Eine schwere moralische Krise, die durch Furcht vor Verarmung ausgelöst worden war, sowie eine Krankheit bildeten wahrscheinlich die Ursache für Frau von Mecks endgültigen Entschluß, nicht nur die Geldzuwendungen einzustellen, sondern auch den Briefwechsel (und damit alle Beziehungen) mit dem Komponisten abzubrechen. Tschaikowski, der vom Stand der Dinge bei seinem »besten Freund« beunruhigt und von dem ungerechten Vorwurf, daß er sie jetzt womöglich vergessen werde, tief gekränkt war, schrieb an Frau von Meck: »Könnte ich denn auch nur einen Augenblick vergessen, was Sie für mich getan haben und wieviel ich Ihnen verdanke? Ohne jede Übertreibung muß ich sagen, daß Sie mich gerettet haben und daß ich sicherlich den Verstand verloren hätte und zugrunde gegangen wäre, wenn Sie mir nicht zu Hilfe gekommen wären und durch Ihre Freundschaft, Ihre Anteilnahme und Ihre materielle Beihilfe (die damals der Anker meiner Rettung war) meine völlig erloschene Energie und das Streben, auf meinem Wege voranzukommen, unterstützt hätten. Nein, meine teure Freundin, seien Sie versichert, daß ich an all das bis zu meinem letzten Atemzuge denken und sie segnen werde. Ich bin froh, daß ich gerade jetzt, da Sie Ihre Mittel nicht mehr mit mir teilen können, Ihnen ungehemmt meine grenzenlose, heiße Dankbarkeit aussprechen darf, die sich in Worten ja überhaupt nicht ausdrücken läßt.« Auf seinen Brief hat Tschaikowski jedoch keine Antwort erhalten. Da der Bruch schwer auf ihm lastete, wandte sich der Komponist später mehrfach an Frau von Mecks Schwiegersohn und Sekretär Wladislaw Pachulski, doch dieser gab keine Auskunft, und seinen letzten Brief an Frau von Meck erhielt Tschaikowski zurück.

Tschaikowskis Einkünfte aus seiner Tätigkeit als Komponist und Dirigent waren zu diesem Zeitpunkt (1890) zwar beträchtlich gestiegen, aber er hatte kein festes Einkommen, da alles von der Programmgestaltung der Theater- und Konzertdirektionen abhing. Seine ihm von der russischen Regierung gewährte Rente (jährlich 3000 Rubel) verteilte er fast vollständig für Stipendien und als Unterstützung an einstige Schüler, an zahlreiche entfernte Verwandte und deren Familien, an seine ehemalige Frau, an eine alte Musiklehrerin und viele andere Personen. Er hatte das sogar einst Frau von Meck gestanden: »Meine verhältnismäßig umfangreichen Mittel gebe ich mehr für andere als für mich aus . . . Alle meine Angehörigen werfen mir Verschwendungssucht vor, das heißt, sie sagen, daß ich die Rolle eines Wohltäters in solch einem Ausmaß auf mich nehme, daß ich dafür keine hinreichenden Voraussetzungen habe. Aber was soll ich denn machen, wenn ich fortwährend auf wirkliche Not stoße, wenn mich ständig Leute um Hilfe bitten, die tatsächlich bedürftig sind und tatsächlich Hilfe und Anteilnahme verdienen?«

Von Tiflis fuhr Tschaikowski nach Taganrog, um seinen Bruder Ippolit und dessen Familie zu besuchen. Anschließend begab er sich nach Moskau, wo er mit engen Freunden (A. Hubert, Kaschkin, Siloti, Swerjew, Arenski und Jürgenson) zusammenkam, und traf schließlich wieder zu Hause ein. »Ich kann gar nicht ausdrücken, wie wonnevoll für mich der Aufenthalt in Frolowskoje ist«, schrieb er sogleich seinem Bruder Modest. Doch schon wenige Tage später mußte er sich erneut von der Arbeit losreißen und nach Petersburg fahren: Die Proben für die Aufführung der Oper *Pique Dame* hatten begonnen. Am 3. Dezember mußte er bei einer Feier im Petersburger Konservatorium zugegen sein: Anläßlich des fünfundzwanzigsten Jahrestages seines musikalischen Wirkens wurde hier ein besonderer Festabend veranstaltet.

Inzwischen liefen die Vorbereitungen zur Aufführung der *Pique Dame* im Petersburger Marientheater »auf vollen

Touren«. Die Sänger, die Orchestermitglieder, der Dirigent Eduard Napravník und der Regisseur Josef Paleček – sie alle arbeiteten mit großer Begeisterung und Hingabe an der Einstudierung der Oper. Am 7. Dezember fand die Uraufführung statt. Die besten Sänger des Marientheaters wirkten dabei mit: Nikolai Figner als Hermann, Medea Figner als Lisa, Iwan Melnikow als Tomski, Leonid Jakowlew als Jeletzki, Maria Slawina als Gräfin und Nina Friede als Chloë. Die Regiehinweise für die Inszenierung gefielen Tschaikowski so, daß er sie als »ausgezeichnet und großartig« bezeichnete und empfahl, diese bei der Aufführung der Oper in Moskau, Prag und Hamburg zu nutzen. »Keine andere Oper Tschaikowskis ist bei ihrer Erstaufführung so vortrefflich dargeboten worden. Alle Hauptdarsteller glänzten in jeder Hinsicht ihrer Begabung ... Das Schwierigste wurde am besten vorgetragen: Napravník bei der musikalischen Leitung der Oper und Figner in der Rolle des Hermann übertrafen sich selbst und trugen zweifelsohne am meisten zum Erfolg der Oper bei. Die Bühnenausstattung und die Kostüme, die bis ins Detail der Epoche getreu nachgebildet waren, wirkten apart, in der Ballszene luxuriös, überraschten durch reiche Phantasie und standen auf der Höhe der musikalischen Darbietung«, schrieb Modest Tschaikowski in Erinnerung an die Uraufführung der Oper. Auf Wunsch des Publikums wurden einzelne Nummern wiederholt: die Arien Hermanns und Lisas sowie das Duett Lisas und Polinas. »Das Publikum rief unzählige Male nach dem Komponisten ... angesichts seiner außergewöhnlichen Bescheidenheit mußten wir Künstler ihn auf die Rufe hin fast auf die Bühnenrampe hinausziehen, wobei er sich sehr schüchtern verbeugte« (Nina Friede).

Im gleichen Monat war Tschaikowski Zeuge der Erstaufführung der Oper im Kiewer Opernhaus. *Pique Dame* wurde vom Kiewer Publikum so begeistert aufgenommen, daß ihm das ganz unwahrscheinlich vorkam. Als Dirigent der Oper wirkte Josef Pribik. Die Rolle des Hermann spielte Michail Medwedjew, die des Fürsten Jeletzki Joakim Tartakow. Im Laufe reichlich eines Monats gelangte das Werk dann achtzehnmal bei vollbesetztem Zuschauerraum zur Aufführung (ein in Kiew bis dahin noch nie dagewesenes Ereignis).

Beide Inszenierungen hinterließen bei Tschaikowski einen nachhaltigen Eindruck. Doch was hatte er damals alles durchgemacht! »Wie war ich aufgeregt, hegte Befürchtungen, war betrübt, freute mich, litt und genoß. Ganz allgemein möchte ich nur sagen, daß sowohl die unerhört prachtvolle Inszenierung auf der Petersburger Bühne als auch die einfache, aber reizvolle Aufführung in der Provinz mich völlig befriedigt haben und daß ich mit allen Darstellern durch und durch zufrieden bin. Am erstaunlichsten und vollkommensten waren jedoch Figner[74] und das Petersburger Orchester, das wahre Wunder vollbracht hat« – teilte Tschaikowski seinem Freund Michail Ippolitow-Iwanow mit.

Ein Jahr danach wurde die Oper im Moskauer Bolschoi-Theater unter der musikalischen Leitung von Ippolit Altani aufgeführt. Die Rolle des Hermann spielte erneut Medwedjew. Als Lisa trat Maria Deischa-Sionizkaja auf, den Jeletzki sang Pawel Chochlow, den Tomski – Bogomir Korsow und die Gräfin – Alexandra Krutikowa. Der Komponist betrachtete die Aufführung als gelungen: »Das Ensemble ist über alles Lob erhaben. Altani war nicht wiederzuerkennen. Die Inszenierung wirkte prachtvoll, aber etwas schlichter als die in Petersburg. Am meisten hat mir die Sionizkaja gefallen. Medwedjew war gut, aber die Erinnerung an Figner wird jedwede Darbietung der Rolle des Hermann in den Schatten stellen.«

Ein weiteres Jahr später besuchte Tschaikowski eine Aufführung der Pique Dame in Prag, wo die Oper nicht nur beim Publikum großen Erfolg hatte, sondern auch bei den tschechischen Musikern hohe Anerkennung fand.

Weltweite Anerkennung. Im Frühjahr 1891 erhielt Tschaikowski eine Einladung zur Teilnahme an einem Musikfest, das anläßlich der Einweihung eines neuen Konzertsaales in New York – der »Carnegie Hall« – veranstaltet werden sollte, und er begab sich erneut auf eine große Konzertreise. Vor seinen Auftritten in Amerika gab er in Paris ein Konzert mit eigenen Werken, bei dem unter seiner Leitung die *Dritte Suite*, der *Slawische Marsch*, das *Zweite Klavierkonzert* (mit I. Wolf als Solisten), das *Andante cantabile* in einer Bearbeitung für Streichorchester sowie Vokalstücke erfolgreich dargeboten wurden.

In den USA dirigierte Tschaikowski ebenfalls eigene Werke. Vier Konzerte gab er in New York und je eins in Baltimore und in Philadelphia. Die Reise nach Amerika brachte dem Komponisten tiefe Genugtuung: »Man hat mich dort mit Begeisterung aufgenommen; es war ein Riesenerfolg. Herzliches Entgegenkommen, Gastfreundschaft und Freundlichkeit wurden mir in Hülle und Fülle erwiesen. Jetzt ist es mir angenehm, mir all das ins Gedächtnis zurückzurufen. Als ich aber dort weilte, hatte ich ständig schreckliche Sehnsucht nach Rußland und strebte mit ganzer Seele heimwärts«, teilte er seinen Verwandten und Freunden mit.

Während der Reise nach Amerika fertigte Tschaikowski erste Entwürfe für eine neue Sinfonie an. Der Gedanke an dieses Werk beschäftigte ihn, seitdem er die Arbeit an seiner Fünften Sinfonie abgeschlossen hatte. Er wollte »schrecklich« gern eine »grandiose Sinfonie« schreiben, die gewissermaßen die Krönung seiner ganzen »kompositorischen Laufbahn« bilden sollte. Aus den Skizzen, die im April 1891 in Rouen aufgezeichnet worden waren, fertigte er Entwürfe musikalischer Themen an und versah sie mit Randbemerkungen: »Motiv. Weshalb? Weshalb? Wozu«, »Beginn und Hauptgedanke der ganzen Sinfonie«, »Motiv für das Finale nach dem *Weshalb*? Zunächst keine Antwort, aber dann plötzlich feierlich«. Während der Rückreise über den Atlantik setzte er die Aufzeichnung von Skizzen fort. Hierbei schälte sich bereits die Bezeichnung des künftigen Werkes heraus – die Sinfonie »Das Leben« mit folgendem Programm: »Erster Satz – ganz und gar Impuls, Gewißheit und Tatendrang. Er muß kurz sein (das Finale *Der Tod* ist das Ergebnis der Zerstörung). Zweiter Satz – Die Liebe; dritter Satz – Die Enttäuschung. Der vierte Satz endet mit leisem Verhallen (ebenfalls kurz).«

Als der Komponist heimgekehrt war, erwartete ihn aber die Arbeit an anderen Werken: an dem Ballett *Der Nußknacker* und an der Oper *Jolanthe*. Außerdem galt es Korrektur zu lesen für Neuausgaben der sinfonischen Fantasie *Der Sturm*, des *Eugen Onegin* und des Balletts *Dornröschen* . . .

Das Leben begann »wie gewohnt« ruhig und regelmäßig, nur hin und wieder wurde es unterbrochen von Reisen in die russischen Metropolen – nach Petersburg zu Konzerten, die er dirigierte, und nach Moskau zur dort stattfindenden Erstaufführung der *Pique Dame* oder zwecks Erledigung anderer Dinge.

Wenn Tschaikowski von der kompositorischen Arbeit ausspannte, befaßte er sich wie eh und je mit Lektüre unterschiedlichster Art: Er las Anton Rubinsteins Buch »Die Musik und ihre Vertreter. Gespräche über Musik«[75], das gerade in Moskau erschienen war, sowie Schriften des niederländischen materialistischen Philosophen Spinoza und Bücher über ihn. (Tschaikowski bewunderte Spinozas Persönlichkeit und hat dessen Werke eingehend studiert. Später erwarb er auch ein Buch Spinozas, das 1892 in russischer Übersetzung veröffentlicht worden war und folgenden Titel trug[76]: »Ethik, demonstriert in geometrischer Ordnung und gegliedert in fünf Teile, in denen gehandelt wird: 1) von Gott; 2) von der Natur und von der Herkunft der Seele; 3) von der Entstehung der Affekte in der Natur; 4) von der menschlichen Knechtschaft oder von den Kräften der Affekte und 5) von der Macht der Vernunft oder von der menschlichen Freiheit«.)

Ende September faßte Tschaikowski den Entschluß, ein Testament aufzusetzen. Alle Immobilien und sein Vermögen vermachte er seinem Großneffen Georgi Tschaikowski (dem Sohn seiner verstorbenen Nichte Tatjana Dawydowa, den sein Bruder Nikolai adoptiert hatte), abzüglich ¹/₇ des Betrages, das seinem Diener Alexej Sofronow übergeben werden sollte. Die Urheberrechte für die Musikwerke gingen auf einen anderen Neffen – Wladimir Dawydow – über, und zwar mit der Festlegung, daß daraus jährlich Summen an Modest Tschaikowski (1800 Rubel), Antonina Tschaikowskaja (1200 Rubel), den Großneffen Georgi Tschaikowski (1200 Rubel) und an den Diener Sofronow (600 Rubel) ausgezahlt werden sollten. Sofronow erhielt auch alle bewegliche Habe zugesprochen. Als Testamentsvollstrecker bestimmte Tschaikowski die Brüder Pjotr und Boris Jürgenson.

Am 15. Dezember war die Partitur der Oper *Jolanthe* abgeschlossen, und zwei Tage später begab sich Tschaikowski von Moskau kommend über Kiew und Kamenka auf eine Konzertreise ins Ausland: In Warschau stand ein Konzert mit eigenen Werken bevor, und die Erstaufführung der *Pique Dame* in der polnischen Metropole wurde vorbereitet, und in Hamburg sollte *Eugen Onegin* aufgeführt werden.

Vor seiner Abreise ins Ausland gab der Komponist zwei Konzerte in Kiew. (»Tschaikowskis Ankunft wurde in Kiew als außerordentliches Ereignis in unserem Musikleben erwartet«, schrieb später der sowjetische Komponist Reinhold Glière in seinen Erinnerungen. »Der Erfolg des Konzerts war überwältigend. Erstmals in meinem Leben war ich Zeuge solcher Ovationen, eines solchen Triumphs. Und ich fühlte zum ersten Male, daß die Musik nicht nur einem engen Kreis von Musikliebhabern Freude bereitet, sondern daß musikalische Eindrücke imstande sind, eine breite Masse von Hörern zu ergreifen und zusammenzuschließen, daß die Kunst eines Komponisten allgemeine Anerkennung und Liebe gewinnen kann.«)

Nachdem er die Verwandten in Kamenka besucht hatte (seine geliebte Schwester war bereits im Frühjahr verstorben, als er im Ausland weilte), fuhr Tschaikowski nach Warschau. Hier feierte er zusammen mit Landsleuten – den gastfreundlichen und sympathischen Angehörigen der Petersburger Sängerin Nina Friede – den Anbruch des Jahres 1892.

Die probenfreien Stunden verbrachte der Komponist entweder im Theater (besonders beeindruckte ihn die Oper *Cavalleria rusticana* des italienischen Komponisten Pietro Mascagni, die er sich zweimal anhörte) oder in Gesellschaft Nina Friedes und des berühmten Geigers Stanisław Barcewicz, seines einstigen Schülers am Moskauer Konservatorium.

In dem Konzert, das am 2. Januar 1892 im Warschauer Großen Theater stattfand, dirigierte Tschaikowski eigene Werke: die *Dritte Suite*, Elegie und Walzer aus der *Serenade für Streichorchester*, das *Capriccio Italien*, die *Sérénade mélancolique* und das *Konzert für Violine und Orchester*, eine Arie der Johanna aus der Oper *Die Jungfrau von Orleans* sowie Lieder. Stanisław Barcewicz und Nina Friede wirkten als Solisten mit. Der Komponist war mit dem Abend recht zufrieden: »Das Orchester (das mich sehr ins Herz geschlossen hat) spielte ausgezeichnet. Barcewicz trug mein Konzert mit ungewöhnlichem Glanz vor, und Frau Friede sang wunderbar.«

Am folgenden Tag trat Tschaikowski die Reise nach Hamburg an, hielt sich aber auf der Durchreise einen Tag in Berlin auf, um auszuruhen und zu sich zu kommen: Das Heimweh war immer stärker geworden, und er konnte nur noch »voller Unruhe, Entzücken und leidenschaftlicher Ungeduld an den heißersehnten Tag der Rückkehr in das hundertfach vergötterte Mütterchen Rußland« denken. Als er sich in Berlin aufhielt, war er wie eh und je nicht nur mit dem Herzen, sondern auch in Gedanken ganz auf das Wohl seiner ehemaligen Schüler sowie seiner Freunde und Angehörigen bedacht. Dem Verwaltungsdirektor der Moskauer Theater, Pawel Ptschelnikow, schrieb er von Berlin aus einen Brief, in dem er seinen einstigen Schüler, den Dirigenten, Bratschisten und Komponisten Andrej Arends für die frei gewordene Stelle als Kapellmeister am Moskauer Kleinen Theater nachdrücklich empfahl . . .

Die Hamburger Erstaufführung des *Eugen Onegin* gedachte der Komponist selbst zu dirigieren. Bei den Proben stellte er jedoch fest, daß die Oper »vortrefflich einstudiert und nicht schlecht inszeniert ist« (wenngleich ihm vieles in der Inszenierung − in der Bühnenausstattung und in den Kostümen − komisch und naiv vorkam). Allerdings konnte er sich ganz und gar nicht an den Klang der Rezitative in der deutschen Übersetzung gewöhnen, die sich vom Original äquirhythmisch unterschied, was ihn verwirrte und aus dem Konzept brachte. Deshalb lehnte er das Dirigieren kategorisch ab. Die Aufführung des *Eugen Onegin* am 7. Januar erfolgte unter der Leitung des jungen deutschen Komponisten und Dirigenten Gustav Mahler.

Zwei Tage danach traf Tschaikowski in Paris ein. Er wollte hier »das Heimweh verjagen«, doch erfaßte ihn »ein unbändiger Drang nach Hause«: Er besuchte Theateraufführungen und ging zu Freunden (im Hotel, in dem er abgestiegen war, wohnte die Familie Siloti).[77] In Paris widmete sich der Komponist der Umarbeitung und Vervollkommnung seines Streichsextetts. Kaum hatte er diese Arbeit abgeschlossen, faßte er den endgültigen Entschluß, nach Rußland zurückzukehren, so daß aus der geplanten Reise nach Prag, Amsterdam und Den Haag nichts wurde. Am 21. Januar war Tschaikowski bereits in Petersburg. Ein bevorstehendes Konzert mit eigenen Werken verlegte er auf den 7. März und kehrte nach Maidanowo heim, um hier mit Genuß seiner ganz persönlichen, streng geregelten Lebensweise zu frönen. Sogleich begann er mit der Orchestrierung einer Suite aus dem Ballett *Der Nußknacker* und vollendete die Partitur des ganzen Balletts. Außerdem spielte er mit dem Gedanken, seine Oper *Der Leibwächter* fast gänzlich umzuarbeiten. Nur für wenige Tage reiste er nach Petersburg, um dort Konzerte mit eigenen Werken zu dirigieren. Das erste dieser Konzerte wurde von der Petersburger Sektion der Russischen Musikgesellschaft veranstaltet, wobei erstmals die *Nußknacker-Suite* erklang und großen Erfolg errang. Das zweite Konzert fand in der Petersburger Rechtsschule statt, wo der Komponist ein Laienorchester dirigierte. In Gegenwart der Theaterdirektion und von Künstlern des Marientheaters spielte der Komponist damals auch seine Oper *Jolanthe* vor und setzte alle in Begeisterung. Als Tschaikowski nach Maidanowo zurückfuhr, nahm er die Partituren von Gounods Oper *Faust* und von Rubinsteins Oper *Der Dämon* mit. Er hatte sich auf das Dirigieren in Ippolit Prjanischnikows Operngenossenschaft[78] in Moskau vorzubereiten, in der er mitzuwirken versprochen hatte, um zum Erfolg der Gastspiele dieses Kollektivs beizutragen (wobei er unentgeltlich tätig war).

Den ganzen April verbrachte Tschaikowski in Moskau und arbeitete nach eigener Aussage »wie ein Galeerensklave«. Gleichwohl zog er diese Lebensweise Auslandsreisen vor: »Selbst wenn ich leiden muß, wie mir das in Moskau bevorsteht, ist das immer noch besser, als außerhalb Rußlands zu sein.«

Sämtliche Klavier- und Orchesterproben führte der Komponist als sorgsamer Dirigent selbst durch. »Nachdem Tschaikowski seine Sänger und Instrumentalisten genau kennengelernt hatte, dirigierte er völlig sicher und durchaus angemessen für die Künstler nicht nur seine (die Oper *Eugen Onegin* – *G. P.*), sondern auch fremde Opern, und ich denke, daß er nur aus Bescheidenheit und unnötigem Mißtrauen zu sich selbst keine schwierigeren Opern gewählt hat«, schrieb später Prjanischnikow in Erinnerung an diese Aufführungen. Aber damit nicht genug: In so bekannten und bereits eingebürgerten Opern wie *Der Dämon* und *Faust* vermochte er neue und in hohem Grade künstlerische Nuancen zu entdecken. Auf Bemerkungen über das Neuartige dieser Nuancen antwortete er stets: »Mag sein, daß es üblich ist, diese Sache anders darzubieten, aber ich empfinde diese Phrase so« . . . Alle Proben und Aufführungen dirigierte Tschaikowski stehend, so daß das Dirigentenpodium eigens für ihn niedriger gemacht wurde und er sogar bat, den Stuhl ganz wegzunehmen. Er erklärte das mit seiner Gewohnheit, Konzerte zu dirigieren, und äußerte, wenn er im Orchester auf einem Stuhl sitze, fühle er sich derart gehemmt, daß er jede Fähigkeit, sich zu begeistern und sich seiner Sache ganz hinzugeben, völlig verliere.

· Seit dem Mai bewohnte Tschaikowski sein neues Heim, das am Ortsrand von Klin lag. Hier fühlte er sich sogleich »viel mehr *daheim*« als je zuvor an einem anderen Ort. Er war recht angetan von den zwei großen Zimmern, dem schönen Blick aus den Fenstern und der Möglichkeit, herrliche Spaziergänge zu machen.

Von dem Musikverlag Jürgenson waren zahlreiche Korrekturabzüge eingetroffen, nach deren Durchsicht Tschaikowski Ende Mai zur Kur nach Frankreich in das Heilbad Vichy fuhr. Nachdem der Komponist etwa einen Monat in Vichy verbracht hatte, versuchte er die Arbeit wieder aufzunehmen, allerdings stets ohne Erfolg. Schon seit längerer Zeit reifte in ihm die Idee, eine neue Sinfonie zu schreiben, doch brachte er keine einzige Zeile zustande. »Ich fühle, daß der Hahn, der jetzt zugedreht ist, sich erst dann aufdrehen läßt, wenn ich in unserem lieben, trotz allem Unrat vergötterten Rußland eintreffen werde«, schrieb er an Siloti. »Mir scheint, daß es gar nicht anders sein kann. Ein reproduzierender Künstler kann durchaus jahrzehntelang fern von seiner Heimat leben, aber ein schaffender Künstler kann mit Erfolg nur in seiner Heimat wirken.«

Mit dem Komponieren der neuen Sinfonie konnte Tschaikowski erst daheim beginnen, und zwar nach Abschluß der Arbeit an den Partituren und Klavierauszügen der *Jolanthe* und des *Nußknackers*, die zur Veröffentlichung vorbereitet wurden. Die Dringlichkeit der Arbeit an diesen beiden Werken war dadurch geboten, daß deren Aufführung auf der Bühne des Petersburger Marientheaters Anfang der nächsten Spielzeit bevorstand: Die Uraufführung war auf den 6. Dezember 1892 festgesetzt.

Die Erstaufführung des *Nußknackers* lag in den Händen der beiden Ballettmeister Marius Petipa und Lew Iwanow, während der Italiener Riccardo Drigo dirigierte. Die Erstaufführung der Oper fand unter der musikalischen Leitung von Eduard Napravník statt. Als Solisten wirkten bei dieser Aufführung u. a. Medea Figner als Jolanthe und Nikolai Figner als Ritter Vaudemont mit.

Eine herrliche Gabe der Natur. Am Tage nach der Uraufführung der *Jolanthe* berichteten die Petersburger Zeitungen, daß »Oper und Komponist beim Publikum vollen Erfolg hatten«. Alle Solonummern des Werkes mußten wiederholt werden. In den Aufzeichnungen Gennadi Kondratjews, der als Regisseur am Marientheater wirkte, lesen wir: »Die ganze Oper hinterließ einen sehr günstigen Eindruck, und nach Abschluß derselben rief man Tschaikowski, Napravník und alle Darsteller viele Male vor den

Bühnenvorhang.« Ungeachtet der Tatsache, daß das Publikum für Tschaikowskis neue Oper großes Interesse zeigte und sie begeistert aufnahm, beurteilten die Petersburger Musikkritiker das Werk negativ. In diesem Zusammenhang schrieb der Komponist an den Geiger Julius Konjus: »Die Zeitungen haben mich, wie üblich, heftig beschimpft«, und seinem Bruder Anatoli teilte er mit: »Die ganze Petersburger Presse befaßt sich mit dem Beschimpfen meiner Schöpfungen; jeder tut, was er kann. Aber mir macht das nichts aus, denn das ist nicht neu, und ich weiß, daß ich letzten Endes mein Ziel erreichen werde.«

Bald nach der Petersburger Uraufführung wurde die Oper *Jolanthe* auch im Ausland gespielt, und zwar in Hamburg und in Schwerin. Diese Aufführungen hatten großen Erfolg. Die Erstaufführung der *Jolanthe* im Moskauer Bolschoi-Theater hat Tschaikowski nicht mehr erlebt. Sie fand am 11. November 1893 unter der musikalischen Leitung von Ippolit Altani statt. (Über die Moskauer Erstaufführung der Oper äußerte sich der Musikkritiker Nikolai Kaschkin in zwei Artikeln, in denen er eine objektive, historisch getreue Einschätzung des Werkes bot. Als denkwürdig erwiesen sich Kaschkins Worte, daß »Jolanthe stets ein kostbares, stimmungsvolles Werk bleiben und zu den besten Komposition seines unvergessenen Schöpfers gehören wird«.)

Als Sujet für die Oper diente das lyrische Drama *König Renés Tochter*[79] des dänischen Dichters Henrik Hertz. Tschaikowski hatte dieses Drama im Februar 1883 kennengelernt, als er es in einer Nummer der Zeitschrift *Der russische Bote* las. Von dem poetischen Reiz des Stoffes, »der Originalität und der Fülle von lyrischen Momenten« war er bezaubert und beschloß damals sogleich, diese Vorlage zu vertonen. Das Libretto der Oper, das Modest Tschaikowski anfertigte, und zwar nach der von Wassili

Sotow besorgten russischen Übersetzung des Dramas, in der es auf den Bühnen des Petersburger Alexandertheaters und des Moskauer Kleinen Theaters gespielt wurde, war indes erst Ende April 1891 fertiggestellt.

Wie schon bei vielen anderen Opern begann Tschaikowski die Arbeit an *Jolanthe* damit, daß er sich die Grundidee des Werkes, dessen Anlage sowie die musikalische Charakterisierung der einzelnen Personen sorgfältig überlegte. Für das künstlerisch-schöpferische Denken des Komponisten war dieses Moment außerordentlich wichtig, stellen doch der Augenblick heftigen Zusammenpralls der Charaktere (das heißt der Trägergestalten der Grundidee des Werkes, die in der Entwicklung der Handlung eine Wendepunktrolle spielen) oder Episoden, die eine neue Stufe in der Entwicklung der jeweiligen Gestalt markieren, in der Regel einen Höhepunkt im Ablauf des Geschehens dar. In *Jolanthe* erreicht die Grundidee des Werkes, die sich in dem Drang zum Licht manifestiert, ihren sinnfälligsten Ausdruck in dem Augenblick, wo in dem Herzen des blinden Mädchens erstmals die Liebe aufkeimt und das Mädchen der Existenz der sichtbaren Welt gewahr wird – in der Duett-Szene Jolanthes und Vaudemonts (»Um so wie du zu werden, möcht' ich das Sonnenlicht erblicken«). Und eben mit diesem Höhepunktsmoment – einer Duett-Szene, die Tschaikowski »Duett vom Licht« genannt hat – begann er die Arbeit an seiner letzten Oper.

Die Charaktere der handelnden Personen in *Jolanthe* haben ihre Prototype in vorangehenden Opern des Komponisten. Die offenherzige, erstmals in tiefer Liebe entbrannte Jolanthe mit ihrer kristallklaren, bezaubernd-schönen seelischen Welt setzt die Reihe fesselnder weiblicher Gestalten wie der Natalja, Tatjana, Nastasja, Maria und Lisa fort und bildet im gewissem Sinne das Fazit des langjährigen künstlerischen Strebens des Komponisten. Die romantische Gestalt des hingerissenen Träumers

Vaudemont steht Lenski und teilweise Hermann nahe. Der tapfere und temperamentvolle, doch zugleich etwas bedachtsame und ironisch eingestellte Robert erinnert (bei allem Unterschied dieser Gestalten) an den Fürsten Jeletzki und die Gestalt des edlen, von menschlicher Würde und Güte erfüllten Königs René an Gremin aus *Eugen Onegin* und an Kotschubej aus *Mazeppa*.

Ebenso wie in seinen anderen Opern charakterisiert Tschaikowski in *Jolanthe* die handelnden Personen, die im Handlungsablauf eine Nebenrolle spielen, durch Solonummern, die eine Art musikalisches Porträt darstellen und eine besonders typische Seite ihres Charakters oder ihre seelische Verfassung hervorheben. Den König René schildert der Komponist vor allem als liebenden Vater, der das Unglück seiner Tochter tragisch miterlebt. Das Pathos väterlichen Schmerzes spricht aus seinem Arioso »Bin ich wirklich vom Schicksal verdammt?« (»Mein Gott, wenn ich sündhaft bin . . .«). In der Gestalt des Robert wird dessen leidenschaftliche Verliebtheit unterstrichen: Seine Arie ist ein von jubelnder Freude erfüllter Lobgesang an seine Geliebte (»Wer kann sich messen mit meiner Mathilde«). Der Gestalt des maurischen Arztes Ibn-Hakia verleiht der Komponist Züge weiser Gelassenheit und Bedachtsamkeit, die in Ibn-Hakias Monolog »Zwei Welten: fleischlich und geistig« zum Ausdruck kommen (als Thema dieses Monologs verwendete Tschaikowski eine Melodie, die er von einem Handwerker in einem Waffengeschäft in Konstantinopel gehört hatte. Die Gestalt jenes Waffenziseleurs – »eines ernsten, ganz in seine Arbeit vertieften Mannes« – wollte der Komponist in der Gestalt des Ibn-Hakia ebenfalls wiedergeben.

Bei der musikalischen Charakterisierung des Ritters Vaudemont zeichnete der Komponist diese Gestalt besonders scharf von jenen Seiten her, die das sich wandelnde Verhältnis des Ritters zu Jolanthe erkennen lassen. Von schwärmerischen Gedanken über strahlende Liebe (Arioso-Romanze »Nein, der Zauber der Zärtlichkeit . . .«), über das Entzücken und das Feuer des erwachten ersten Empfindens (das an Jolanthe gerichtete Arioso: »Sie sind mir als Vision erschienen«, »Ihr Wunsch ist mir Gesetz«) und Mitleid mit der unglücklichen Geliebten bis hin zu heroischen Zügen (Arioso »Herrliche Gabe der ewigen Natur« und Wiederholung des Treueschwurs bei dem gleichen Thema in der Szene, die der Heilung der blinden Jolanthe vorausgeht).

Aus Tschaikowskis Bemühen um die Schaffung lebendiger und konkreter Bühnengestalten resultiert die ausgesprochene Vielseitigkeit der musikalischen Charakterisierung. Die innere Welt seiner Helden gibt der Komponist in ständiger Entwicklung wieder, als Ablauf verschiedenartiger psychologischer Verhaltensweisen, und die Vielfalt an musikalischen Themen, Formen und Genres, die Tschaikowski für deren Charakterisierung verwendet, ist wahrlich unerschöpflich.

Die Gestalt der Jolanthe entwickelt sich musikalisch im Laufe der ganzen Oper und gewinnt fortwährend neue Züge. In ständiger Bewegung von dunklem Leid und Sehnsucht ausgehend (Arioso »Weshalb kannt' ich früher weder Sehnsucht noch Kummer und Tränen«), über das Erleben der Freude der ersten Liebe und die selbstlose Entschlossenheit, für diese Liebe zu kämpfen bis zum leidenschaftlichen, unbändigen Drang zum Licht und zum jubelnden Entzücken über die erlangte Sehkraft und die Erfüllung der Liebe erschließt der Komponist die Gestalt der Jolanthe. Subtilste Regungen ihrer Seele (»verschiedene Momente der seelischen Verfassung«, wie es der Komponist formulierte) sind von ihm in der Orchestereinleitung zur Oper, in der Solonummer sowie in den Szenen mit der Amme Martha, mit Vaudemont, dem König René und dem Arzt Ibn-Hakia gestaltet worden.

Eine erste musikalische Charakterisierung Jolanthes, ein gewissermaßen zusammengefaßtes sinfonisches »Porträt« des Mädchens, findet sich in der Introduktion zur Oper. Die düster getönte Musik schildert die Stimmung des Leides, des vergeblichen Bemühens, sich aus Gehemmtheit und Erstarrtheit loszureißen. Hier wird die seelische Welt des blinden Mädchens enthüllt: Die Unruhe und der dunkle Drang, die aus dieser Musik sprechen, ähneln den geheimnisvollen Ursachen der Wehmut und Sehnsucht Jolanthes. Das Thema, das diese seelische Welt des Mädchens schildert, kann als »Blindheitsmotiv« bezeichnet werden.

Das Thema der Introduktion begegnet auch im weiteren Verlauf der Oper, allerdings anders harmonisiert und mitunter auch melodisch verändert. Die Kernintonation des Themas erklingt in Momenten, die Jolanthes Leid charakterisieren: vor ihrem Arioso »Weshalb kannt' ich früher weder Sehnsucht noch Kummer und Tränen«, in Vaudemonts und König Renés Dialog über Jolanthe sowie nach König Renés Gespräch mit dem Arzt Ibn-Hakia über die Möglichkeit einer Heilung des Mädchens.

Ebenso wie in seinen anderen Opern charakterisiert der Komponist in *Jolanthe* den jeweiligen Helden nicht allein durch ein bestimmtes »typisiertes Leitmotiv«, »sondern mittels eines für jeden charakteristischen, ihm eigenen Komplexes von Intonationen, der eine komplizierte, sehr konsequente Entwicklung erfährt« (wie Boris Assafjew es formuliert hat). So kommt es beispielsweise zu einer Verflechtung der Intonationsstruktur der Partien Jolanthes und Vaudemonts. Den tiefen Bedeutungszusammenhang der intonatorischen Annäherung der Partien Jolanthes und Vaudemonts zeigt Tschaikowski besonders konsequent in der zentralen Duett-Szene der Oper auf.

Obwohl die Oper *Jolanthe* auf Grund ihrer Anlage im Schaffen des Komponisten einen besonderen Platz einnimmt, ist dieses Werk hinsichtlich seiner musikstilistischen Besonderheiten, der Gestaltungsprinzipien und des Charakters der musikalischen Ausdrucksmittel für Tschaikowski ausgesprochen typisch. Am nächsten steht es dem *Eugen Onegin* (Assafjew bezeichnete die *Jolanthe* ebenfalls als »lyrische Szenen«). Daneben stellen Momente zugespitzter Dramatik und intensiver psychologischer Durchdringung die Oper *Jolanthe* in die Nähe zu *Pique Dame* sowie zu Tschaikowskis letzten Sinfonien – der *Fünften* und *Sechsten*.

In *Jolanthe* hat der Komponist sein Bemühen um die Schaffung eines lyrisch-psychologischen Musikdramas fortgesetzt. Im Anschluß an *Pique Dame* konzentrierte Tschaikowski hier vieles, was für sein musikalisches Denken als Opernkomponist und Sinfoniker typisch ist. Das betrifft vor allem das Herausarbeiten der Grundidee und die Behandlung des Sujets der Oper sowie die Mittel für die musikalische Charakterisierung der handelnden Personen, die musikdramaturgischen Prinzipien, zum Beispiel den Aufbau entwickelter Szenen, die durchgehende Entwicklung der Handlung und die sinfonische Profilierung des Genres. In *Jolanthe* gestaltete der Komponist auch freudebetonte Klangbilder, insbesondere den »Drang zum Glück«. Das Hauptthema der Oper, das der Komponist als »Licht-Motiv« bezeichnet hat, bestimmt die in der Musik des Werkes sich vollziehende stetige Bewegung von der Finsternis zum Licht: von der düster-geheimnisvollen Introduktion (Einleitung) zu Jolanthes und Vaudemonts Duett »Herrliche Gabe der ew'gen Natur« und zum Finale der Oper – jubelnden Hymnen an die Lebensfreude.

Ein Poem von Jugend und Liebe. Der Musik des zweiaktigen Märchenballetts *Der Nußknacker* lag ein bis ins Detail ausgearbeitetes Programm des Choreographen Marius Petipa zugrunde, das nach einem Märchenstoff von E. T. A. Hoffmann und Alexandre Dumas dem Älteren entstand.

Ebenso wie im Ballett *Dornröschen* reizte Tschaikowski hier die Möglichkeit, mit den Mitteln der Musik jene humanistische Idee zu gestalten, die ihn seit jeher fesselte – den Kampf des Guten mit dem Bösen, den Sieg des Lichtes über die Finsternis, mit anderen Worten: das Leben mit seinen Leiden und Auseinandersetzungen, dem Drang nach Glück und dem Erringen des Glücks. Diesmal fand das bevorzugte Thema seines Schaffens allerdings in ungewöhnlicher Form – in Form einer Allegorie – Gestalt. Das Märchen vom Guten und von der Gerechtigkeit erhielt seinen Ausdruck im Genre des lyrischen Charakterballetts, in dem der klassische Tanz mit Charaktertanz und Pantomime abwechselt, in dem die sinfonische Anlage, die Durchdringung der Tanzmusik mit typisch sinfonischen Mitteln und Mitteln der Opernmusik bei der Entwicklung der musikalischen Themen eine noch größere Rolle spielt und der Inhalt innerlich psychologisch vertieft wird.

Am Hofe des Präsidenten haben sich Gäste zur Feier des Weihnachtsfestes zusammengefunden. Militärisch, zu den Klängen eines lustigen Marsches, marschieren Knaben auf, die aus geschenkten Spielzeugen ein ganzes Orchester gebildet haben: Hier finden sich u. a. Kindertrompeten, Kindertrommeln und ein Schlaginstrument – die Becken. Ein frischer, eleganter Galopp, der die Mentalität der unbeschwerten, frohgestimmten Kinderschar wiedergibt, wird einer Polonaise gegenübergestellt, die mit komischer Gravität die Wichtigtuerei und wohlmeinende Haltung der »seriösen« Erwachsenen unterstreicht. Der Tannenbaum wird angezündet, und die Kinder erhalten Geschenke. Es sind Puppen, die sich wie Lebewesen bewegen können. Die Tochter des Präsidenten, Mascha (bei Petipa Clara), bekommt außerdem einen Nußknacker zum Aufknacken der Nüsse – einen wunderlichen Gnom mit riesigem Kopf. Die ungezogenen Knaben nehmen dem Mädchen jedoch das liebgewonnene Spielzeug weg und schlagen es entzwei . . . Das Fest geht zu Ende, und die Gäste verabschieden sich. Mascha ist traurig über das zerbrochene Spielzeug: Sie hat Mitleid mit dem Nußknacker und legt ihn schlafen. Es erklingt ein zartes, von Kummer erfülltes Wiegenlied. Mitternacht bricht an. Plötzlich vollzieht sich ein Wunder: Der Tannenbaum beginnt zu wachsen, und der ganze, aus Lebkuchen und Spielsachen bestehende Baumschmuck wird lebendig. Lebendig wird auch der mißgestaltete Nußknacker. Aber was geschieht da? Mascha ist beunruhigt durch ein seltsames, immer stärker werdendes unheimliches Rascheln und Piepsen. Das sind riesige Mäuse, die von allen Seiten her auftauchen. Unter dem Kommando ihres Königs bemächtigen sie sich der Lebkuchensoldaten. Darauf wirft sich der Nußknacker gemeinsam mit den Zinnsoldaten furchtlos in das heftige Kampfgetümmel. Die Schlacht zwischen den Spielzeugfiguren und den Mäusen wächst zu einem regelrechten Krieg an: In der phantastisch-wunderlichen Musik sind sowohl Trompetensignale als auch Trommelwirbel zu hören. In dem Augenblick, wo die Niederlage des Nußknackers scheinbar unausweichlich ist, nimmt Mascha – das sanfte Mädchen mit dem guten Herzen – entschlossen und selbstlos den Kampf mit dem schrecklichen Bösen auf. Liebe und Mitleid besiegen die Angst in ihrem Herzen. Bei der Verteidigung ihres Lieblingsspielzeugs wirft sie ihr Pantöffelchen gegen den Mäusekönig . . . Auf einmal verwandelt sich der Nußknacker in einen schönen Prinzen. Er bedankt sich bei seiner Retterin und lädt sie in das Zauberkonditorreich (Konfitürenburg) ein.

Mascha und der Nußknacker, die sich auf die Reise begeben haben, gelangen in einen verschneiten Winterwald. Ihr langsamer, lyrischer Pas de deux (Andante) wird zu einem lyrischen Poem von erwachenden frohen Empfindungen, von Hoffnungen, innerer Bewegung und Freude. Dieser große Pas de deux wird mit Recht als »Poem von der Jugend, als sinfonische Hymne an die Liebe, welche die Kräfte des Bösen besiegt hat« (wie sich die sowjetische Musikforscherin Nadeshda Tumanina ausdrückte), bezeichnet. Die Musik dieses Pas de deux läßt pathetische Züge erkennen und ist gleichzeitig von Reinheit und Zartheit erfüllt. Schneeflocken umwirbeln die jungen Protagonisten. Nach den vorangehenden beängstigenden und unheimlichen nächtlichen Szenen ruft der »Schneeflöckchen-Walzer« (dessen Melodie auch von einem Frauenchor übernommen wird) durch seine freudig gestimmte Lyrik und seinen sanglichen Duktus den Eindruck einer Läuterung von allem Bösen hervor.

Im Reich der Süßigkeiten, Leckerbissen und Spielzeuge begegnen Mascha und der Nußknacker der Fee Zuckererbse. Alle danken dem Mädchen, das sich als Retterin erwiesen hat. Nun beginnt ein Fest. Eröffnet wird es von der Fee Zuckererbse mit einem eleganten und graziösen Tanz (dieser erklingt gespielt auf einer Celesta, einem in einem Klaviergehäuse untergebrachten Metallstabspiel französischer Provenienz, das sich durch seinen zart-silbrigen, weichen Ton auszeichnet; Tschaikowski hat dieses Instrument als erster in Rußland verwendet). Die eingefügte Tanzsuite setzt sich aus sechs Charaktertänzen zusammen: die Schokolade (ein schneller, temperamentvoller spanischer Tanz mit dem charakteristischen Klappern der Kastagnetten), der Kaffee (ein langsamer, schmachtender arabischer Tanz, dem die Melodie eines georgischen Wiegenliedes zugrunde liegt), der Tee (ein scherzhafter chinesischer Tanz mit absichtlich komischer Gegenüberstellung konträrer Klangbereiche des Orchesters: der tiefen Lage des Fagotts und der hohen der Flöte), Trepak (ein hinreißender russischer Volkstanz), Tanz der Hirtenjungen (eine unbeschwerte, elegante italienische Tarantella) und der Tanz der Harlekine (ein fröhlicher, lebensprühender Tanz auf das Thema eines französischen Volksliedes).

Die Tanzeinlage wird von einem breit angelegten klassischen Tanz, dem »Blumenwalzer«, abgelöst, der den Frühling und die Schönheit der aufblühenden Natur preist. Das Ballett endet mit einem Schlußwalzer, dessen Musik von hinreißendem Schwung und strahlendem Glanz erfüllt ist und dessen einander abwechselnde Episoden die Fülle des Lebensgefühls noch stärker hervorheben. Aus der Schlußszene des Werkes sprühen Feuer und Energie.

Begegnung mit der Vergangenheit. Eine Woche nach der Petersburger Uraufführung der *Jolanthe* und des *Nußknackers* reiste Tschaikowski nach Berlin, wo die endgültige Entscheidung fallen sollte, welcher Ort aufzusuchen sei, um sich vor dem bevorstehenden Konzert mit eigenen Werken noch etwas Ruhe zu gönnen. Nachdem er sich eine Zeitlang in Berlin aufgehalten hatte, setzte er jedoch die schon früher begonnene Arbeit an der Sinfonie *Das Leben* fort, mit der er sich im Laufe des vergangenen Jahres hin und wieder befaßt hatte. Das, was er von der Sinfonie bereits komponiert hatte, prüfte er eingehend und bemühte sich, zu dem neuen Werk eine objektive Einstellung zu gewinnen. Seine Kritik war streng, und das Urteil fiel schonungslos aus. »Die Sinfonie ist einfach geschrieben, um irgend etwas zu schreiben – sie enthält nichts einigermaßen Interessantes und Sympathisches. Ich habe beschlossen, sie wegzuwerfen und zu vergessen. Dieser Entschluß ist unwiderruflich, und es ist gut, daß ich ihn gefaßt habe«, schrieb er seinem Neffen Wladimir Dawydow. (Glücklicherweise wurde das Autograph nicht vernichtet. Über ein halbes Jahrhundert später rekonstruierte der sowjetische Komponist Semjon Bogatyrjow an Hand der Skizzen den gesamten Text der Sinfonie und vollendete die Instrumentierung.)

Von Berlin fuhr Tschaikowski in die Schweiz, nach Basel, wo er beschloß, seine einstige Erzieherin Fanny

Dürbach zu besuchen. Diese lebte jetzt nahe der Schweizer Grenze im französischen Montbéliard. Nachdem er sie brieflich über seine bevorstehende Ankunft benachrichtigt hatte, erwartete er dieses Wiedersehen nach eigenem Bekenntnis »mit gewisser schmerzlicher Furcht, ja fast Schrecken«. Er hatte das Gefühl, daß er sich »unmittelbar in das Reich des Todes und von Menschen, die von der Weltbühne längst verschwunden sind«, begibt.

»Das Gedächtnis ist eine der segensreichsten Gaben des Himmels. Für mich gibt es keinen höheren Genuß als das Sich-Versenken in die Vergangenheit. Erinnerungen haben wie ein Strahl Mondeslicht die Eigenschaft, Vergangenes gerade so weit zu erhellen, daß alles Schlechte unbemerkt bleibt und alles Gute besser scheint«, stellte Tschaikowski seine Betrachtungen an. Und wenn er sich die Menschen ins Gedächtnis rief, mit denen ihm kein Wiedersehen mehr möglich war (eine ganze Reihe Angehörige und enge Freunde waren schon verstorben: die heißgeliebten Eltern, die Schwester, Nichten, Nikolai Rubinstein, Nikolai Hubert, Josef Kotek, Nikolai Kondratjew, I. Klimenko und andere) wurde ihm »das Vergangene schmerzlich leid und der rasche Ablauf und die Unwiederbringlichkeit des Vergangenen erschreckend bewußt«. Den Schmerz um diese Verluste hat er bis an sein Lebensende heftig empfunden. »Nie werde ich mich mit dem Gedanken abfinden, daß meine Mutter, die ich so geliebt habe und die ein so guter Mensch war, für immer entschwunden ist«, äußerte er. Und nach den langen Jahren der »Trennung« liebte er sie unvermindert »mit einer gewissen schmerzlich-leidenschaftlichen Liebe«. Gerade dieses ungewöhnlich tiefe Gefühl, das ein Herzensecho auf die Zärtlichkeit und Güte der Mutter bildete, die seinen Worten zufolge in seiner Seele eine unauslöschliche Spur hinterließ, kann als Erklärung für jenes rührende Verhältnis dienen, das Pjotr Tschaikowski zeit seines Lebens zu seinen Brüdern Anatoli und Modest, den Zwillingen, hatte, die als Vierjährige Halbwaisen wurden (Tschaikowski war zehn Jahre älter als seine Zwillingsbrüder).

Und nun kam er nach Montbéliard. Fanny Dürbach war schon siebzig, hatte sich aber seit dem letzten Treffen vor vierzig Jahren nur sehr wenig verändert, und er erkannte sie sofort. »Sie empfing mich so, als ob wir uns erst vergangenes Jahr gesehen hätten, freudig, liebevoll und ganz schlicht«, so schilderte Tschaikowski seinem älteren Bruder die Begegnung. »Mir wurde sofort klar, warum sowohl die Eltern als auch wir alle sie sehr geliebt haben. Das ist ein ungemein sympathisches, aufrichtiges, kluges sowie Herzensgüte und Redlichkeit ausstrahlendes Geschöpf. Unverzüglich kam es zu endlosen Erinnerungen an die Vergangenheit, und ein ganzer Strom von allerlei hochinteressanten Details über unsere Kindheit, über unsere Mama und uns alle setzte ein ... Das Vergangene mit allen Einzelheiten wurde in meinem Gedächtnis so lebendig, daß es schien, ich atmete die Luft des Hauses in Wotkinsk ... Mitunter fühlte ich mich so sehr in diese ferne Zeit zurückversetzt, daß es einem irgendwie unheimlich und zugleich wonnevoll ums Herz wurde und wir beide fortwährend mit den Tränen kämpfen mußten ... Den ganzen folgenden Tag verbrachten wir wiederum unzertrennlich ...«

Diese Begegnungen mit einem ihm nahestehenden Menschen aus seiner Kindheit bewegten den Komponisten tief und hinterließen in seinem Herzen eine unauslöschliche Spur.

Bei einem Konzert in Brüssel, das am 2. Januar 1893 stattfand, dirigierte Tschaikowski seine *Dritte Suite*, die Suite aus dem Ballett *Der Nußknacker*, Sätze aus der *Serenade für Streichorchester*, die Ouvertüre *Das Jahr 1812* sowie sein *Erstes Klavierkonzert* (mit Franz Rummel als Solist). Auf ein Honorar verzichtete er, da das Konzert von einem Verein zur Unterstützung unbemittelter Künstler veranstaltet wurde.

Dieses Konzert eröffnete Anfang 1893 eine Reihe triumphaler Auftritte des Komponisten vor Bewunderern seines Schaffens im Ausland und in Rußland.

Am 16., 21., 22., 23. und 24. Januar konzertierte Tschaikowski in Odessa. Zwei dieser Konzerte, die von der Gesellschaft der Musikfreunde veranstaltet wurden, dienten wohltätigen Zwecken. Die *Odessaer Nachrichten* brachten die Notiz, daß dank der Gefälligkeit des Komponisten auch unbemittelte Personen die Möglichkeit erhielten, seine Werke unter seiner persönlichen Leitung zu hören. In diese Zeit fiel auch die Erstaufführung der *Pique Dame* in Odessa. Tschaikowski war bei den Proben und bei den ersten beiden Aufführungen anwesend und wurde von den Künstlern und dem Publikum begeistert begrüßt. »Man hat mich dort auf jede Weise so ausgiebig, häufig und festlich geehrt, wie kaum anderswo«, berichtete er seinem Bruder Anatoli.

Während Tschaikowski diese Konzertreise unternahm, ließ ihn der Gedanke an eine Sinfonie mit einem bestimmten Programm nicht los. Er hatte nicht irgendein Genre mit einem »Sujet« im Sinn, sondern ausdrücklich eine Sinfonie, denn nur sie konnte seiner Auffassung nach zu einer musikalischen Beichte der Seele werden, »in der sich vieles angehäuft hat und die ihrer wesentlichen Eigenschaft nach sich mittels Tönen ergießt«. Tschaikowski war der Meinung, daß die Sinfonie *»die lyrischste aller musikalischen Formen darstellt«* und vertrat deshalb die Auffassung: »Sollte sie nicht all das ausdrücken, wozu die Worte fehlen, was aber aus der Seele drängt und was ausgesprochen sein will?«

Die teuren und freudigen Erinnerungen, die auf den Komponisten eingestürmt waren, verschärften noch die Schwermut und die Sehnsucht nach der Heimat und den

Angehörigen, eine seelische Verfassung, die Tschaikowski stets ergriff, wenn er im Ausland weilte, ihn diesmal aber besonders mitnahm. Wie oft hatte er den Verwandten und Freunden seinen inneren Zustand zu erklären versucht: »Wenn meine ganze Reise nur aus Proben und Konzerten bestünde, dann wäre sie sogar angenehm. Leider aber überhäuft man mich mit Einladungen zu Frühstücken, Mittag- und Abendessen. Ich bin in der Regel nie allein und empfinde infolgedessen eine solche Müdigkeit, eine solche Beklemmung, daß ich mitunter, wenn ich in mein Zimmer gelangt bin, wie ein kleines Kind weine. In der Beklemmung, die mich bedrückt, ist etwas Krankhaftes, Brennendes und im höchsten Grade Quälendes. Ich sage Ihnen ganz offen, daß ich es nicht aushalten könnte und heimfahren würde, wenn da nicht der Gedanke wäre, daß in meiner Person die russische Musik im ganzen geehrt wird und daß ich dorthin gehen *muß*, wo man sich für mich interessiert.«

Eine Beichte in Musik. Als Tschaikowski nach Klin zurückgekehrt war, hatte er den brennenden Wunsch, sofort mit der Arbeit an seiner *Sechsten Sinfonie* zu beginnen. Am 10. Februar schrieb er an seinen Bruder Anatoli: »Ich bin jetzt ganz erfüllt von dem neuen Werk (einer Sinfonie), und es fällt mir sehr schwer, mich von dieser Arbeit loszureißen. Es scheint, daß mir das beste aller Werke gelingt.« Über die neue Sinfonie berichtete er auch seinem Bruder Modest und fügte die Bemerkung hinzu, daß er danach die Absicht habe, auch eine neue Oper zu komponieren, für die er ihn bitte, nach einem Libretto Ausschau zu halten. Am 11. Februar schrieb er dann auch seinem Lieblingsneffen Bob (d. h. Wladimir Dawydow), dem er später die Sinfonie widmete: »Während der Reise kam mir der Gedanke an eine andere Sinfonie, diesmal eine Programmsinfonie, aber mit einem Programm, das für alle ein Rätsel bleiben wird – sollen sie es erraten, und die Sinfonie wird so auch Programmsinfonie heißen (Nr. 6) ... Dieses Programm, was immer es auch sei, ist von Subjektivität durchdrungen, und mitunter während der Fahrt, wenn ich das Werk in Gedanken komponierte, habe ich sehr geweint. Jetzt, da ich heimgekehrt bin, habe ich mich hingesetzt, um die Skizzen niederzuschreiben, und die Arbeit ging so frisch, so rasch von der Hand, daß ich nach kaum vier Tagen den ersten Satz völlig fertig hatte und sich in meinem Kopf die übrigen Sätze schon deutlich abzeichneten. Die Hälfte des dritten Satzes ist bereits fertig. In bezug auf die Form wird es in dieser Sinfonie viel Neues geben, und unter anderem wird das Finale kein lautstarkes Allegro sein, sondern vielmehr ein ganz getragenes Adagio. Du kannst Dir nicht vorstellen, welche Seligkeit ich empfinde, daß meine Zeit noch nicht vorüber ist und ich noch arbeiten kann.«

Die Arbeit an der Sinfonie wurde zweimal unter-brochen: im März für neun Tage, im Zusammenhang mit den schon vorher auf den 7. und 14. März festgelegten Konzerten mit eigenen Werken, und danach im Mai, wegen der Reise nach London anläßlich der Verleihung der Würde eines Doktors der Musik durch die Universität Cambridge. In Moskau hatte er die *Nußknacker-Suite* und in Charkow seine *Zweite Sinfonie*, die sinfonische Fantasie *Der Sturm* und die Ouvertüre *Das Jahr 1812* zu dirigieren. In einem von dem Charkower Musikverein veranstalteten Konzert erklangen außerdem Tschaikowskis *Violinkonzert* und verschiedene seiner Vokalstücke. In Charkow gab es so viele Interessenten, die das Auftreten des berühmten Komponisten erleben wollten, daß der Komponist nach zwei Proben vorschlug, Musikfreunden, Studenten und Schülern zu ermäßigten Preisen den Zutritt zur General-probe zu verschaffen. »Das war ein wahres Fest«, schrieb später der Geiger I. Bukinik, der in diesen denkwürdigen

Tagen im Orchester unter der Leitung Tschaikowskis spielte, in seinen Erinnerungen. »Tschaikowski im Frack und mit weißer Krawatte betrat unauffällig und bescheiden das Konzertpodium und bahnte sich den Weg zu seinem Platz. Das Publikum bemerkte ihn, bevor das Orchester ihn gewahr wurde. Es begann zu applaudieren, schrie ›Hurra, Bravo, gegrüßt sei der große Komponist, willkommen unser Gast‹, und alle klatschten Beifall. Das Orchester, im Stehen, und der Chor brachten die Schlußszene des ersten Aktes der Oper ›Mazeppa‹ zu Gehör. Die Willkommensrufe des Publikums hörten auch nach dieser Einlage nicht auf, und der ganze Saal und das Podium – alles wandte sich Tschaikowski zu, der etwas bleich, mit der Hand auf einen Stuhl gestützt, neben dem Dirigentenpult stand und geradeaus schaute. Er verbeugte sich mehrmals, und das bewirkte noch mehr Willkommensrufe. Schließlich stieg er auf das Podest seines Pultes. Im Saal wurde es still, wir bereiteten uns schon auf den Einsatz vor, doch stellte sich heraus, daß bis zum Beginn des Konzerts noch geraume Zeit vergehen sollte. Plötzlich stieg das Mitglied des Musikvereins Welitschenko auf die Bühne und verlas im Namen der Direktion des Musikvereins eine Grußadresse an Tschaikowski. Publikum, Orchester und Chor hörten diese Grußadresse stehend an. Als Tschaikowski sie entgegengenommen hatte, klatschte das Publikum aufs neue ungestüm Beifall ... Diese Willkommensrufe und Ovationen hielten während des ganzen Konzerts an und erreichten ihren Höhepunkt nach dem Abschluß der Ouvertüre ›Das Jahr 1812‹. Schon bei der Generalprobe wurde diese Ouvertüre gut gespielt, noch besser jedoch beim eigentlichen Konzert. Die Ausführenden verschmolzen mit dem Dirigenten zu einem Ganzen, zu einem einheitlichen künstlerischen Impuls ... Die jungen Menschen aus dem Publikum und die Schüler der Musikschule liefen auf die Bühne, setzten Tschaikowski in einen Sessel und trugen den im Sessel sitzenden Komponisten, begleitet von Willkommensrufen und Beifallklatschen, durch den ganzen Saal . . .«

Ein anderes Mitglied dieses Orchesters, der Trompeter P. Rjasanzew, äußerte sich über dieses Konzert wie folgt: »Tschaikowski gilt bei uns gewöhnlich als phlegmatischer, schüchterner und vielleicht sogar ängstlicher Mann. Davon ausgehend halten ihn viele für einen trägen, nicht temperamentvollen Dirigenten und sprechen ihm häufig auch rundweg eine dirigentische Begabung ab. Ich möchte dieses falsche, aber leider bei uns schon eingebürgerte Urteil, das selbst von einigen hochangesehenen Musikern geäußert worden ist, widerlegen. Tschaikowski hat vortrefflich dirigiert, und zwar mit einem gewissen besonderen, nicht wiederzugebenden Gefühl, mit ausnehmender Aufgeschlossenheit und mit Elan. Beim Dirigieren ist Tschaikowski ein durch und durch spannungsgeladenes Nervenbündel. Mit seinem kraftvollen, schöpferischen, ich betone dieses Wort, Geist ist es ihm gelungen, das Orchester zu verzaubern. Jede seiner einfachen und verständlichen Gesten (das ist sehr wichtig, denn das beherrschen nur wenige Dirigenten) und jeder Einsatz, ganz gleich ob für das Orchester oder für den Chor, waren von ausgesprochen lebendigem Feuer und unversiegbarem Temperament erfüllt. Tschaikowskis Handhabung des Dirigentenstabes und seine Begeisterung ausstrahlende, nach vorn geneigte Figur bewirkten einen imposanten, krafterfüllten Eindruck, der die Musiker zwang, sich dem Willen dieses Genies unterzuordnen.«

Nachdem Tschaikowski von Charkow nach Klin zurückgekehrt war, setzte er unverzüglich die Arbeit an seiner *Sechsten Sinfonie* (und zwar an den letzten beiden Sätzen) fort. Am 24. März war das Skizzenmaterial abgeschlossen (insgesamt benötigte er dafür nur zwei Wochen).

Bevor er mit der Instrumentierung seiner *Sechsten Sinfonie* begann, komponierte er im Laufe eines Monats noch einen Zyklus von 18 Klavierstücken sowie sechs Lieder auf Verse des Dichters D. Rathaus, die alle heute weithin bekannt sind: »Wir saßen beisammen«, »Die Nacht« (»Das schwache Kerzenlicht erlöscht«), »In dieser Mondnacht«, »Die Sonne ist untergegangen«, »In düsteren Tagen« und »Erneut, wie schon zuvor, allein«. Am 13. Mai reiste Tschaikowski nach England: Die feierliche Ehrung in Cambridge und ein Konzert in London, bei dem er eigene Werke dirigieren sollte, standen bevor. Nach Rußland zurückgekehrt, fuhr der Komponist nicht sofort heim, sondern besuchte für einige Zeit seinen Bruder Modest auf Nikolai Konradis Gut Grankino bei Poltawa. Anschließend fuhr er zu seinem Bruder Nikolai nach Ukolowo im Gouvernement Kursk. Dort entwarf er die Skizzen zum *Dritten Klavierkonzert*, wobei er Material der unvollendeten Sinfonie *Das Leben* verarbeitete. In Klin traf Tschaikowski am 18. Juli ein und widmete sich während des ganzen Sommers der Arbeit an der Vollendung der *Sechsten Sinfonie* und des Klavierkonzertes.

Als besonders zeit- und kraftraubend erwies sich die Orchestrierung des ersten und der beiden letzten Sätze der Sinfonie. Auf der Suche nach einer Klangstruktur, die seinen künstlerischen Intentionen optimal entsprechen sollte, versah Tschaikowski das Autograph mit einer Fülle von Korrekturen und Randbemerkungen, ergänzenden Eintragungen und Streichungen. Inspiration und schöpferischer Elan bildeten indes kein Hindernis dafür, daß der Schaffensprozeß streng »reglementiert« erfolgte. Der Komponist war mit dem Gang der Arbeit recht zufrieden und äußerte in diesem Zusammenhang, daß er im Laufe der Jahre »gegenüber sich selbst äußerst streng« geworden sei. Wenn er früher irgendein neues Werk geschrieben hatte, kam es ihm, von der Begeisterung mitgerissen, stets so vor, daß gerade dieses das Beste der von ihm bereits geschaffenen Werke darstellt. Jetzt aber war er wie nie zuvor in seinem Leben zufrieden mit sich und stolz und glücklich »in dem Bewußtsein, daß er eine wirklich gute Sache vollbracht hat«. »In diese Sinfonie habe ich, und das kann ich ohne Übertreibung sagen, meine ganze Seele hineingelegt.« – ». . . ich halte sie wahrlich für das beste und insbesondere aufrichtigste aller meiner Werke«, schrieb er an seine Angehörigen und Freunde.

Am 19. August war die Partitur fertig. Der Komponist wollte das Werk jedoch erst nach der Aufführung an den Musikverlag Jürgenson schicken.

Die Uraufführung der Sinfonie wurde auf den 16. Oktober festgelegt. Dirigieren wollte Tschaikowski selbst.

Nachdem er die *Sechste Sinfonie* abgeschlossen hatte, fühlte sich Tschaikowski, wie sein Bruder Modest berichtet, wieder frisch und froh. Er hatte all das ausgedrückt, was ihn schmerzlich bewegte – all die Zweifel, die widersprüchlichen Gedanken und die intensiven Erinnerungen an die freundlichen Gestalten derer, die nicht mehr lebten –, und hatte damit seine Seele gleichsam von einer Last befreit.

Mit großer Ungeduld erwartete er die Erstaufführung der Sinfonie: Wie mag das Werk klingen? Wie wird dessen ungewöhnliche Form aufgenommen werden? Wird den Hörern die Grundidee des Werkes verständlich sein? . . . Unterdessen ging die Arbeit am Klavierkonzert weiter. Das neue Werk schien ihm allzusehr in die Länge gezogen, und er entschied sich für eine einsätzige Fassung. Anfang Oktober war die Partitur fertiggestellt. Das restliche Material, wozu auch der zweite und dritte Satz der ebenfalls »aussortierten« Sinfonie *Das Leben* gehörten, wollte er später in ein anderes Werk für Klavier und Orchester – Andante und Finale – einarbeiten, doch vor der Abreise nach Petersburg zu dem bevorstehenden Konzert gelang es ihm nicht mehr, sein Vorhaben zu verwirklichen. (Dieses Werk wurde dann von dem Komponisten Sergej Tanejew zum Druck vorbereitet. Tanejew hat es ebenso wie das *Dritte Klavierkonzert* auch erstmals gespielt.)

Nun begann die aufregende Zeit vor der Uraufführung der Sinfonie. Während der Proben und beim Konzert selbst stellte Tschaikowski fest, daß das Werk nicht jenen Eindruck hinterließ, den er erwartet hatte. Die Petersburger Komponisten, die der Uraufführung beiwohnten, verhehlten Tschaikowski gegenüber nicht, daß die Sinfonie keinen großen Erfolg errungen habe, obwohl sie beispielsweise Antoli Ljadow gefallen hatte.

Der Komponist Alexander Glasunow berichtet, wie Tschaikowski ihm gegenüber bitterlich klagte, daß »sein letztes Werk ungenügend Erfolg hatte und den Musikern anscheinend wenig gefiel. Dabei sagte er, daß er nach der Erstaufführung seiner letzten Werke stets enttäuscht gewesen, diesmal aber mit seinem Produkt völlig zufrieden sei.«

Nach der Uraufführung der *Sechsten Sinfonie* schrieb der Komponist an seinen Verleger Pjotr Jürgenson: »Etwas Merkwürdiges geht mit dieser Sinfonie vor! Nicht, daß sie nicht gefallen hätte, aber sie hat eine gewisse Verständnislosigkeit hervorgerufen.«

Zahlreiche Besprechungen der Sinfonie, die am 18. Oktober in der Petersburger Presse erschienen, bezeugten das Unverständnis für die Bedeutung und den Inhalt des neuen Werkes. Einige Kritiker äußerten sich zwar zustimmend, stellten das Werk jedoch hinter die anderen Sinfonien des Komponisten.

Am 22. Oktober erschien in der Petersburger »Theaterzeitung« ein Artikel des Musikkritikers Hermann Laroche. Sein Urteil über Tschaikowskis *Sechste Sinfonie* und über deren Rezeption durch das Publikum ist hoch bedeutsam: »In dem neuen Werk gilt es vor allem einen Unterschied zu machen zwischen dem *Material* und der *Form*. Das Material, das heißt die Melodie und deren kontrapunktische Verarbeitung, ist durchweg großartig. Was die Melodik anbelangt, so sind bei Tschaikowski gerade in den letzten Jahren ein gewisser besonderer Reichtum, eine gewisse unerschöpfliche Fülle und ein von Leidenschaft erfüllter Reiz der Themen zutage getreten, und die neue Sinfonie schließt in dieser Hinsicht würdig an die ganze Periode an. Die kontrapunktische Verarbeitung ihrerseits besticht durch geballte Energie und gleichbleibende Schönheit. So wie man in einem geschickt aufgebauten Roman auf das Schicksal der handelnden Personen gespannt ist, ist man auch in den kontrapunktischen Episoden der H-Moll-Sinfonie ständig auf den weiteren Verlauf der Themen neugierig, und das Interesse läßt nirgends nach. Die Form ist hingegen etwas rätselhaft. Das ›Seitenthema‹, das heißt das zweite Thema des ersten Allegros, hat den Charakter eines kleinen selbständigen *Andante*, ist abgeschlossen und mittels einer mehrmals wiederholten Kadenz von der Fortsetzung klar abgegrenzt. Danach kommt es zu einer gewissen dramatischen Turbulenz in der Art jener rhythmischen und orchestralen Gestaltungsmittel, mit denen in Opern die Unruhe der Volksmasse, eine herbeieilende Menge u. ä. dargestellt werden. Dann beginnt bereits die sogenannte »Durchführung«, das heißt der kontrapunktisch entwickelte Mittelteil des Allegros. Das Seitenthema als solches ist mehr im Opernstil als im sinfonischen Stil gehalten. Ich betrachte es als meine Pflicht hinzuzufügen, daß meinem persönlichen Eindruck nach im dritten Satz – *Allegro* – die gegenseitig fremden Elemente sich vielleicht einfach deshalb relativ mehr einander nähern und vermischen, weil wir sowohl das eine wie auch das andere Thema bereits zu Gehör bekamen. Dennoch bleibt die Vorstellung von etwas Verlockendem und in seltenem Grade Schönem, das jedoch über den Rahmen des Sinfonischen hinausgeht. Ebenso verhält es sich mit dem Schlußsatz (dem vierten Satz) der Sinfonie, einem *Adagio* an Stelle des üblichen Allegros oder Prestos, das mit einer fließenden Melodie in Dur beginnt und in Moll, in einem dumpfen morendo in der tiefsten Klanglage des Orchesters, endet und das gleichsam etwas begleitet, was auf der Bühne vor sich geht, zum Beispiel das langsam erlöschende Leben eines Helden. Genauso empfindet man auch hier bei ungewöhnlich schöner Melodieführung keinen sinfonischen, sondern Operncharakter. Das gilt nicht für die zwei Mittelsätze der Sinfonie, die nach meinem Dafürhalten (bei aller Schönheit des ersten und letzten Satzes) die Perlen der Partitur ausmachen. In ihnen lebt die Musik nur von eigenen Mitteln und ruft einen durchweg ästhetischen Eindruck hervor, ohne den Hörer mit der Vorstellung an eine gemischte und daran angrenzende Sphäre zu verwirren ...

Ich möchte noch einige freundliche Worte über das Publikum äußern. Es benahm sich gleichsam auf *ausländische* Weise: Man unterhielt sich nicht, machte keine Geräusche, hörte mit größter Aufmerksamkeit zu und klatschte sparsam Beifall (obwohl Tschaikowski *beim ersten Erscheinen* begeistert empfangen worden war) ... Ich empfand Respekt vor dem Publikum, den es mir, ehrlich gesagt, selten einflößt. Wenn es aus Tschaikowskis *Sechster Sinfonie* heute nicht klug geworden ist, wird es morgen oder übermorgen mit ihr vertraut werden und sie letzten Endes liebgewinnen. Auf jeden Fall war das Publikum genau damit beschäftigt, wozu es sich eingefunden hatte, nämlich mit Musik.«

Einen Tag nach der Uraufführung der Sinfonie nahm Tschaikowski noch einige Korrekturen an der Partitur vor und machte sich Gedanken über das Titelblatt, ehe er das Werk nach Moskau abschickte. Die Bezeichnung »Programmatische Sinfonie« wollte er nicht beibehalten, obwohl er diesen Titel schon vielen Personen gegenüber genannt hatte, doch hatte er keineswegs die Absicht, den Inhalt des Programms zu enthüllen. Sein Bruder Modest schlug ihm einen anderen Titel »Tragische Sinfonie« vor, was dem Komponisten aber gar nicht zusagte. Plötzlich kam noch eine Bezeichnung ins Gespräch – *Pathétique*. Tschaikowski fand, daß dieser Titel vollauf der Grundidee des Werkes entsprach, und schrieb ihn auf das Titelblatt.

Jetzt konnte das Autograph an Jürgenson abgeschickt werden. Damit war ein weiteres Werk abgeschlossen. Schon trug sich der Komponist mit neuen künstlerischen Vorhaben: Er plante eine Oper und sinfonische Werke. Am 4. Dezember wollte er die Moskauer Erstaufführung der *Sechsten Sinfonie* dirigieren und anschließend Konzerte in Odessa geben. Es war höchste Zeit, dem Konzertveranstalter I. Grekow zu schreiben: »Bitte bemühen Sie sich, die Zeit meines Aufenthaltes bei Ihnen zwischen dem 15. Dezember und dem 5. Januar festzulegen, wobei Sie im Auge behalten sollten, daß ich nicht länger als eine Woche bleiben kann . . .«

Indes stellte sich eine Krankheit, die plötzlich am 21. Oktober eingetreten war, für den Komponisten als tödlich heraus. Die Cholera, die in den neunziger Jahren des vergangenen Jahrhunderts Hunderte von Petersburgern wie auch Einwohner anderer russischer Städte dahinraffte, setzte am 25. Oktober 1893 auch Tschaikowskis Leben ein Ende.

Mit Konzerten in Petersburg, Moskau und in verschiedenen anderen Kulturzentren Rußlands erwiesen seine Landsleute dem großen russischen Komponisten die letzte Ehre. Allenthalben erklang dabei sein letztes Werk.

»Die ›Pathétique‹ ist eines der größten Werke ihres Schöpfers, was zeigt, daß wir ihn zu einem Zeitpunkt verloren haben, als seine Begabung den Höhepunkt ihrer Entwicklung und vollkommenste Reife erreicht hatte«, schrieb der Musikkritiker Nikolai Kaschkin.

»Diese Sinfonie ist das größte und unvergleichlichste Werk Tschaikowskis. Seelisches Leid, erstarrende Verzweiflung und das trostlose, nagende Gefühl des Verlustes all dessen, wofür ein Mensch bis zur letzten Minute gelebt hat, sind hier mit Kraft und erschütternder Eindringlichkeit zum Ausdruck gebracht worden«, hob später der Kunst- und Musikkritiker Wladimir Stassow hervor. »Es scheint, daß etwas Ähnliches noch nie in der Musik geschildert und solche tiefen Geschehnisse des seelischen Lebens noch nie mit solch unvergleichlichem Können und solcher Schönheit ausgedrückt worden sind.«

DAS GROSSE ERBE

Leben und schöpferisches Wirken großer Kulturschaffender erschließt sich späteren Generationen im Erbe dieser Künstler. Das künstlerische Erbe Pjotr Tschaikowskis, der sich dem Dienen einer der schönsten Künste – der Musik – widmete, beeindruckt durch seine außerordentliche Vielfalt und Verschiedenartigkeit.

Tschaikowski hat sich in fast allen musikalischen Genres künstlerisch-schöpferisch betätigt: Er komponierte Opern und Ballette, Sinfonien und programmatische Orchesterwerke, Konzerte und instrumentale Kammermusik, Werke für verschiedene Instrumente, namentlich zahlreiche Stücke für Klavier, Chorwerke und Kantaten sowie Vokalsätze und Lieder. Er veröffentlichte die Sammlung *Fünfzig russische Volkslieder*, bearbeitet für Klavier zu vier Händen, schrieb musikkritische Artikel, übersetzte aus verschiedenen Sprachen Aufsätze, Lehrbücher und ein Opernlibretto ins Russische, verfaßte eine eigene theoretische Schrift – den »Leitfaden zum praktischen Studium der Harmonielehre«[80] als erstes russisches Lehrbuch auf diesem Gebiet –, schrieb Tagebücher und fast fünftausend Briefe. Dies alles wurde in die Gesammelten Werke des Komponisten aufgenommen, die aus 62 Bänden mit Musikwerken (erschienen im Zeitraum von 1940 bis 1974 im Verlag Musgis bzw *Musyka*) und 15 Bänden mit seinen literarischen Schriften und dem Briefwechsel (erschienen im Zeitraum von 1953 bis 1981) bestehen.

Dieses künstlerische Erbe stellt keineswegs nur eine Art Reliquie dar. Die von dem Komponisten geschaffenen Meisterwerke, die schon im 19. Jahrhundert die Grundlage des russischen Musikrepertoires bildeten und auch außerhalb Rußlands lebhafte Resonanz fanden, sind heutzutage ein fester Bestandteil der Weltkultur. Tschaikowskis Werke stehen auf den Spielplänen aller Musiktheater und werden von zahlreichen Orchestern, Kammermusikvereinigungen, Chören und Solisten dargeboten. Musikfreunde wie auch junge Pianisten, Geiger und Cellisten, die ihre künstlerische Tätigkeit gerade erst aufgenommen haben, spielen Kompositionen dieses russischen Meisters. Tschaikowskis Werke erklingen aber auch in Bearbeitung für Volksinstrumente. Seine Werke kann man tagtäglich im Rundfunk und im Fernsehen hören. Sie sind auf Schallplatten der Firmen verschiedenster Länder in der Interpretation berühmter Dirigenten, Instrumentalisten und Sänger eingespielt.

Zu den Interpreten der Werke Tschaikowskis zählten solche russischen Dirigenten und Pianisten wie Sergej Rachmaninow, Nikolai Medtner und Igor Strawinski sowie die Sänger Leonid Sobinow, Antonina Neshdanowa und Fjodor Schaljapin.

Namhafte Wegbereiter der Musik des russischen Komponisten waren die Dirigenten Hermann Abendroth (Deutschland), Henry Wood (England), Georges Georgescu (Rumänien), Erich Kleiber und Wilhelm Furtwängler (Deutschland), Kurt Sanderling (DDR), Masasi Ueda (Japan), Willi Ferrero (Italien), Tauno Hannikainen (Finnland) und andere.

Zu hervorragenden Interpreten der Werke Tschaikowskis wurden sowjetische Musiker. Dazu zählen: die Dirigenten Nikolai Golowanow, Alexander Hauk, Alexander Melik-Paschajew, Juri Faier, Boris Chaikin, Jewgeni Mrawinski, Jewgeni Swetlanow und Wladimir Fedossejew; die Sänger Sergej Lemeschew, G. Nelepp, Iwan Koslowski, Mark Reisen, Jewgeni Nesterenko, W. Atlantow, Irina Archipowa, J. Obraszowa und T. Milaschkina; die Pianisten Konstantin Igumnow, Lew Oborin, Emil Gilels und Swjatoslaw Richter; die Cellisten Swjatoslaw Knuschewizki und Natalia Schachowskaja sowie die Geiger David Oistrach und Leonid Kogan. Durch ihre Gestaltung von Rollen in Balletten Tschaikowskis machten sich sowjetische Ballerinen wie M. Semjonowa, Galina Ulanowa, N. Dudinskaja, Olga Lepeschinskaja, Maja Plisetzkaja und J. Maximowa einen Namen.

Opern und Ballette Tschaikowskis finden sich ständig im Spielplan aller Musiktheater der Russischen Sozialistischen Föderativen Sowjetrepublik und der anderen Unionsrepubliken. Sie wurden und werden auch auf den Bühnen vieler Theater außerhalb der Sowjetunion aufgeführt: in Prag und Zagreb, Darmstadt und Warschau, Wien und Mailand, Berlin und Stockholm, Barcelona und Sofia, Tokio und Kopenhagen, Bukarest und Brüssel, Hamburg und London, Frankfurt am Main und New York, Oslo und Brno, Dresden und Bremen, Zürich und Florenz, Leipzig und Paris . . . Damit ging Tschaikowskis Wunsch in Erfüllung, daß seine Musik »sich verbreiten möge, damit die Zahl derjenigen Menschen zunimmt, die diese Musik lieben und in ihr Trost und Stütze finden«.

Tschaikowskis wahrhaft große, von Jahr zu Jahr wachsende Popularität hat ihre Ursache in der Natur seiner Begabung, beruht darauf, daß seine Kunst einen volksverbundenen Charakter trägt, sich an alle richtet und zugleich ausgesprochen lyrisch ist, jeden individuell anspricht, von Herz zu Herzen geht. Die eigenständige Art des Komponisten, sich künstlerisch zu artikulieren (die lyrische Gestaltung des Inhalts, die Wiedergabe unterschiedlichster Ereignisse: historischer oder sozialer Art, und verschiedenster Sujets: von Szenen aus dem Alltag oder aus dem Volksleben sowie von tragischen oder humorvollen Stoffen, als etwas ausgesprochen persönlich Bezogenes), hat eine kennzeichnende Besonderheit entstehen lassen, auf Grund derer die Hörer Tschaikowski als Schöpfer des betreffenden Werkes erkennen. Darüber hinaus brachte Tschaikowskis eigenständige Art der künstlerischen Aussage neuartige Gestaltungen hervor, die ihrerseits zu einer Umdeutung traditioneller klassischer Formen, der Architektonik eines Werkes und anderer musikalischer Ausdrucksmittel (Melodik, Harmonik, Orchestrierung usw.) geführt haben. Tschaikowski ist als echter Reformator hervorgetreten, ohne dabei jene Traditionen zu zerstören, die sich in der russischen und ausländischen Musikkultur herausgebildet hatten, vielmehr hat er auf deren Grundlage Neues geschaffen. Dieses *Neue* und *Eigene* hat indes sowohl die Formen als auch die Mittel zur Gestaltung des Inhalts qualitativ verändert.

Mit dem Namen Tschaikowski ist in der russischen Musik wie auch in der Tonkunst der ganzen Welt vieles mit dem Wort »erstmals« verknüpft: die Schaffung einer russischen Sinfonik; die Entwicklung einer neuen sinfonischen Form: der tragischen Sinfonik; die Herausbildung eines für die russische Oper neuen Genres: des lyrisch-psychologischen Dramas, und die Konzipierung eines neuen Genres der russischen Musik: des klassischen Balletts, das auch die weitere Entwicklung des westeuropäischen Balletts beeinflußt hat.

Mit künstlerischem Mut führte Tschaikowski eine Annäherung des sinfonischen Genres und des Genres der Bühnenmusik herbei. Das Prinzip der sinfonischen Entwicklung, das die Konzeption der Evolution lebendiger künstlerischer Klangbilder spiegelt, wandte er sowohl in der Oper und im Ballett (als Genres, die aus seiner Sicht besonders volksnah und den breiten Massen und nicht nur einem ausgewählten Publikum zugänglich sind) wie auch in anderen musikalischen Formen an. Demgegenüber führte er die konflikthafte Anlage und »visuelle Eindringlichkeit« der Klangbilder der Bühnenmusik in seine Sinfonien, programmatischen Orchesterstücke, Kammermusikwerke und Lieder ein. Und jedes dieser Werke ist durch eine neue, persönlich motivierte Auffassung des gegebenen Genres gekennzeichnet.

Tschaikowski war, wie die sowjetische Musikhistorikerin N. Tumanina formuliert hat, »der einzige unter den Sinfonikern der zweiten Hälfte des 19. Jahrhunderts, der bei der Verallgemeinerung von Ideen und künstlerischen Bildern beethovensche Kraft erreicht hat, der die Sinfonie erneut zum obersten musikalischen Genre machte und sie auf die Höhe »einer Kunst höchster Gedanken«, auf die Ebene »einer emotionalen Philosophie in Tönen« gehoben hat.

Über eine hervorragende Kompositionstechnik verfügend hat es Tschaikowski laut Dmitri Schostakowitsch verstanden, diese Technik dem Inhalt dienstbar zu machen: »Heißes Blut pulsierte immer unter der gezügelten Form« seiner Werke.

Tschaikowskis Kompositionen, die für die Tonsetzer zu einer Art — wie Schostakowitsch formulierte — »technischer Enzyklopädie« geworden sind, bilden einen immer-sprudelnden Quell ausgesprochen realistischer Traditio-nen für das progressive Musikschaffen. Sie haben das Œuvre von Zeitgenossen des Meisters in Rußland wie auch im Ausland beeinflußt und auch in den folgenden Epochen ihre Wirkung ausgeübt, was namhafte Sinfoniker des 20. Jahrhunderts wie Strawinski, Prokofjew, Mjas-kowski und Schostakowitsch mehrfach bestätigt haben.

Für Tschaikowski bestand die Pflicht des Künstlers in dessen Fähigkeit, genaue Einsicht in das Leben zu ge-winnen, das Positive auszuleuchten und an eine hohe menschliche Bestimmung zu glauben. Deshalb war er auch in den philosophischen Konzeptionen seiner Werke huma-nistisch und progressiv. In seiner Musik legte er leiden-schaftlichen Drang zum Glück und zur Freiheit der Per-sönlichkeit an den Tag; er pries die Schönheit selbstloser Liebe, das (nach eigener Aussage) »Motiv des Lichtes«, die tiefe Ehrfurcht vor der Erhabenheit und Macht der Natur, das Entzücken über sie und das Gewinnen sittlicher Kraft und seelischen Gleichgewichts in ihrem Schoß. Welche Barrieren auf dem Wege des Menschen zu dem Glück, be-geisterte Liebe und Freude am Schaffen zu erkennen, sich auch auftürmen mögen − grausame, drohende, unerbitt-liche und tragisch-ausweglose Hindernisse −, der Held seiner Werke kämpft unermüdlich und überwindet diese Barrieren, selbst wenn es im Namen der Idee das Leben kostet. Er gibt den Kampf nicht auf, und er ist der Sieger.

Tschaikowskis Musik trägt einen ausgesprochen natio-nalen Charakter. Der Komponist ist, wie der russische Musikkritiker Nikolai Kaschkin mit Recht hervorgehoben hat, »nicht nur deshalb wahrhaft national, weil in seiner Musik sehr häufig Anklänge an das russische Lied in dessen besonders charakteristischen Erscheinungsformen zu hören sind oder weil er seinen Kompositionen mitunter authentische russische Volksweisen zugrunde legte, sondern auf Grund seiner ganzen Mentalität und Weltanschauung.« Tschaikowski selbst hat einmal bekannt: »Was das russische Element in meiner Musik im allgemeinen betrifft, das heißt dem Volkslied ähnliche Gestaltungsmittel in Melodik und Harmonik, so ist das darauf zurückzuführen, daß ich in einem ganz abgelegenen Winkel aufgewachsen bin, von frühester Kindheit an die unsagbare Schönheit der charakteristischen Merkmale der russischen Volksmusik in mich aufgesogen habe, das russische Element in all seinen Erscheinungsformen leidenschaftlich liebe, mit einem Wort, daß ich im umfassendsten Sinne dieses Wortes R u s s e bin.«

Im Jahre 1940 wurde die 100. Wiederkehr von Tschaikowskis Geburtstag als nationales Fest begangen. Der Rat der Volkskommissare der UdSSR gab einen speziellen Erlaß über die festliche Begehung dieses Tages und das ständige Andenken an den Komponisten heraus. Dieser Erlaß sah folgende Maßnahmen vor: dem Komponisten ist in Moskau ein Denkmal zu errichten; seine sämtlichen Werke sind zu veröffentlichen; der Musikfachschule in Wotkinsk, der Musikschule in Klin und dem gerade erbauten Konzertsaal in Moskau wird der Name Tschaikowskis verliehen; der Nowinski-Boulevard in Moskau ist in Tschaikowskistraße umzubenennen; an den Fakultäten für Kompositionslehre der Konservatorien in Moskau, Leningrad, Kiew und Tbilissi sind entsprechende Stipendien zu stiften, und außerdem sind Jubiläumsbriefmarken mit einer Abbildung des Komponisten in Umlauf zu setzen. Den Namen Tschaikowskis tragen seit 1940 die Konservatorien in Moskau und Kiew und bald danach auch das Opern- und Ballett-Theater in Perm. Alljährlich findet am Denkmal des Komponisten vor dem Gebäude des Moskauer Staatlichen Tschaikowski-Konservatoriums in der Herzenstraße Nr. 13 die feierliche Eröffnung des Festes des Liedes in Moskau statt.

Zu einer Stätte regen öffentlichen Musiklebens wurde das Tschaikowski-Museum in Klin. Namhafte Musiker betrachten das Auftreten im dortigen Besuchszimmer des Komponisten an den Gedenktagen 7. Mai und 7. November[81] als große Ehre und bringen dabei Werke von Tschaikowski zu Gehör. In die unweit von Moskau gelegene Stadt strömen Millionen von Menschen, zieht es sie mit Herz und Verstand. Das ist eine vom Volk sehr geliebte Gedenkstätte. Im Laufe eines einzigen Jahres kommen etwa zweihunderttausend Menschen hierher. In dem Konzertsaal, der neben dem Museum errichtet wurde, finden Festtage der Tonkunst statt.

Eine ständig wachsende Zahl von Freunden der Musik Tschaikowskis besucht das in Wotkinsk befindliche, als Museum eingerichtete Geburtshaus des Komponisten sowie die Puschkin- und Tschaikowski-Gedenkstätte in Kamenka. In der Stadt Tschaikowski, die am Wotkinsker Stausee liegt, findet alljährlich ein Musikfest statt, das zu denjenigen Veranstaltungen in der Sowjetunion zählt, an dem besonders viele Musikfreunde aktiv beteiligt sind. An der Vorbereitung und Durchführung dieses Musikfestes wirken viele bedeutende sowjetische Komponisten, Musikwissenschaftler und ausübende Musiker mit.

Seit 1958 findet in Moskau alle vier Jahre der traditionelle Internationale Tschaikowski-Wettbewerb für ausübende Musiker statt. Dieses Fest der Kunst wird als »Musikfrühling der Welt« bezeichnet. Es wurde zu einem Ereignis von Weltbedeutung, und zwar nicht nur deshalb, weil es einer der maßgebenden internationalen Wettbewerbe ist, sondern auch aus dem Grunde, weil es Zeugnis ablegt von der unversiegbaren Wirkungskraft der Musik eines der größten Komponisten der Welt, der die russische Tonkunst für alle Zeiten berühmt gemacht hat. Selbstredend wurde der Wettbewerb auch zu einem nationalen wie internationalen Wettstreit, da Tschaikowskis Musik als Gemeingut der Weltkultur gilt.

Das viele musikalische Genres umfassende Œuvre des großen Repräsentanten der russischen Musikklassik bot die Möglichkeit, einen in seiner Art einzigartigen Wettbewerb zu veranstalten, an dem Musiker verschiedener Fächer teilnehmen können. Hierin liegt der Unterschied zum Paganini-Wettbewerb in Genua, zum Wieniawski-Wettbewerb in Poznań, zum Busoni-Wettbewerb in Bozen, zum Sänger-Wettbewerb in Toulouse, zum Dirigenten-Wettbewerb in Rom und zum Dvořák-Wettbewerb für Cellisten in Prag. Eine weitere Besonderheit des Tschaikowski-Wettbewerbes ist darin zu sehen, daß die Teilnehmer in die Programme nicht nur Werke desjenigen Komponisten einbeziehen, dessen Name der Wettbewerb trägt (wie beim Bach-Wettbewerb in Leipzig, beim Chopin-Wettbewerb in Warschau und beim Schumann-Wettbewerb in Zwickau), sondern auch Werke von Komponisten, die verschiedene Stile und Epochen vertreten – von der Klassik bis zur Gegenwart.

»Die Vielfalt des Programms hilft den Musikern, ihre Möglichkeiten umfassender zu demonstrieren und ihre Individualität prägnanter hervortreten zu lassen«, betonte R. Caporali (Italien), der 1982 Mitglied der Jury des Pianistenwettbewerbs war. »Von nicht minder großer Bedeutung scheint mir auch die Tatsache, daß die Aufführung des Werkes eines Komponisten aus dem Land, das der Wettbewerbsteilnehmer vertritt, als obligatorisch erklärt worden ist.«

Am Ersten Tschaikowski-Wettbewerb (1958) nahmen Geiger und Pianisten teil, beim Zweiten (1962) kam ein weiteres Fach – das Cello – hinzu, und seit dem Dritten (1966) beteiligen sich auch Sänger. An diesem Wettbewerb können übrigens auch Dirigenten teilnehmen. In diesem Zusammenhang soll nicht unerwähnt bleiben, daß bei dem Internationalen Wettbewerb der Ballettkünstler in Moskau die Darbietung von Szenen aus Tschaikowskis Balletten *Schwanensee*, *Dornröschen* und *Der Nußknacker* zum Programm gehört.

Das Programm des Moskauer Wettbewerbs spiegelt die besten Traditionen der russischen und sowjetischen Interpretationskunst. Vielen sowjetischen und ausländischen Musikern hat der Tschaikowski-Wettbewerb das Rüstzeug für ihre künstlerische Laufbahn gegeben.

Von Wettbewerb zu Wettbewerb wächst die Zahl der Länder, aus denen die Teilnehmer nach Moskau kommen. So zählten beispielsweise zu den Preisträgern und Trägern von Ehrenurkunden allein des Siebenten Tschaikowski-Wettbewerbs Vertreter der Russischen Sozialistischen Föderativen Sowjetrepublik, der Georgischen, Armenischen, Ukrainischen, Estnischen und anderer nationaler und autonomer Republiken der Sowjetunion sowie Repräsentanten anderer Länder: Österreichs, Bulgariens, Brasiliens, Großbritanniens, Vietnams, Kanadas, der Koreanischen Demokratischen Volksrepublik, Neuseelands, Norwegens, Polens, Rumäniens, der USA, der BRD, der Philippinen, Finnlands, Frankreichs, der ČSSR, Jugoslawiens und Japans.

»Von Mal zu Mal nehmen Bedeutung, Ausmaß und Ansehen des Wettbewerbs spürbar zu. Dieser Wettstreit trägt zur Festigung und Entwicklung des gegenseitigen Verstehens zwischen den Musikern der verschiedenen Länder der Welt bei. Die Sprache der Musik ist ja die internationalste, sie spricht zum Herzen eines jeden und ruft in ihm gute, menschenfreundliche Empfindungen hervor«, äußerte der Ehrengast des Siebenten Tschaikowski-Wettbewerbs, der Minister für Kultur und Information der Sozialistischen Republik Vietnam Nguen Van Chieu.

»In Moskau haben sich in diesen Tagen Vertreter verschiedener politisch-sozialer Systeme zusammengefunden.

254

Wir sehen, wie man in der Sowjetunion die Musik liebt und wie man auf jede Weise deren Entwicklung fördert. Das Sowjetvolk bemüht sich um den Frieden auf der Erde, und als wir während des Wettbewerbs in Moskau weilten, hatten wir Gelegenheit, uns davon zu überzeugen«, sagte der Präsident des Internationalen Gaspar-Cassadó-Wettbewerbs in Florenz Pietro Farulli (Italien). »Sehr wichtig ist auch, daß die jungen Musiker, die aus den kapitalistischen Ländern in die Sowjetunion gekommen sind, die von den Ideen des sozialistischen Realismus durchdrungene Kunst der sozialistischen Länder kennengelernt haben«, hob nach dem Ersten Tschaikowski-Wettbewerb der bulgarische Komponist Pantscho Wladigeroff hervor.

Traditionsgemäß erfolgt die Eröffnung des Wettbewerbs im Kongreßpalast des Kreml, wo der Minister für Kultur die Wettbewerbsteilnehmer und Gäste, die von allen Kontinenten des Erdballs angereist sind, im Namen der Regierung der UdSSR begrüßt.

Für ihr Auftreten werden den Teilnehmern des Wettbewerbs die besten Konzertsäle Moskaus zur Verfügung gestellt – der Große Saal des Konservatoriums und der Tschaikowski-Konzertsaal. Für die Proben dienen die Hörsäle des Konservatoriums, das den Namen des berühmten Komponisten trägt. Bei der zweiten und dritten Runde des Wettbewerbs werden die Kandidaten von den besten sowjetischen Sinfonieorchestern (dem Staatlichen Sinfonieorchester der UdSSR, dem Moskauer Akademischen Philharmonischen Orchester sowie dem Großen Sinfonieorchester des Zentralen Fernsehens und Allunionsrundfunks) unter der Leitung bekannter Dirigenten begleitet.

Die Ausscheide der Musiker werden vom Zentralen Fernsehen der UdSSR und vom Allunionsrundfunk in umfassender Weise übertragen. Vor Millionen von Musikfreunden verschiedener Nationalitäten und verschiedener Altersstufen entfaltet sich auf diese Weise ein Panorama des Wettstreits der Kandidaten. Für jeden von ihnen bedeutet die Teilnahme an diesem Wettbewerb eine Ehre. Im Laufe des vergangenen Vierteljahrhunderts haben als Juroren des Tschaikowski-Wettbewerbs die berühmtesten Musiker aller Länder und als Kandidaten die besten der besten jungen Interpreten teilgenommen. Sie alle zieht in erster Linie die Musik des großen Komponisten in die Hauptstadt der Sowjetunion. »Diese Musik«, schrieb Dmitri Schostakowitsch im Beiheft zum Ersten Tschaikowski-Wettbewerb, »spiegelt Schönheit und Reichtum der geistigen Welt des russischen Menschen und bildet zugleich ein wahrhaft internationales Phänomen, das die Entwicklung der Kulturen und Völker beeinflußt. Erfüllt von nie verlöschender Liebe zu den Menschen, weckt diese Musik erhabene und edle Empfindungen.«

Tschaikowskis Musik lehrt Herzensgüte und Sinn für das Schöne im Leben, in der Natur und in der Kunst. Sie lehrt die Menschen, ihre Heimat zu lieben und deren Geschichte, deren Erbe und deren Werte zu erfassen und zu schätzen. Sie trägt zur Herausbildung einer harmonischen Persönlichkeit des Menschen bei. Diese Musik wird gespielt und gesungen, gehört und studiert. Sie erklingt überall – in berühmten Theatern und Konzertsälen sowie dargeboten von nichtprofessionellen Ensembles und Solisten bei Kulturveranstaltungen verschiedenster Art. Sie begleitet die Menschen an Werk- und an Feiertagen. Sie ist in den verschiedensten Völkern und Ländern lebendig und wird von Generation zu Generation weitergegeben. Darin liegt das Unterpfand ihrer Zukunft.

ANMERKUNGEN

Die Anmerkungen stammen, soweit nicht anders angegeben, vom Übersetzer

1 Gemeint ist die Oper »Judith« des russischen Komponisten Alexander Serow, die 1863 in Petersburg uraufgeführt worden war.

2 Gemeint ist Serows Oper »Rogneda«, die 1865 in Petersburg ihre Uraufführung erlebte.

3 Nikolai Rubinstein, Pianist, Dirigent und Musikpädagoge war Gründer und langjähriger Leiter des Moskauer Konservatoriums.

4 Die Musikklassen der Russischen Musikgesellschaft bildeten die Vorstufe der Konservatorien in Petersburg und Moskau.

5 Siehe Anm. 4.

6 Als Dekabristen werden die Teilnehmer an dem revolutionären russischen Offiziersaufstand von 1825 bezeichnet.

7 Der Originaltitel lautet »Traité général d'instrumentation« und erschien 1863.

8 Der Originaltitel lautet: »Musikalische Haus- und Lebensregeln«.

9 César Cui, väterlicherseits französischer Herkunft und von Beruf Ingenieuroffizier, war Mitglied des »Mächtigen Häufleins«, das eine Ausbildung junger Musiker an Konservatorien ablehnte. Als Musikkritiker der »St.-Petersburger Nachrichten« war Cui sehr gefürchtet.

10 Der Ort liegt in der heutigen Udmurtischen ASSR, weit im Osten des europäischen Teils der Sowjetunion, und war durch ein großes Eisenhüttenwerk, das Tschaikowskis Vater lange Zeit leitete, bedeutend. Hier wurde der Komponist am 25. April 1840 (nach dem modernen Kalender am 7. Mai) geboren.

11 In der internationalen Tschaikowski-Literatur findet sich auch die Schreibweise Hippolyt.

12 In dieser rund 100 km hinter dem Ural gelegenen Kleinstadt, in der es eine Eisengießerei gab, hatte Tschaikowskis Vater 1849 eine Verwalterstelle angetreten.

13 Heute Swerdlowsk.

14 Gemeint ist die Tätigkeit als Beamter.

15 In der Tschaikowski-Literatur wird dieser Klavierzyklus zumeist unter dem französischen Titel »Souvenir de Hapsal« zitiert.

16 Wladimir Odojewski war ein bedeutender russischer Musikgelehrter und Publizist, der u. a. energisch für das Schaffen Glinkas eintrat.

17 Gemeint ist der Schlußchor der Oper »Iwan Sussanin«.

18 Die Bezeichnung »Mächtiges Häuflein« für die Komponisten des Kreises um Balakirew hatte 1867 Wladimir Stassow erstmals verwendet.

19 Gemeint ist das »Mächtige Häuflein«. In der älteren Musikliteratur begegnet hierfür auch die Bezeichnung »Neue russische Musikschule«.

20 Gemeint ist Rimski-Korsakows sinfonische Dichtung »Sadko«.

21 Eine Auswahl von Musikkritiken Tschaikowskis erschien in deutscher Sprache unter dem Titel »P. I. Tschaikowski, Erinnerungen und Musikkritiken«, hrsg. von R. Petzoldt und L. Fahlbusch 1974 im Verlag Philipp Reclam jun. in Leipzig.

22 Kosename für Modest. Gemeint ist Tschaikowskis Bruder Modest.

23 Frühere Bezeichnung für das heutige Kirow-Theater in Leningrad.

24 Namhafte sowjetische Musikhistorikerin.

25 So wurde Moskau im 19. Jahrhundert häufig bezeichnet. Die erste, d. h. die eigentliche Hauptstadt Rußlands war bis zur Oktoberrevolution Petersburg.

26 Dieser Artikel war auf Veranlassung von Wladimir Stassow in den »St.-Petersburger Nachrichten« in vollem Umfang nachgedruckt worden. (Anm. d. Autorin)

27 Jetzt Tbilissi.

28 In Kamenka bei Kiew befand sich das Gut seiner Schwester Alexandra Dawydowa, wo sich Tschaikowski wohlfühlte und wo er in Ruhe arbeiten konnte.

29 Ältere, heute ungebräuchliche Bezeichnung für ukrainisch.

30 In der Tschaikowski-Literatur wird diese Oper häufig auch unter ihrem Originaltitel »Opritschnik« angeführt.

31 Auf Anordnung des Zensors war das Erscheinen des Haupthelden der Oper, des Zaren Iwan des Schrecklichen, auf der Bühne nicht gestattet worden.

32 Karl Klindworth war 1868 von Nikolai Rubinstein als Professor für Klavierunterricht an das Moskauer Konservatorium berufen worden.

33 Solange sich Tschaikowski Nikolai Rubinstein unterordnete, brachte ihm dieser große Zuneigung entgegen, doch von Anfang an legten die beiden Brüder Rubinstein Tschaikowski gegenüber eine unerklärlich zweideutige Haltung an den Tag. Sie erkannten ihn als großen Musiker an, sträubten sich aber dagegen, seine Musik beim ersten Hören gutzuheißen.

34 Das Hauptthema des ersten Satzes hatte Tschaikowski in Kamenka gehört. In einem Brief an Nadeshda von Meck schrieb er, er habe es zum ersten Male von blinden Bettlern auf einem Jahrmarkt in dieser Form singen hören.

35 Gemeint ist Cesare Pugni (1802–1870), ein italienischer Musiker, der seit 1851 als Komponist von Ballettmusiken an den Petersburger Kaiserlichen Theatern wirkte.

36 Der Titel der Zeitschrift bildet die russische Schreibweise des französischen Wortes Nouvelliste.

37 Lebhafter russischer Volkstanz im $2/4$-Takt.

38 Bedeutender Kurort in Mittelfrankreich.

39 Gemeint ist Tschaikowskis Oper »Eugen Onegin«.

40 Das Wort »Freund«, das im Russischen auch einer Frau gegenüber angewandt werden kann, wobei der Begriff der Freundschaft mit einer Frau so jeden Nebensinn verliert, bezieht sich auf Frau von Meck.

41 Nadeshda von Meck (geb. 1831) hatte im Alter von siebzehn Jahren den aus Riga gebürtigen Eisenbahnbauingenieur Karl Georg von Meck geheiratet, der in der Folgezeit als Eisenbahnbau-Unternehmer in Rußland ein riesiges Vermögen erwarb, aber schon im Alter von reichlich fünfzig Jahren verstarb.

42 Tschaikowskis Briefwechsel mit Nadeshda von Meck erschien in deutscher Übersetzung unter dem Titel »Geliebte Freundin«, herausgegeben von C. Drinker Bowen und Barbara von Meck 1938 im Paul List Verlag Leipzig.

43 Tschaikowskis Frau Antonina geb. Miljukowa war Schülerin des Moskauer Konservatoriums gewesen, wo sie ihn, der nicht ihr Lehrer war, auch gesehen und liebengelernt hatte. Tschaikowski hatte sie nicht bemerkt.

44 Das Zusammenleben mit der ungeliebten und dazu noch geistig unbedeutenden Frau hatte Tschaikowski an den Rand der Verzweiflung getrieben. Er sah sein Heil nur in der Flucht ins Ausland und begab sich zusammen mit seinem Bruder Anatoli nach Clarens am Genfer See.

45 Musikverlag mit angeschlossener Musikalienhandlung in Moskau.

46 Gemeint ist der russische Publizist Iwan Aksakow (1823–1886), der 1875–1878 eine bedeutende Rolle als Mitglied des Moskauer Slawischen Komitees spielte und Wortführer der panslawistischen Kriegspartei war.

47 Sergej Tanejew war Tschaikowskis Schüler und späterer Nachfolger als Professor für Kompositionslehre am Moskauer Konservatorium.

48 Der namhafte russische Kunst- und Musikkritiker Wladimir Stassow stand auf seiten der Komponisten des »Mächtigen Häufleins«, die sich mit Ausnahme von Rimski-Korsakow mehr oder weniger von Tschaikowski distanziert hatten.

49 Wissarion Belinski war der Begründer der revolutionär-demokratischen russischen Literaturkritik.

50 Heute Tbilissi.

51 Alter russischer Volkstanz im $2/4$-Takt in lebhaftem Tempo.

52 In der Tschaikowski-Literatur häufig unter dem französischen Titel »Souvenir d'un lieu cher« zitiert.

53 Das Gut Brailow war im Besitz von Tschaikowskis Gönnerin Frau von Meck.

54 Gemeint ist das in französischer Sprache verfaßte Buch von Wallon über Jeanne d'Arc, das Frau von Meck Tschaikowski geschickt hatte.

55 So wörtlich im Original des Briefes von Tschaikowski.

56 Es handelt sich hier um den Vater des Komponisten Igor Strawinski.

57 Gemeint ist die Bildergalerie im Vatikan.

58 Gemeint sind die von Raffael und seinen Schülern im Auftrag Papst Julius' II. mit Wandmalereien geschmückten Räume des Vatikans.

59 Gemeint sind die gewölbten Bogenhallen im Vatikan.

60 Jetzt Leninberge oberhalb der Moskwa in Moskau.

61 Der französische Originaltitel lautet: »On ne badine pas avec l'amour«.

62 Der französische Originaltitel lautet: »Le domino noir«.

63 Eine Byline ist ein altrussisches episches, mündlich überliefertes Heldenlied in Versen. Die Bylinen wurden im Sprechgesang mit Gusli-Begleitung von wandernden Sängern vorgetragen.

64 Iskra, der Bürgermeister von Poltawa, war Kotschubejs Freund.

65 So wurde Moskau bis zur Oktoberrevolution häufig bezeichnet, da Petersburg bis dahin die offizielle Hauptstadt Rußlands war.

66 Stadt nordwestlich von Moskau an der Bahnlinie Leningrad–Moskau.

67 Jetzt Gorki.

68 Oper des italienischen Komponisten Pietro Mascagni.

69 Als Tschastuschka bezeichnet man in der russischen Volksmusik kurze Vierzeiler, die zur Ziehharmonika oder Gitarre gesungen werden.

70 Das Palais du Trocadéro war in Paris zur Weltausstellung von 1878 erbaut worden.

71 Heinrich Wilhelm Ernst (1814–1865) war ein deutscher Geiger und Komponist, der 1847 in Rußland Gastkonzerte gegeben hatte.

72 Gemeint sind die drei glückbringenden Karten.

73 In der Tschaikowski-Literatur wird dieses Werk häufig unter dem französischen Titel »Souvenir de Florence« angeführt.

74 Gemeint ist der Tenor des Petersburger Marientheaters Nikolai Figner.

75 Eine deutsche Ausgabe des Buches erschien 1892 in Leipzig.

76 Die deutsche Übersetzung des Titels fußt auf der russischen Ausgabe des Buches.

77 Alexander Siloti war ein russischer Pianist und Dirigent.

78 Ippolit Prjanischnikow, der von 1878–1886 als Bariton am Petersburger Marientheater gewirkt hatte, gründete 1889 in Kiew die erste Operngenossenschaft in Rußland, die er als Regisseur leitete und mit der er in verschiedenen Städten Rußlands Gastspiele gab.

79 Das Drama mit dem Originaltitel »Kong Renés Datter« war 1846 in dänischer Sprache erschienen.

80 Eine von Paul Juon besorgte deutsche Übersetzung dieses Leitfadens erschien 1899 in Moskau.

81 Das sind die Geburts- und Sterbedaten des Komponisten nach dem Gregorianischen Kalender. Nach dem alten Stil, d. h. nach dem Julianischen Kalender, der in Rußland bis 1918 galt, wurde Tschaikowski am 25. April geboren und starb am 25. Oktober. (Anm. der Autorin, ergänzt durch den Übersetzer)

NACHBEMERKUNG

Pjotr Tschaikowski, einer der Klassiker der russischen Musik, dessen Schaffen fast alle Genres der Tonkunst einschließt, war der erste unter den großen russischen Komponisten, der schon zu Lebzeiten sowohl in seiner Heimat als auch im Ausland große Breitenwirkung errungen und der Musik seines Landes Weltgeltung verschafft hat.

Steht Tschaikowskis enorme Popularität beim breiten Publikum seit Lebzeiten des Komponisten außer Frage, so zeigt die internationale Tschaikowski-Literatur ein eher schillerndes, zumindest jedoch uneinheitliches Bild des russischen Meisters. Womöglich in noch stärkerem Grade als bei anderen großen Künstlerpersönlichkeiten trifft für ihn zu, daß bei der Beurteilung seines Schaffens von Generation zu Generation verschiedene Bewertungsmaßstäbe angelegt und unterschiedliche Akzente gesetzt worden sind. Galt er bis in die ersten Jahrzehnte unseres Jahrhunderts vielen Musikfreunden und auch Musikforschern als ein letzter Gipfelpunkt der romantischen Bewegung in der Musik, so sieht man ihn heute – vor allem was seine großen Bühnen- und Orchesterwerke betrifft – eher als Künstler des psychologischen Realismus, der in seiner Musik – dem literarischen Schaffen eines Lew Tolstoi vergleichbar – den Menschen als psychologisch vielschichtiges, ja nicht selten widersprüchlich strukturiertes Individuum und dessen Verhältnis zur Umwelt und Natur in den Mittelpunkt seiner künstlerischen Gestaltung rückt. Als künstlerischer Realist war Tschaikowski zugleich durch und durch Gefühlsmensch. Das eine schloß bei ihm das andere nicht aus, sondern bildete vielmehr ein wesentliches Element seines künstlerischen Schaffens. In der ausgesprochenen Subjektivität seiner musikalischen Aussagen hat Tschaikowski sinfonische Durchdringung des musikalischen Materials auch nichtsinfonischer Genres – etwa des Balletts – mit untrüglichem Sinn für formale Klarheit, melodische Schönheit, rhythmische Eindringlichkeit und nicht zuletzt Brillanz der Orchestrierung verbunden.

Aufbauend auf den Erkenntnissen der neueren sowjetischen Tschaikowski-Forschung ist es Galina Pribegina, der Autorin des vorliegenden Bandes, gelungen, die Persönlichkeit des Komponisten als die eines ausgesprochen patriotisch gesinnten und zugleich weltoffenen Künstlers sowie sein vielseitiges Schaffen und dessen nationale wie internationale Wirkung dem Leser nahezubringen. In lebendiger Weise charakterisiert die Autorin Tschaikowski als Komponisten, Pianisten, Dirigenten, Musikkritiker und Musikpädagogen und führt neben den in der internationalen Tschaikowski-Literatur häufig zitierten brieflichen Äußerungen des Komponisten – insbesondere aus seiner umfangreichen Korrespondenz mit Frau von Meck – zahlreiches dokumentarisches Material von Zeitgenossen über den russischen Meister an, das auch musikalischen Fachkreisen außerhalb der Sowjetunion neu ist und als solches nicht unerheblich zu einem authentischen Tschaikowski-Bild beiträgt.

Von besonderem Wert sind die zahlreichen Bilddokumente zum Leben und Werk des Komponisten. Die vorliegende deutschsprachige Fassung des Buches schließt eine Lücke in der Musikliteratur der DDR, da hier bislang lediglich der Band »P. I. Tschaikowski, Erinnerungen und Musikkritiken«, Verlag Philipp Reclam jun., Leipzig 1974, erschien und eine Tschaikowski-Monographie aus der Sicht unserer Zeit von vielen Musikfreunden längst erwartet wurde.

Zur deutschsprachigen Ausgabe des Buches bleibt noch anzumerken, daß die von der Autorin angeführten Auszüge aus Briefen von bzw. an Tschaikowski sämtlich neu übersetzt wurden und daher nicht unbedingt wortwörtlich mit der Textfassung der entsprechenden Briefe in älteren deutschsprachigen Veröffentlichungen über Tschaikowski übereinstimmen (z. B. mit dem Text der betreffenden Briefstellen in dem Buch von C. Drinker Bowen und Barbara von Meck »Geliebte Freundin«, Tschaikowskis Leben und sein Briefwechsel mit Nadeshda von Meck, Paul List Verlag, Leipzig 1938). Demgegenüber wurden die Zitate aus Opernlibretti Tschaikowskis, soweit gedruckte deutschsprachige Fassungen derselben vorliegen, aus diesen übernommen.

Der Herausgeber

VERZEICHNIS DER WERKE
VON PJOTR TSCHAIKOWSKI

I. WERKE MIT OPUSZAHL

op. 1   Scherzo à la russe et Impromptu (es-Moll) für Klavier (1867)

op. 2   »Souvenir de Hapsal« (Erinnerung an Hapsal), drei Stücke für Klavier (1867)

op. 3   »Der Wojewode«, Oper in drei Akten nach einem Schauspiel von A. Ostrowski, Uraufführung am 30. Januar 1869 in Moskau. In den siebziger Jahren des 19. Jahrhunderts wurde die Partitur vom Komponisten vernichtet. Der Tanz der Mägde und der Entr'acte aus der Oper wurden vom Musikverlag Jürgenson als op. 3 veröffentlicht.

op. 4   Valse Caprice für Klavier (D-Dur) (1868)

op. 5   Romanze für Klavier (f-Moll) (1868)

op. 6   Sechs Lieder für Singstimme und Klavier, darunter das Lied »Nur wer die Sehnsucht kennt«, das im deutschsprachigen Raum zu einem der populärsten Lieder Tschaikowskis wurde (1869)

op. 7   Valse-Scherzo für Klavier (D-Dur) (1870)

op. 8 Capriccio für Klavier (Ges-Dur) (1870)

op. 9 »Trois morceaux« (Drei Stücke für Klavier): 1. Rêverie (D-Dur), 2. Polka (B-Dur), 3. Mazurka (d-Moll) (1870)

op. 10 »Deux morceaux« (Zwei Stücke für Klavier): 1. Nocturne (F-Dur), 2. Humoreske (G-Dur) (1871)

op. 11 Streichquartett Nr. 1 in D-Dur, Uraufführung im März 1871

op. 12 Musik zu A. Ostrowskis Frühlingsmärchen »Schneeflöckchen« (19 Nummern), Uraufführung am 23. Mai 1873 in Moskau

op. 13 Sinfonie Nr. 1 in g-Moll (»Winterträume«), Uraufführung am 3. Februar 1868 in Moskau; zweite Fassung 1874

op. 14 »Wakula der Schmied«, Oper in drei Akten, Libretto von J. Polonski nach N. Gogol, Uraufführung am 22. November 1876 in Petersburg. Die von Tschaikowski 1885 angefertigte Neufassung der Oper erhielt den Titel »Die Pantöffelchen« (»Die goldenen Schuhe«) (im Ausland auch unter dem Titel »Les Caprices d'Oxane« bekannt) und wurde am 19. Januar 1887 in Moskau uraufgeführt.

op. 15 Ouverture triomphale sur l'hymne danois (Festouvertüre über das Thema der dänischen Nationalhymne) (D-Dur) (1866)

op. 16 Sechs Lieder für Singstimme und Klavier (1872)

op. 17 Sinfonie Nr. 2 in c-Moll, Uraufführung am 26. Januar 1873 in Moskau

op. 18 »Der Sturm«, Sinfonische Fantasie für großes Orchester, nach Shakespeares Trauerspiel, Uraufführung am 7. Dezember 1873 in Moskau

op. 19 Sechs Stücke für Klavier (1873)

op. 20 »Schwanensee«, Ballett in drei Akten, Uraufführung am 20. Februar 1877 in Moskau

op. 21 Sechs Klavierstücke über ein Thema (1873)

op. 22 Streichquartett Nr. 2 in F-Dur, Uraufführung im März 1874

op. 23 Konzert Nr. 1 für Klavier und Orchester in b-Moll, Uraufführung am 13. Oktober 1875 in Boston, russische Erstaufführung am 13. November 1875

op. 24 »Eugen Onegin«, Lyrische Szenen in drei Akten, Libretto nach Puschkin von P. Tschaikowski unter Mitarbeit von K. Schilowski. Uraufführung am 17. März 1879 in Moskau durch Studenten des dortigen Konservatoriums

op. 25 Sechs Lieder für Singstimme und Klavier (1874)

op. 26 Sérénade mélancolique für Violine und Orchester in b-Moll (1875)

op. 49 Fest-Ouvertüre »Das Jahr 1812«, für großes Orchester (1880)

op. 50 Trio für Klavier, Violine und Violoncello, Uraufführung am 11. März 1882 in Moskau

op. 51 Sechs Stücke für Klavier (1882)

op. 52 Siebzehn vierstimmige Kirchengesänge (1882)

op. 53 Suite Nr. 2 für großes Orchester, in fünf Sätzen, Uraufführung am 4. Februar 1883 in Moskau

op. 54 Sechzehn Kinderlieder mit Klavierbegleitung (1881–1883)

op. 55 Suite Nr. 3 für großes Orchester, in vier Sätzen, Uraufführung im Juni 1885 in Petersburg

op. 56 »Konzert-Fantasie« für Klavier und Orchester in zwei Sätzen, Uraufführung am 22. Februar 1885 in Moskau

op. 57 Sechs Lieder für Singstimme und Klavier (1884)

op. 58 »Manfred«, Sinfonie in vier Bildern für großes Orchester, nach Byrons dramatischem Gedicht, Uraufführung am 11. März 1886 in Moskau

op. 59 »Dumka«, russische ländliche Szene für Klavier (1886)

op. 60 Zwölf Lieder für Singstimme und Klavier (1886)

op. 61 Suite Nr. 4 (»Mozartiana«) für großes Orchester, in vier Sätzen (Bearbeitung und Orchestrierung von vier Stücken W. A. Mozarts), Uraufführung im November 1887 in Moskau

op. 62 »Pezzo Capriccioso« für Violoncello und Orchester, Uraufführung im November 1889 in Moskau

op. 63 Sechs Lieder für Singstimme und Klavier (1887)

op. 64 Sinfonie Nr. 5 in e-Moll, Uraufführung am 5. November 1888 in Petersburg

op. 65 Sechs Lieder für Singstimme und Klavier auf französische Texte (1888)

op. 66 »Dornröschen«, Ballett in drei Akten mit einem Prolog, Uraufführung am 15. Januar 1890 in Petersburg

op. 66a Orchestersuite aus dem Ballett »Dornröschen«

op. 67 »Hamlet«, Fantasie-Ouvertüre für großes Orchester, Uraufführung im November 1888 in Petersburg

op. 68 »Pique Dame«, Oper in drei Akten, Libretto von Modest Tschaikowski unter Mitwirkung des Komponisten nach Puschkins gleichnamiger Novelle, Uraufführung am 7. Dezember 1890 in Petersburg

op. 69 »Jolanthe«, lyrische Oper in einem Akt, Libretto von Modest Tschaikowski nach H. Hertz' Trauerspiel »König Renés Tochter«, Uraufführung am 6. Dezember 1892 in Petersburg op. 70 »Souvenir de Florence« (Erinnerung an Florenz), Streichsextett in vier Sätzen, Uraufführung im November 1892 in Petersburg

op. 71 »Der Nußknacker«, Ballett in zwei Akten. Der Stoff ist A. Dumas' »Casse-Noisette« entnommen, der ihn seinerseits einer Erzählung von E. T. A. Hoffmann entlehnt hat. Uraufführung zusammen mit »Jolanthe« am 6. Dezember 1892 in Petersburg

op. 71 a Orchestersuite aus dem Ballett »Der Nußknacker«

op. 72 Achtzehn Stücke für Klavier (1893)

op. 73 Sechs Lieder auf Verse von D. Rathaus für Singstimme und Klavier (1893)

op. 74 Sinfonie Nr. 6 in h-Moll (»Pathétique«), Uraufführung am 16. Oktober 1893 in Petersburg

op. 75 (postum) Konzert Nr. 3 für Klavier und Orchester in Es-Dur, in einem Satz (Umarbeitung des ersten Satzes einer unvollendeten Sinfonie in Es-Dur, die Tschaikowski 1891–1893 komponiert hatte). Uraufführung am 7. Januar 1895 in Petersburg

op. 76 (postum) Ouvertüre zum Drama »Das Gewitter« von A. Ostrowski (bereits 1864 entstanden)

op. 77 (postum) Fatum, Sinfonische Dichtung; Uraufführung am 15. Februar 1869 in Moskau. In den siebziger Jahren vernichtete Tschaikowski die Partitur, die Orchesterstimmen blieben jedoch erhalten. An Hand derselben wurde das Werk rekonstruiert und 1896 vom Musikverlag Belaieff veröffentlicht. Daher die hohe Opusnummer.

op. 78 (postum) »Der Wojewode«, sinfonische Ballade für großes Orchester, nach einem Gedicht von A. Puschkin (1891)

op. 79 (postum) Andante und Finale für Klavier und Orchester (von Tschaikowski aus Entwürfen der 1891–1893 von ihm komponierten unvollendeten Sinfonie in Es-Dur zusammengestellt, abgeschlossen und orchestriert von S. Tanejew), Uraufführung am 8. Februar 1896 in Moskau

op. 80 (postum) Sonate für Klavier in cis-Moll (1865)

II. WERKE OHNE OPUSZAHL

1. Kantate »An die Freude« für Chor und Orchester, nach Schillers Ode; komponiert auf Veranlassung seines Lehrers Anton Rubinstein für eine Festveranstaltung im Moskauer Konservatorium am 31. Dezember 1865

2. »Undine«, Oper in drei Akten nach dem Märchen von F. de la Motte-Fouqué (1869). Die Oper wurde nicht aufgeführt. Tschaikowski vernichtete die Partitur im Jahre 1873.
3. Fünfzig russische Volkslieder, bearbeitet für Klavier zu vier Händen
4. Fantasie-Ouvertüre »Romeo und Julia«, zu Shakespeares Trauerspiel; Uraufführung am 7. März 1870 in Moskau, gänzlich umgearbeitet im Sommer 1870, dritte Fassung 1880
5. »Natur und Liebe«, Terzett für zwei Soprane und Alt mit Chor und Klavierbegleitung (1870), veröffentlicht nach dem Tode des Komponisten
6. Kantate für Chor, Orchester und Solotenor zur Eröffnung der Ausstellung im Polytechnischen Institut in Moskau; Uraufführung im Mai 1872 in Moskau
7. »Der Leibwächter« (Opritschnik), Oper in vier Akten, Libretto von P. Tschaikowski nach I. Lashetschnikow, Uraufführung am 12. April 1874 in Petersburg
8. »Die Jungfrau von Orléans«, Oper in vier Akten, Libretto von P. Tschaikowski nach W. Shukowskis russischer Übersetzung von Schillers Trauerspiel, Uraufführung am 13. Februar 1881 in Petersburg
9. »Festmarsch für Orchester«, Uraufführung im Mai 1883 in Sokolniki bei Moskau
10. »Moskwa«, Kantate für Soli, Chor und Orchester, Uraufführung am 15. Mai 1883 im Facettenpalast des Moskauer Kremls
11. »Mazeppa«, Oper in drei Akten, Libretto von P. Tschaikowski und W. Burenin nach Puschkins dramatischem Poem »Poltawa«, Uraufführung am 3. Februar 1884 in Moskau
12. »Elegie« für Streichorchester, zum Gedenken I. Samarins (1884)
13. »Die Zauberin«, Oper in vier Akten, Libretto von I. Schpashinski, Uraufführung am 20. Oktober 1887 in Petersburg
14. Drei A-cappella-Chöre

»Leitfaden zum praktischen Studium der Harmonielehre«, veröffentlicht in russischer Sprache 1872 in Moskau. Eine deutschsprachige Ausgabe des Leitfadens, herausgegeben von Paul Juon, erschien 1899 in Moskau.

Eine Gesamtausgabe der Werke P. Tschaikowskis in 62 Bänden erschien in Moskau im Zeitraum von 1940 bis 1974.

Arnold Sochor

Soziologie und Musikkultur

Herausgegeben von Jochen Hahn und Dieter Lehmann
Übersetzung aus dem Russischen

200 Seiten und eine Falttafel
Format 12,5 × 20 cm · Pappband · 16,50 M
Bestellangaben: 780 092 / Sochor, Soziologie

Das Buch vermittelt einen Einblick in grundlegende
theoretische Probleme und historische Etappen der
sowjetischen Musiksoziologie.
Ausgehend von der Gegenstandsbestimmung, der
Darstellung der Struktur und der Methoden der
Musiksoziologie und einem Abriß über die Geschichte musiksoziologischer Ideen beschreibt Sochor
wesentliche Elemente der Musikkultur vergangener
Epochen unserer Zeit.

VERLAG NEUE MUSIK
Leipziger Straße 26, Berlin, DDR – 1086

Sozialistische Musikkultur

Band II

Traditionen · Probleme · Perspektiven
Herausgegeben von Jürgen Elsner und Giwi Ordshonikidse
300 Seiten mit Notenbeispielen

Format 17 × 24 cm · Broschur · 24,50 M
Bestell-Nr.: 780 049 4

Der Sammelband, gemeinsam vom Verlag »Musyka« Moskau und dem Verlag Neue Musik Berlin herausgegeben, beschäftigt sich mit Problemen des zeitgenössischen Liedes, u. a. des Kampfliedes, des Massenliedes und des populären Liedes. Die Beiträge stammen aus der Feder namhafter Autoren sozialistischer Länder wie Israil Nestjew, János Márothy, Günther Mayer, Inge Lammel und Tú Ngoc. Einige Themen: Das polnische Massenlied, Betrachtungen zu künstlerischen Massenprozessen, Zum Verhältnis von Arbeiterlied und Volkslied.

VERLAG NEUE MUSIK
Leipziger Straße 26, Berlin, DDR – 1086